DAS WORT GOTTES
FÜR JEDEN TAG
2025

Das Wort Gottes für jeden Tag 2025

Die Lesungen des Tages
& Impulse zum
gelebten Glauben

Großdruck

benno

Die Tageslesungen stammen an den Sonn- und Festtagen vom 1.1. bis 29.11. aus dem Lesejahr C (Lukas), vom 30.11. bis 31.12. aus dem Lesejahr A (Matthäus), an den Werktagen aus der Lesereihe I. Der Antwortpsalm zur ersten Lesung ist in Kurzform angegeben.

Bibliografische Information der Deutschen Nationalbibliothek
Die Deutsche Nationalbibliothek verzeichnet diese Publikation in der Deutschen Nationalbibliografie; detaillierte bibliografische Daten sind im Internet über http://dnb.d-nb.de abrufbar.

ISBN 978-3-7462-6489-9 (Standardausgabe)
ISBN 978-3-7462-6381-6 (Großdruckausgabe)

Redaktion: Matthias Micheel (MM)
Umschlag: Ulrike Vetter, Leipzig
Covermotiv: © stock.adobe.com/LuckyStep
Gesamtherstellung: Arnold & Domnick, Leipzig (A)

JUBILÄUM 2025

PILGER DER HOFFNUNG

Das Pilgern gehört zur Identität von uns Christen.
Die Erfahrungen, in Gottes Schöpfung
unterwegs zu sein,
sind hilfreich und erhellend.
Unser Pilgern kennzeichnet die Kirche selbst:
Wir sind eine pilgernde Kirche,
die nicht statisch und vollkommen,
sondern unterwegs ist,
um erneuert zu werden in Christus.

Weihbischof Rolf Lohmann,
Beauftragter der Deutschen Bischofskonferenz
für das Heilige Jahr 2025

Das Heilige Jahr 2025

Unter dem Leitwort „Pilger der Hoffnung“ steht das Heilige Jahr 2025 in Rom und greift damit ein zentrales Thema von Papst Franziskus auf. Es ist ein sogenanntes ordentliches Heiliges Jahr, das alle 25 Jahre stattfindet. Die Stadt Rom rechnet für 2025 mit rund 45 Millionen Besucherinnen und Besuchern. Für das Heilige Jahr 2025 hat Papst Franziskus festgelegt, dass es mit der Öffnung der Heiligen Pforte in der Heiligen Nacht im Petersdom am 24. Dezember 2024 beginnt.

Die Idee der Heiligen Jahre geht auf Papst Bonifaz VIII. zurück, der für das Jahr 1300 ein besonderes, zunächst nur für die Römer gedachtes Pilgerjahr ausrief. In der Einberufungsbulle, die den Beginn auf den 22. Februar 1300 datiert, sind allerdings noch nicht die Begriffe „Heiliges Jahr“ bzw. „Jubeljahr“ verwendet worden. Der Rhythmus der Heiligen Jahre war von Beginn an Schwankungen unterworfen. Bonifaz VIII. legte ihn auf alle 100 Jahre fest, schon bald folgten Änderungen auf einen Abstand von 50 und 33 Jahren. Papst Paul II. legte 1470 endgültig den Rhythmus auf 25 Jahre fest.

Im Jubeljahr 2000 kamen rund 25 Millionen Pilger und Besucher nach Rom. Papst Johannes Paul II. hat die Möglichkeit außerordentlicher Heiliger Jahre eingeführt. Zuletzt rief Papst Franziskus 2015/2016 das außerordentliche Heilige Jahr der Barmherzigkeit aus.

Grundlegende Elemente der Heiligen Jahre sind die Wallfahrt nach Rom und das Durchschreiten der Heiligen Pforten in den vier Patriarchalbasiliken (Petersdom, Santa Maria Maggiore, Sankt Paul vor den Mauern und Lateran).

Gebet zum Heiligen Jahr von Papst Franziskus

Vater im Himmel,
der Glaube, den du uns in deinem Sohn
Jesus Christus, unserem Bruder, geschenkt hast,
und die Flamme der Nächstenliebe,
die der Heilige Geist in unsere Herzen gießt,
erwecke in uns die selige Hoffnung
für die Ankunft deines Reiches.

Möge deine Gnade uns zu fleißigen Säleuten
des Samens des Evangeliums verwandeln,
mögen die Menschheit und der Kosmos auferstehen
in zuversichtlicher Erwartung
des neuen Himmels und der neuen Erde,
wenn die Mächte des Bösen besiegt sein werden
und deine Herrlichkeit für immer
offenbart werden wird.

Möge die Gnade des Jubiläums
in uns Pilgern der Hoffnung
die Sehnsucht nach den himmlischen Gütern
erwecken
und über die ganze Welt
die Freude und den Frieden
unseres Erlösers gießen.

Gepriesen bist du, barmherziger Gott,
heute und in Ewigkeit.

Amen.

1 MITTWOCH Neujahr, Gottesmutter Maria

Clarus, Abt; Fulgentius, Bischof; Wilhelm von Dijon; Klostergründer

Num 6,22–27 / Ps 67,2–3.5–6.8 / Gal 4,4–7 / Lk 2,16–21

Liedimpuls: GL 85

AUS DER LESUNG Daher bist du nicht mehr Sklave, sondern Sohn; bist du aber Sohn, dann auch Erbe, Erbe durch Gott. *Gal 4,7*

GEDANKEN ZUM TAG Gott befreit von Zwängen und Abhängigkeiten. Er will nicht, dass wir Sklaven sind. Wir dürfen Kinder Gottes sein. Deshalb können wir voller Hoffnung in die Zukunft schauen. *Holger Zaborowski (HZ)*

GEBET Guter Gott, Vater und Herrscher über die große Zeit des Kosmos und die Zeiten unseres endlichen Lebens, schenk allen Menschen Freiheit und eine gute Zukunft. *HZ*

2 DONNERSTAG CH: Berchtoldstag

Basilius d. Gr. und Gregor von Nazianz, Bischöfe, Kirchenlehrer; Dietmar, Bischof

1 Joh 2,22–28 / Ps 98,1–4 / Joh 1,19–28

Liedimpuls: GL 357

AUS DEM EVANGELIUM Da sagten sie zu ihm: Wer bist du? *Joh 1,22*

GEDANKEN ZUM TAG Das ist die eine grundlegende Frage: Wer ist dieser Jesus? Wer ist er für mich? Was bedeutet er für mein Leben? *Matthias Micheel (MM)*

GEBET Herr Jesus, du bist das Alpha und das Omega unseres Lebens. Bleibe du immer bei uns. *MM*

3 FREITAG Heiligster Name Jesu

Genoveva, Einsiedlerin; Odilo OSB, Abt
1 Joh 2,29 – 3,6 / Ps 98,1.3c–6 / Joh 1,29–34
Liedimpuls: GL 489

AUS DEM EVANGELIUM Nach mir kommt ein Mann, der mir voraus ist, weil er vor mir war. Auch ich kannte ihn nicht; aber ich bin gekommen und taufe mit Wasser, um Israel mit ihm bekannt zu machen. *Joh 1,30–31*

GEDANKEN ZUM TAG Johannes der Täufer war seiner Zeit voraus. Er ist in Vorleistung für jemanden gegangen, den er gar nicht kannte, aber er ahnte oder wusste oder hatte ein besonderes Gefühl, dass jemand kommen sollte, der größer ist als alle. Ist das für uns nicht auch oft so? Manchmal gehen wir in Vorleistung, um am Ende etwas zu bekommen, was wir uns erhoffen oder auch erahnen können, so wie Johannes. *Magdalena Vering (MV)*

GEBET Guter Gott, du hast Johannes als Täufer vorausgeschickt, um den Menschen zu offenbaren, dass da noch jemand, dein Sohn, unser Herr, kommen wird. Du hast durch Johannes gezeigt, wie Demut und dennoch Eifer gelingen können. Hilf uns, dass auch wir so vorangehen können. Amen. *MV*

4 SAMSTAG

Angela von Foligno, Mystikerin, Christiane von Lucca, Seherin; Elisabeth Anna Bayley, Ordensgründerin
1 Joh 3,7–10 / Ps 98,1.7–9 / Joh 1,35–42
Liedimpuls: GL 446,4

AUS DER LESUNG Jeder, der die Gerechtigkeit nicht tut und seinen Bruder nicht liebt, ist nicht aus Gott. *1 Joh 3,10*

GEDANKEN ZUM TAG Mit Jesus unterwegs sein, ihm nachfolgen, um zu sehen, wo er wohnt, wie er lebt, handelt und spricht. Jesus ist „aus Gott", er ist der Messias, der Gesalbte und Gesandte Gottes. Folgen wir Jesus, sind auch wir „aus Gott". In der Nachfolge Jesu tun wir Gerechtigkeit, lieben wir die Schwester und den Bruder, den Nächsten und Fernsten. *Thomas Throenle (TT)*

GEBET Guter Gott, hilf uns, deine Schöpfung und deine Geschöpfe zu lieben. Herr, lass uns Gerechtigkeit tun. Wir wissen, deine Gerechtigkeit ist Barmherzigkeit. *TT*

5 SONNTAG 2. So. nach Weihnachten

Johann Nepomuk Neumann, Bischof; Ämiliana (Emilie)

Sir 24,1–2.8–12 / Ps 147,12–15.19–20 / Eph 1,3–6.15–18 / Joh 1,1–18

Liedimpuls: GL 239

AUS DEM EVANGELIUM Und das Wort ist Fleisch geworden und hat unter uns gewohnt und wir haben seine Herrlichkeit geschaut, die Herrlichkeit des einzigen Sohnes vom Vater, voll Gnade und Wahrheit. *Joh 1,14*

GEDANKEN ZUM TAG Die Menschwerdung Gottes bleibt ein Geheimnis. Mit der lebendigen Krippe im Wald von Greccio versuchte Franz von Assisi es anschaulich und zugänglich zu machen. Bis heute lassen sich viele Menschen anrühren vom Bild des Jesuskindes in der Krippe. Jede Geburt ist eine Menschwerdung, und weil wir alle klein angefangen haben, geht uns das Herz auf.

Mensch zu werden im übertragenen Sinne ist eine Lebensaufgabe. Der Blick zur Krippe bringt in uns die positiven Seiten des Menschseins zum Vorschein. Im Sohn sehen wir die Herrlichkeit des Vaters. Er ist das Ebenbild Gottes, und ich bin es auch. *Margret Keusgen (MK)*

GEBET Lebendiger Gott, lass dich finden in deinem Wort. Lass mich wachsen in meinem Menschsein, damit ich dir immer ähnlicher werde. Bewahre in mir das Geheimnis der Weihnacht und segne mich. *MK*

6 MONTAG Erscheinung des Herrn, Epiphanie

Kaspar, Melchior, Balthasar, Weise; Pia, Klausnerin; Julian, Märtyrer

Jes 60,1–6 / Ps 72,1–2.7–8.10–13 / Eph 3,2–3a.5–6 / Mt 2,1–12

Liedimpuls: GL 259

AUS DEM EVANGELIUM Als sie den Stern sahen, wurden sie von sehr großer Freude erfüllt. Sie gingen in das Haus und sahen das Kind und Maria, seine Mutter; da fielen sie nieder und huldigten ihm. *Mt 2,10–11*

GEDANKEN ZUM TAG Epiphanie verwirklicht sich überall da, wo unsere Schwestern- und Brüderliebe aus Zwietracht Eintracht werden lässt. Wo die Nächstenliebe lebt, leuchtet in jedem Du Christus auf. *Manfred Becker-Huberti (MBH)*

GEBET Herr des Alls, wir bringen nicht mehr Gold, Weihrauch und Myrrhe dar, sondern den, der sich für uns geopfert hat. Seinetwegen sind wir deine Töchter und Söhne und du bist für uns ein liebender Vater. *MBH*

7 DIENSTAG *Raimund von Peñafort, Ordensgründer; Valentin von Rätien, Bischof*

1 Joh 3,22–4,6 / Ps 2,7–8.10–11 / Mt 4,12–17.23–25
Liedimpuls: GL 382,3

AUS DEM EVANGELIUM Er zog in ganz Galiläa umher, lehrte in den Synagogen, verkündete das Evangelium vom Reich und heilte im Volk alle Krankheiten und Leiden. *Mt 4,23*

GEDANKEN ZUM TAG Er kam und sah, hörte und sprach, heilte und nahm sich aller an. Das Reich brach an, währt bis heute – auch hinein in mein neues Jahr. *Ann-Kristin Idzik (AKI)*

GEBET Mein Alt und mein Neu, alles, was heile und alles, was zerbrochen ist, halte ich dir hin. Ich will auf dein Wort hören, lasse dich ein und gehe mit dir in dieses neue Jahr. *AKI*

8 MITTWOCH *Severin, Mönch in Norikum; Erhard, Bischof; Gudula (Gudrun), Büßerin*

1 Joh 4,7–10 / Ps 72,1–4b.7–8 / Mk 6,34–44
Liedimpuls: GL 358

AUS DER LESUNG Liebe Brüder und Schwestern, wir wollen einander lieben; denn die Liebe ist aus Gott, und jeder, der liebt, stammt von Gott und erkennt Gott. *1 Joh 4,7*

GEDANKEN ZUM TAG Als Jesus zu uns Menschen auf die Erde kam, gewann er unser Vertrauen. Er lehrte uns, unsere Nächsten zu lieben. Die Liebe, die er uns schenkt, kommt von Gott. Gott schickte seinen Sohn auf die Erde, um seine Liebe unter den Menschen zu verbreiten. *Anna Polzer (AP)*

GEBET Guter Gott, lass uns heute die Liebe spüren, die Jesus zu seiner Zeit unter den Menschen verbreitet hat. *AP*

9 DONNERSTAG *Alix le Clerc, Ordensgründerin; Eberhard, Propst; Julian, Märtyrer*

1 Joh 4,11–18 / Ps 72,1–2.10–13 / Mk 6,45–52
Liedimpuls: GL 142

AUS DEM EVANGELIUM Als sie ihn über den See gehen sahen, meinten sie, es sei ein Gespenst, und schrien auf. *Mk 6,49*

GEDANKEN ZUM TAG Manchmal halten wir Jesus für ein Gespenst, weil wir selber so sehr in unseren Gedanken und Ängsten gefangen sind. Aber dann kommt er uns entgegen und sagt: Habt Vertrauen, fürchtet euch nicht. *MM*

GEBET Dir in die Hände lege ich meine Sorgen, meine Furcht und auch meine Zweifel, Jesus. *MM*

10 FREITAG *Gregor X., Papst; Paulus von Theben, Einsiedler; Wilhelm von Donjeon, Erzbischof*

1 Joh 4,19 – 5,4 / Ps 72,1–2.14.15bc.17 / Lk 4,14–22a
Liedimpuls: GL 84,1.3

AUS DEM EVANGELIUM In jener Zeit kehrte Jesus, erfüllt von der Kraft des Geistes, nach Galiläa zurück. Und die Kunde von ihm verbreitete sich in der ganzen Gegend. *Lk 4,14*

GEDANKEN ZUM TAG Alltag und Sonntagsfeststimmung. Wie geht das zusammen? Erfüllt von Gottes Geistkraft startet Jesus vor der Haustür seine Frohe Botschaft: Ich bin die Frohe Botschaft in deinen Alltag hinein. *Michael Wrage (MW)*

GEBET Sende uns in die Alltagswüste hinein deine Geistkraft. Es drängt, zögere nicht, Gott. Danke. *MW*

11

SAMSTAG *Paulinus von Aquileia, Patriarch; Theodosius, Mönch*
1 Joh 5,5–13 / Ps 147,12–15.19–20 / Lk 5,12–16
Liedimpuls: GL 182

AUS DER LESUNG Wer sonst besiegt die Welt, außer dem, der glaubt, dass Jesus der Sohn Gottes ist? *1 Joh 5,5*

GEDANKEN ZUM TAG Einen Gott zu haben, an den man sich wenden kann, dem man vertraut und der verlässlich da ist – das ist ein wirklich kostbares Geschenk. Und dennoch fällt genau dieses Vertrauen doch im Alltag gar nicht so leicht. Wem gelingt es schon, sich völlig in den Glauben an Jesus Christus hineinfallen zu lassen? Es ist immer wieder eine große (Glaubens-)Aufgabe, uns glaubend, hoffend, vertrauend an Gott zu wenden, weil ER um unsere Bitten weiß und sie erfüllen wird. *Alexia Rebbe (AR)*

GEBET Barmherziger Gott, mit all unseren Nöten, Zweifeln und Hoffnungen wenden wir uns an dich. Höre unsere Bitten! *AR*

12 SONNTAG Taufe des Herrn
Ernst, Märtyrer; Johann Kaspar Kratz, Märtyrer; Hilda, Äbtissin; Tatiana, Märtyrin
Jes 42,5a.1–4.6–7 od. Jes 40,1–5.9–11 / Ps 29,1–4.9b–10 od. Ps 104,1–4.24–25.27–30 / Apg 10,34–38 od. Tit 2,11–14; 3,4–7 / Lk 3,15–16.21–22
Liedimpuls: GL 491,2–3

AUS DEM EVANGELIUM Es geschah aber, dass sich zusammen mit dem ganzen Volk auch Jesus taufen ließ. Und während er betete, öffnete sich der Himmel und der Heilige Geist kam sichtbar in Gestalt einer Taube auf ihn herab. *Lk 3,21–22*

GEDANKEN ZUM TAG Ganz still und heimlich mischt sich Jesus unter das Volk, das zu Johannes an den Jordan strömt, um sich taufen zu lassen. Jesus hat kein VIP-Ticket. Er stellt sich nicht in eine „Priority-Line", um schneller getauft zu werden und um Wartezeit zu vermeiden. Wie jeder andere wartet Jesus geduldig, bis er an der Reihe ist. Jesus zeigt sich dadurch solidarisch mit den Menschen, die um ihn herum sind. Er stellt sich in eine Reihe mit Menschen, die sich in Sünde und Schuld verstrickt haben. Mit Menschen, die ausgestoßen und an den Rand der Gesellschaft gedrängt worden sind. Mit Menschen, denen Krankheiten und Schicksalsschläge schwer zusetzen. Die Taufe Jesu am Jordan zeigt: Gott ist auf der Seite der Sünder, der Ausgestoßenen und Kranken. In der Taufe taucht Jesus im wahrsten Sinne des Wortes in unsere menschlichen Abgründe hinab. Dieser Abstieg wandelt sich aber in eine sichtbare und spürbare Liebeserklärung Gottes, die auch wir in der Taufe empfangen durften: „Du bist mein geliebter Sohn! Du bist meine geliebte Tochter!" *Julian Heese (JH)*

GEBET Dreifaltiger Gott, in der Taufe sprichst du dein unauslöschliches „Ja" zu uns Menschen und nimmst uns als deine geliebten Kinder an. Gib, dass wir uns immer wieder neu dieser besonderen Würde als Gotteskinder bewusst werden. *JH*

13 MONTAG *Hilarius, Bischof; Gottfried von Cappenberg OPraem; Ivette, Reklusin*

Hebr 1,1–6 / Ps 97,1–2.6–7.9.12 / Mk 1,14–20
Liedimpuls: GL 383,2

AUS DEM EVANGELIUM Da sagte Jesus zu ihnen: Kommt her, folgt mir nach! Ich werde euch zu Menschenfischern machen. *Mk 1,17*

GEDANKEN ZUM TAG Einfach so folgen, wenn ich gerufen werde? Was hat dieser Jesus für eine Ausstrahlung? Ihm folgen Menschen, ohne auf seine Herkunft, seine Ausbildung, seinen Status zu schauen, lassen liegen, was war, und machen sich auf den Weg. *Claudia Westermann*

GEBET Gott, lass mich den Menschen heute in die Augen schauen, sie wahrnehmen und wertschätzen als Menschen, die du auf ihre Art in deine Nachfolge gerufen hast. *Claudia Westermann*

14 DIENSTAG *Felix von Nola, Priester; Berno, Bischof, Glaubensbote; Reiner*

Hebr 2,5–12 / Ps 8,2.5–9 / Mk 1,21–28
Liedimpuls: GL 351,1.6

AUS DEM EVANGELIUM Und die Menschen waren sehr betroffen von seiner Lehre.

GEDANKEN ZUM TAG Sie staunen über Jesu Worte. Oft lasse ich mich nicht wirklich berühren von seinen Worten und denke: Das kenne ich ja schon. Lasst uns heute Jesus mit dem Blick und der Neugierde eines Kindes begegnen. *Eva Maria Nielsen*

GEBET Jesus, berühre mich mit deinem Wort. *Eva Maria Nielsen*

15 MITTWOCH *Arnold Janssen SVD, Ordensgründer; Maurus OSB, Abt; Romedius, Einsiedler*

Hebr 2,11–12.13c–18 / Ps 105,1–4.6–9 / Mk 1,29–39
Liedimpuls: GL 141

AUS DEM EVANGELIUM Jesus antwortete: Lasst uns anderswohin gehen. *Mk 1,38*

GEDANKEN ZUM TAG Für mich steht das Evangelium auch im Zeichen des „Loslassens". Welche Kraft darin wirklich verborgen ist, wird vermutlich nur in der Selbsterfahrung deutlich: Für mich ist es wichtig, wirklich da zu sein, als Ehemann und Vater, zugleich in meiner beruflichen Verantwortung und in meinem Leben in der Gemeinde. Sicher ist, dass dieses Wechselspiel „zwischen den Welten" täglich immer auch mit einem Loslassen zu tun hat. *Martin Papke (MPa)*

GEBET Guter Gott, weil du da bist, kann ich mich mit Mut und Willen jeden Tag auf den Weg machen. Gib mir die Kraft und den nötigen Blick, mich auf das Wesentliche zu konzentrieren, um mit dir den Weg zu gehen. *MPa*

16 DONNERSTAG *Marcellus I., Papst; Ulrich, Bischof; Theobald OFM, Glaubensbote; Tillo von Solignac OSB, Abt*

Hebr 3,7–14 / Ps 95,6–11 / Mk 1,40–45
Liedimpuls: GL 415

AUS DER LESUNG Beherzigt, was der Heilige Geist sagt: Heute, wenn ihr seine Stimme hört, verhärtet euer Herz nicht. *Hebr 3,7–8*

GEDANKEN ZUM TAG Heute ist ein wichtiger Tag! Nein, nicht weil die Tagesheiligen so bedeutend sind. Auch nicht weil irgendein wichtiger Gedenktag ist. Es ist HEUTE! Wenngleich mich noch das beschäftigt, was gestern war, oder das bekümmert, was wohl morgen sein wird, ist heute der Tag, der mein Leben ausmacht. Und nur den heutigen Tag kann ich gestalten im Hören auf das Wort Gottes und mit einem Herzen, das sich öffnet für das, was sich ereignet. „Die wichtigste Stunde im Leben ist immer der Augenblick; der bedeutsamste Mensch im Leben ist immer der, welcher uns gerade gegenübersteht, und das Notwendigste in unserem Leben ist immer die Liebe" (Meister Eckhart). *Reinhard Hentschel (RH)*

GEBET Herr, unser Gott, komm unserem Beten und Arbeiten zuvor und begleite es, damit alles, was wir beginnen, bei dir seinen Anfang nehme und durch dich vollendet werde. *Unbekannt*

17 FREITAG *Antonius d. Gr., Mönchsvater; Beatrix von Cappenberg OPraem*

Hebr 4,1–5.11 / Ps 78,3.4cd.6c–8 / Mk 2,1–12
Liedimpuls: GL 145,1

AUS DEM EVANGELIUM Und es versammelten sich so viele Menschen, dass nicht einmal mehr vor der Tür Platz war; und Jesus verkündete ihnen das Wort. *Mk 2,2*

GEDANKEN ZUM TAG Von Jesus ging ein Zauber aus, er zog die Menschen an, und sie hörten auf sein Wort. Das wünschen wir uns auch heute: Wirksamkeit. Vertrauen wir auf Gottes Hilfe, dass er uns viel Kraft und Fantasie schenkt, das Evangelium zu leben. *MM*

GEBET Hilf mir, heiliger Antonius, den Weg zu Gott zu finden. Und dass ich in auch schwierigen Zeiten stark bin im Glauben und in der Liebe. *MM*

18 SAMSTAG Beginn der Weltgebetsoktav für die Einheit der Christen

Priska, Märtyrin; Margarete OP; Regina Protmann CSC, Ordensgründerin
Hebr 4,12–16 / Ps 19,8–11.15 / Mk 2,13–17
Liedimpuls: GL 505,4

AUS DER LESUNG Vor ihm bleibt kein Geschöpf verborgen, sondern alles liegt nackt und bloß vor den Augen dessen, dem wir Rechenschaft schulden. *Hebr 4,13*

GEDANKEN ZUM TAG Jesus hat den Gott, der die Liebe ist, verkündet, den Gott, der aber in gleicher Weise am Ende der Tage der alleinige Richter ist, vor dem ich mich verantworten muss, von dessen Urteil es abhängt, wie sich mein „ewiges Leben" gestalten wird. *Heinz Paus (HP)*

GEBET Das Jahr ist noch jung. Herr, lass mich jeden Abend dieses Jahres Muße finden, den vergangenen Tag zu bedenken, ihn mit dir zu besprechen. *HP*

19 SONNTAG 2. So. im Jahreskreis
Marius, Märtyrer; Ratmund OSB, Abt; Heinrich OCist; Pia von Karthago, Märtyrin
Jes 62,1–5 / Ps 96,1–4.6–7.10 / 1 Kor 12,4–11 / Joh 2,1–11
Liedimpuls: GL 233,4

AUS DEM EVANGELIUM So tat Jesus sein erstes Zeichen, in Kana in Galiläa, und offenbarte seine Herrlichkeit und seine Jünger glaubten an ihn. *Joh 2,11*

GEDANKEN ZUM TAG Der Philosoph Albert Camus schreibt in seinen Tagebüchern, der Sonntag sei ihm immer sehr langweilig gewesen. Empfinden wir das nicht auch manchmal so bei der Messe und beim Gebet? Langeweile ist für den modernen Menschen, der ganz in der Unterhaltungsindustrie lebt, etwas Schlimmes und Schlechtes. Aber stimmt das? Das meiste, das viel wert ist, verlangt Mühe, wenn wir es erwerben wollen. Es erscheint uns zunächst als ermüdend und langweilig. Wer sich immer nur dem Spannendem und Spektakulärem hingibt, wird die Begegnung mit Gott in der Messe natürlich langweilig finden. Aber müssen wir uns nicht zu bestimmten Zeiten zurückziehen und der Einsamkeit und Langeweile aussetzen, um in die eigene Tiefe zu gehen? Tun wir das nie, werden wir immer nur anderen nachplappern und Mitläufer sein. Es geht auch darum zu erkennen, dass nichts Irdisches und Äußeres uns letztlich Halt geben wird: Du sollst keine fremden Götter neben mir haben, das heißt auch: Du sollst nichts Äußeres, nichts Erlebbares und Irdisches zu deinem Gott machen. *Leo Langemeyer*

GEBET Barmherziger Gott, lass uns in deinem Sohn die Quelle unserer Zuversicht immer tiefer entde-

cken und seine Botschaft mutig in die Welt tragen.
Mathias Laminski

20 MONTAG *Fabian und Sebastian, Märtyrer; Ursula Haider, Mystikerin*

Hebr 5,1–10 / Ps 110,1–5 / Mk 2,18–22
Liedimpuls: GL 414

AUS DEM EVANGELIUM Jesus antwortete ihnen: Können denn die Hochzeitsgäste fasten, solange der Bräutigam bei ihnen ist? *Mk 2,19*

GEDANKEN ZUM TAG Jesus ist für mich eine faszinierende Persönlichkeit. Jesus hatte etwas ganz Besonderes, er war unglaublich charismatisch und hat die Weltgeschichte für immer verändert. Er ist das menschliche Gesicht Gottes. *Juri Tetzlaff (JT)*

GEBET Du, Herr Jesus Christus, mein Herr und mein Gott. Bleibe immer bei mir. *JT*

21 DIENSTAG *Meinrad OSB; Agnes, Märtyrin*

Hebr 6,10–20 / Ps 111,1–2.4–5.9.10c / Mk 2,23–28
Liedimpuls: GL 90,1

AUS DEM EVANGELIUM Deshalb ist der Menschensohn Herr auch über den Sabbat. *Mk 2,28*

GEDANKEN ZUM TAG Christ zu sein ohne Christus, nur so als Idee oder abstrakte Lehre, das geht nun einmal nicht. Für mich ist Jesus ein unsichtbarer Wegbegleiter, der immer da ist. Ich sehe ihn nicht. Manchmal spüre ich ihn stärker, manchmal weniger stark. Aber er ist immer da. *Lena Bröder*

GEBET Jesus, du wohnt in unserer ganz alltäglichen Welt. Sei uns nah in der Schönheit deiner Schöpfung und in den Menschen, denen wir heute begegnen. *MM*

22 MITTWOCH *Vinzenz, Diakon, Märtyrer; Vinzenz Pallotti SAC, Ordensgründer*

Hebr 7,1–3.15–17 / Ps 110,1–5 / Mk 3,1–6
Liedimpuls: GL 422,1

AUS DEM EVANGELIUM Was ist am Sabbat erlaubt: Gutes zu tun oder Böses, ein Leben zu retten oder es zu vernichten? *Mk 3,4*

GEDANKEN ZUM TAG Manchmal fragen wir uns, wie das Gute und Sanfte in die Welt kommt. Jesus weiß um die Härte und Last, die das Leben auch mit sich bringen kann. Deshalb sagt er, dass der Sabbat dem Menschen dienen soll, dem Guten, dem Leben – und nicht umgekehrt. *MM*

GEBET Und wenn die Nacht kommt, und der Rückblick zeigt, dass alles Stückwerk war, und vieles ungetan geblieben ist … dann alles nehmen, wie es ist, es dem LEBEN in die Hände legen und ihm überlassen. *Edith Stein*

23 DONNERSTAG *Heinrich Seuse OP, Mystiker; Hartmut OSB, Abt*

Hebr 7,25 – 8,6 / Ps 40,2.4ab.7–10 / Mk 3,7–12
Liedimpuls: GL 347,3

AUS DEM EVANGELIUM Du bist der Sohn Gottes! *Mk 3,11*

GEDANKEN ZUM TAG Für wen gehen wir? Was macht unser Leben aus? An der Person Jesus Christus entscheidet sich für uns alles, dass er der Sohn Gottes ist und den Weg durch alle Höhen und Tiefen mit uns geht. Es geht nicht zuerst um eine abstrakte Philosophie, um ein „Weltbild", sondern um IHN. *MM*

GEBET Herr Jesus Christus, lass uns immer tiefer erkennen, dass du die Wahrheit und das Ziel unseres Lebens bist und mit uns gehst. Und lass uns in deinem Namen unsere eigene „kleine Güte" leben und Gutes in dieser Welt tun. *MM*

24 FREITAG *Franz von Sales, Ordensgründer; Vera von Clermont, Wohltäterin*

Hebr 8,6–13 / Ps 85,8.10–14 / Mk 3,13–19
Liedimpuls: GL 478

AUS DER LESUNG Keiner wird mehr seinen Mitbürger und keiner seinen Bruder belehren und sagen: Erkenne den Herrn! Denn sie alle, klein und groß, werden mich erkennen. *Hebr 8,11*

GEDANKEN ZUM TAG Ist Jesus für uns lebendig, weil etwas über ihn in der Bibel oder in anderen Büchern steht? Nein. Jesus wird in der Gemeinschaft von uns Menschen lebendig. Er hat sich uns offenbart. Wir dürfen direkt mit ihm in Verbindung stehen. Alle, denn da macht er keinen Unterschied. Das ist sein Versprechen: „Sie alle, Groß und Klein, werden mich erkennen." *Mario Polzer (MPo)*

GEBET Jesus Christus, der du dich uns allen offenbart hast: Gib, dass wir durch unsere Gemeinschaft in deinem Sinne wirken und damit die Welt jeden Tag ein bisschen besser machen. *MPo*

25 SAMSTAG Pauli Bekehrung

Wolfram OPraem, Abt; Titus Maria Horten OP, Ordenspriester

Apg 22,1a.3–16 od. Apg 9,1–22 / Ps 117,1–2 / Mk 16,15–18

Liedimpuls: GL 448,1

AUS DER LESUNG Da ging Hananias hin und trat in das Haus ein; er legte Saulus die Hände auf und sagte: Bruder Saul, der Herr hat mich gesandt. *Apg 9,17a*

GEDANKEN ZUM TAG Einmal im Jahr werden in Hollywood die Oscars verliehen, die bekanntesten Filmpreise der Welt. Seit 1937 gibt es auch einen Oscar für besondere Leistungen von Schauspielern in Nebenrollen. Den hätte Hananías verdient! Ich bewundere ihn für sein Gottvertrauen und seinen Mut. In der Geschichte von Pauli Bekehrung nimmt er sehr überzeugend eine unverzichtbare Nebenrolle wahr. Er hört Gottes Ruf. Er steht auf und geht. Das könnte ihn sein Leben kosten. Aber stärker als Vorbehalte und Angst ist sein Glaube. Dadurch werden Feinde zu Freunden, wird Saulus zu Paulus. *Gerhard Best (GB)*

GEBET Lass mich, Herr, wie Hananias erkennen, zu wem du mich heute senden willst. Nimm mir Angst und Vorbehalte. Lass mich deine Botschaft weitersagen vom Heiligen und heilenden Geist, der Augen und Herz öffnet: Denn jeder Mensch „ist es wert“. *GB*

26 SONNTAG 3. So. im Jahreskreis, Wort-Gottes-So.
Timotheus und Titus, Apostelschüler, Bischöfe; Paula von Rom, Wohltäterin; Stephan Harding, Abt
Neh 8,2–4a.5–6.8–10 / Ps 19,8–10.12.15 / 1 Kor 12,12–31a / Lk 1,1–4; 4,14–21
Liedimpuls: GL 336,2

AUS DEM EVANGELIUM Da begann Jesus, ihnen darzulegen: Heute hat sich das Schriftwort, das ihr eben gehört habt, erfüllt. *Lk 4,21*

GEDANKEN ZUM TAG Heute, sagt Jesus, hat sich dieses Schriftwort erfüllt. Das Wort will heute Fleisch annehmen, in der Zeit, in der wir leben, nicht in einer idealen Zukunft. Madeleine Delbrêl, eine französische Mystikerin des letzten Jahrhunderts, die sich dafür entschied, das Evangelium an den Peripherien zu leben, schrieb: „Das Wort Gottes ist nicht ‚toter Buchstabe', sondern Geist und Leben. Die Akustik, die das Wort Gottes von uns verlangt, ist unser ‚Heute': die Umstände unseres täglichen Lebens und die Bedürfnisse unseres Nächsten." Fragen wir uns also: Wollen wir Jesus nachfolgen, um Diener der Befreiung und des Trostes für andere zu werden? Wollen wir das Wort ausführen? Sind wir eine Kirche, die dem Wort Gottes entspricht? Eine Kirche, die zuhört, die sich bemüht, unsere Brüder und Schwestern von dem zu befreien, was sie belastet, die Knoten der Angst zu lösen, die Schwächsten aus den Gefängnissen der Armut, der inneren Erschöpfung und der Traurigkeit, die das Leben erstickt, zu befreien? Wollen wir das? *Papst Franziskus*

GEBET Herr, weil du's willst, drum ist es gut; und weil du's willst, drum hab ich Mut. Mein Herz in deinen Händen ruht. *Rupert Mayer*

27 MONTAG *Angela Merici OSU, Ordensgründerin; Julian von Le Mans, Bischof*

Hebr 9,15.24–28 / Ps 98,1–6 / Mk 3,22–30
Liedimpuls: GL 457

AUS DEM EVANGELIUM Wenn ein Reich in sich gespalten ist, kann es keinen Bestand haben. *Mk 3,24*

GEDANKEN ZUM TAG „Zwei Seelen wohnen, ach! in meiner Brust" – so heißt es in Goethes „Faust". Nie gibt es den Menschen, der ganz mit sich eins und mit den anderen im Reinen ist. Zu viel Gegenläufiges gibt es in uns und zwischen uns. Aber Gott kann uns heilen und zur Vollendung führen. *MM*

GEBET Herr, gib, dass wir eins sind – mit den anderen Menschen, in uns selber, mit der ganzen Schöpfung. Und lass nicht zu, dass wir jemals von dir und voneinander getrennt werden. *MM*

28 DIENSTAG *Thomas von Aquin OP, Kirchenlehrer; Karl d. Gr.; Manfred von Riva*

Hebr 10,1–10 / Ps 40,2.4ab.7–10 / Mk 3,31–35
Liedimpuls: GL 497,1.2

AUS DEM EVANGELIUM Wer den Willen Gottes erfüllt, der ist für mich Bruder und Schwester und Mutter. *Mk 3,35*

GEDANKEN ZUM TAG Thomas von Aquin begleitet uns an diesem Tag mit seinem berühmten eucharistischen Lied. Und Jesus wendet unseren Blick hin auf den Willen Gottes, der uns oft so fremd vorkommt. Nicht unser Denken, nicht unsere Logik sollten im Vordergrund stehen, sondern die Liebe und das Vertrauen auf Gott. Schauen wir auf Thomas von Aquin, der sein Leben nach Heiligkeit und dem Streben nach der Wahrheit Gottes ausgerichtet hat. *Michaela Bendfeld (MB)*

GEBET Herr, du kennst uns und begleitest uns als guter Vater. Hilf, dass wir als große Familie, als Geschwister im Glauben deinen Sohn erkennen und auf sein Wort hören, heute und alle Tage unseres Lebens. *MB*

29 MITTWOCH *Joseph Freinademetz, Missionar; Valerius von Trier, Bischof*

Hebr 10,11–18 / Ps 110,1–5 / Mk 4,1–20
Liedimpuls: GL 210

AUS DEM EVANGELIUM Auf guten Boden ist das Wort bei denen gesät, die es hören und aufnehmen und Frucht bringen, dreißigfach, ja sechzigfach und hundertfach. *Mk 4,20*

GEDANKEN ZUM TAG Jesus verkündet das Reich Gottes in Gleichnissen. In dem von der überreichen Ernte zeigt Jesus, dass die Frage der Jünger besser hätte lauten sollen: Welche Wirkung hat das Wort Gottes – und wann zeigt sich seine Wirkung? *Wolfgang Winkelmann (WW)*

GEBET Herr, unser Gott, wir vertrauen auf die Kraft deiner Worte. Du gibst am Ende die überreiche Ernte. Wir loben dich und danken dir alle Zeit. *WW*

30 DONNERSTAG *Adelgunde OSB, Äbtissin; Maria Ward, Ordensgründerin; Martina von Rom, Märtyrin*

Hebr 10,19–25 / Ps 24,1–6 / Mk 4,21–25
Liedimpuls: GL 223,3

AUS DEM EVANGELIUM Zündet man etwa ein Licht an und stülpt ein Gefäß darüber oder stellt es unter das Bett? Stellt man es nicht auf den Leuchter? *Mk 4,21*

GEDANKEN ZUM TAG „Ihr seid das Licht der Welt" – so hat es Jesus zu uns gesagt. Deshalb sollen wir etwas von diesem Licht ausstrahlen und nicht so herumlaufen, wie es Nietzsche von den Christen gesagt hat: „Erlöster müssten mir seine Jünger aussehen." *MM*

GEBET Gott, wer bist du, wahres Licht, das mich erfüllt und meines Herzens Dunkelheit erleuchtet? Du leitest mich wie die Hand einer Mutter, und ließest du mich, ich wüsste keinen Schritt zu gehen. *Edith Stein*

31 FREITAG *Johannes Bosco, Erzieher, Ordensgründer; Hemma, Königin und Wohltäterin*

Hebr 10,32–39 / Ps 37,3–6.23–24.39–40b / Mk 4,26–34
Liedimpuls: GL 543,4

AUS DER LESUNG Wir aber gehören nicht zu denen, die zurückweichen und verloren gehen, sondern zu denen, die glauben und das Leben gewinnen. *Hebr 10,39*

GEDANKEN ZUM TAG 200.000 Menschen gaben Don Bosco 1888 in Turin das letzte Geleit. Alle spürten, dass sie von einem Geschenk des Himmels Abschied nahmen: Er hatte in den Tausenden schwieriger Jugendlichen immer das Positive gesehen. *Willi Hoffsümmer (WH)*

GEBET Herr, die Verführung durch Medien lässt Jugendliche oft in eine Scheinwelt abtauchen. Auch wir schenken ihr zu viel Aufmerksamkeit. Stärke unsere guten Absichten – auch im Vertrauen auf Maria – wie Don Bosco. *WH*

1 SAMSTAG *Maria Katharina Kasper, Ordensgründerin; Brigida von Kildare, Äbtissin; Sigisbert III., König*

Hebr 11,1–2.8–19 / Lk 1,68–75 / Mk 4,35–41
Liedimpuls: GL 447

AUS DER LESUNG Glaube ist: Feststehen in dem, was man erhofft, Überzeugtsein von Dingen, die man nicht sieht. *Hebr 11,1*

GEDANKEN ZUM TAG Glaube versetzt Berge. Wer glaubt, dem ist alles möglich. Wir hoffen auf ein Leben, das nicht stirbt und endet, ein Leben in Fülle. Wir „sehen" dieses Leben nicht, wir „haben" es nicht, es ist nicht in unserem Besitz, in unserer Verfügungsgewalt. Wir sind – glaubend – auf dem Weg. Voller Sehnsucht glauben, hoffen und vertrauen wir. *Thomas Throenle (TT)*

GEBET Guter Gott, in dir finden wir die Fülle des Lebens, ewiges Leben. Wir sind davon überzeugt, dass du es gut mit uns meinst. Du bist treu und barmherzig. Sei uns auch in den Zeiten nahe, in denen wir es mit dem „Glauben" schwer haben. *TT*

2 SONNTAG Darstellung des Herrn (Lichtmess)

Dietrich, Bischof; Markward, Bischof; Bodo; Alfred Delp SJ, Märtyrer

Mal 3,1–4 / Ps 24,7–10 / Hebr 2,11–12.13c–18 / Lk 2,22–40
Liedimpuls: GL 386

AUS DEM EVANGELIUM Sein Vater und seine Mutter staunten über die Worte, die über Jesus gesagt wurden. Und Simeon segnete sie. *Lk 2,33–34*

GEDANKEN ZUM TAG Der Tag „Darstellung des Herrn" oder auch „Lichtmess" beendet in unseren Kirchen die Weihnachtszeit. Noch einmal steht das Licht im Mittpunkt. Christus, das Licht. Maria und Josef bringen das Kind in den Tempel, so wie es das jüdische Gesetz vorschreibt. Der alte Simeon wird vom Heiligen Geist in den Tempel geführt und er hat die Gabe zu sehen, was dieses Kind zu einem so besonderen Kind macht. Sein Vater und seine Mutter, Josef und Maria, sie staunen über das, was dieser alte Mann über den kleinen Jungen auf seinen Armen sagt. Staunen, das beinhaltet Überraschung, Verwunderung über etwas nicht zu Erwartendes. Was wird dieses Kind für die Welt sein? Damals wie heute?
Simeon spricht vom Licht, ein Licht, das Klarheit und Erkenntnis bringt, aber auch ein Licht, das die Besonderheit Gottes zeigen wird. Vater und Mutter, sie staunen. Wir würden vielleicht sagen: Kaum zu glauben, unglaublich, was sagt er da? Dieses Gotteskind, in dem Gott sich an unsere Seite, in unser Leben stellt, es ist zum Staunen und das jeden Tag neu. Gilt es nicht jeden Tag, diesen Gott, der bei uns Menschen sein will, zu entdecken.
Im Bibeltext steht: Simeon segnet sie. Der Segen, das Gutsagen Gottes, es ist unser Zuspruch – damals wie heute. *Ursula Altehenger (UA)*

GEBET Guter Gott, lehre uns zu staunen. Lehre uns zu staunen darüber, dass du bei uns Menschen sein möchtest. Lehre uns zu staunen, dass du Mensch wirst. Lehre uns zu staunen über alle Wunder unserer Zeit. Lehre uns zu staunen, dass du uns nicht allein lässt in den Dunkelheiten unseres Lebens. Lehre uns zu staunen über dein Licht, dass unseren Lebensweg hell macht und uns hilft, Schritte des Friedens zu gehen. *UA*

3 MONTAG *Blasius, Bischof; Ansgar, Bischof; Claudine Thévenet MSSCC; Alojs Andritzki, Märtyrer*

Hebr 11,32–40 / Ps 31,20–24 / Mk 5,1–20
Liedimpuls: GL 346,1

AUS DEM ANTWORTPSALM Ich aber dachte in meiner Angst: Ich bin aus deiner Nähe verstoßen. *Ps 31,23*

GEDANKEN ZUM TAG Keine Luft bekommen. Der Hals wie zugeschnürt. Kein Wort mehr herausbringen. Sich hilflos fühlen und panische Angst haben. Da braucht es einen, der hilft und beruhigt – einen wie Bischof Blasius. Er hat einen Menschen gerettet, der keine Luft mehr bekam, weil er eine Fischgräte verschluckt hatte und zu ersticken drohte. Durch seinen Segen hat Blasius die Nähe Jesu Christi zugesagt und so geholfen. *Gerhard Best (GB)*

GEBET Auf die Fürsprache des heiligen Bischofs Blasius bewahre uns, Herr, vor Halskrankheiten und allem Bösen. Sende uns immer wieder Menschen, die deine Nähe zusagen und so Halt geben und Ruhe schenken. *GB*

4 DIENSTAG *Hrabanus Maurus, Bischof; Veronika, Jüngerin; Gilbert, Klostergründer*

Hebr 12,1–4 / Ps 22,26–28.30–32 / Mk 5,21–43
Liedimpuls: GL 353,2

AUS DEM EVANGELIUM Sei ohne Furcht; glaube nur! *Mk 5,36*

GEDANKEN ZUM TAG Am Tag der heiligen Veronika denke ich daran, dass sich Jesus tief in uns einprägt und wir mit diesem Bild in uns keine Angst vor der Zukunft haben müssen. Keine Angst in der Schule, auf der Arbeit und überall. Wir können unsere Angst einfach wegwerfen. *Constantin Micheel (CM)*

GEBET Gott, nimm mir meine Ängste und Unsicherheiten. Schenke mir Vertrauen und ein gutes Herz. *CM*

5 MITTWOCH *Agatha, Märtyrin; Adelheid (Elke), Äbtissin; Albuin und Ingenuin, Bischöfe*

Hebr 12,4–7.11–15 / Ps 103,1–2.13–14.17–18a / Mk 6,1b–6
Liedimpuls: GL 485,1.4

AUS DER LESUNG Strebt voll Eifer nach Frieden mit allen und nach der Heiligung, ohne die keiner den Herrn sehen wird. *Hebr 12,14*

GEDANKEN ZUM TAG Die Frucht der Stille ist das Gebet. Die Frucht des Gebets ist der Glaube. Die Frucht des Glaubens ist die Liebe. Die Frucht der Liebe ist das Dienen. Die Frucht des Dienens ist der Friede. *Mutter Teresa*

GEBET Maria, die du einem jeden nahe bist, verringere die Distanz zwischen uns. Mutter, du Königin des Friedens, gieße die Harmonie Gottes in unsere Herzen ein. *Papst Franziskus*

6 DONNERSTAG *Paul Miki und Gefährten, Märtyrer; Dorothea, Märtyrin*

Hebr 12,18–19.21–24 / Ps 48,2–4.9–11 / Mk 6,7–13
Liedimpuls: GL 459,1.3

AUS DEM EVANGELIUM Sie trieben viele Dämonen aus und salbten viele Kranke mit Öl und heilten sie. *Mk 6,13*

GEDANKEN ZUM TAG Wann habe ich einen Dämon „Der sich gegen das Leben stellt" ausgetrieben? Oder einen Mitmenschen an Körper und Seele mit „heilsamen Öl" berührt, auf das dieses Geschöpf aufsteht? *Michael Wrage (MW)*

GEBET Jesus, meinst du, es ist einfach, dir zu folgen? Zu zweit losgehen, um deine Vollmacht bitten. Öffne meine Augen für die Person, die mitgeht. Amen? Amen! *MW*

7 FREITAG *Richard von England; Ava, Dichterin; Francesco Antonio Postillo OFMAlc*

Hebr 13,1–8 / Ps 27,1.3.5.7–8 / Mk 6,14–29
Liedimpuls: GL 273,4

AUS DEM EVANGELIUM Er schwor ihr sogar: Was du auch von mir verlangst, ich will es dir geben, und wenn es die Hälfte meines Reiches wäre. *Mk 6,23*

GEDANKEN ZUM TAG „Das Glück wohnt nicht im Besitz; das Glücksgefühl ist in der Seele zu Hause", sagte einst der Philosoph Demokrit. Deshalb sollten wir nach ganz anderen und höheren Werten streben – nach dem, was kein König und kein Herrscher auf der Welt uns geben kann. *MM*

GEBET Gütiger Gott, schenke mir ein verständiges Herz, damit ich in allen Dingen das Gute, Wahre und Schöne suche. *MM*

8 SAMSTAG *Hieronymus Ämiliani CRS; Josefine Bakhita FdCC; Philipp Jeningen SJ; Milada, Äbtissin*

Hebr 13,15–17.20–21 / Ps 23,1–6 / Mk 6,30–34
Liedimpuls: GL 146,4

AUS DEM EVANGELIUM Als Jesus ausstieg und die vielen Menschen sah, hatte er Mitleid mit ihnen. *Mk 6,34*

GEDANKEN ZUM TAG Unser Gott ist ein Gott des Mitleidens. Einer, der die Kleinen und Schwachen sieht und mit der ganzen Schöpfung mitleidet. Wir vertrauen darauf, dass er mit uns ist und dass sein letztes Wort in der Hl. Schrift gilt: „Seht, ich mache alles neu." *MM*

GEBET Herr Jesus Christus, voller Mitleid wendest du dich den Menschen und den Geschöpfen zu. Bleibe immer bei uns und lass auch uns für alle da sein, die uns brauchen. *MM*

9 SONNTAG 5. So. im Jahreskreis

Apollonia, Märtyrin; Anna Katharina Emmerick, Mystikerin; Sabinus; Julian von Speyer
Jes 6,1–2a.3–8 / Ps 138,1–5.7c–8 / 1 Kor 15,1–11 / Lk 5,1–11
Liedimpuls: GL 456

AUS DER LESUNG Da hörte ich die Stimme des Herrn, der sagte: Wen soll ich senden? Ich sagte: Hier bin ich, sende mich! *Jes 6,8*

GEDANKEN ZUM TAG In den Schriftlesungen dieses Sonntags geht es um das Thema „Sendung". Jesaja darf Gott in seiner Herrlichkeit schauen, und ihm wird sofort klar, wie klein er vor dem Angesicht des Herrn ist. Paulus schreibt an die Gemeinde von Korinth ebenfalls davon, dass Gott ihm erschienen ist und ihn zum Verkünder gemacht hat, obwohl er zuvor die Christen mit aller Härte verfolgt hat. Petrus wirft auf das Wort Jesu die Netze aus, fängt eine Unmenge von Fischen und erkennt Jesus als den Sohn Gottes.

Alle drei Männer fürchten sich bei ihrer Gottesbegegnung. Doch er sagt ihnen zu, dass sie die Richtigen sind, um die Frohe Botschaft weiterzusagen. *Margret Keusgen (MK)*

GEBET Bei dir, Gott, bin ich groß, auch wenn ich mich noch so klein fühle. Nimm mir meine Angst, und lass mich dein Wort in die Welt tragen. *MK*

10 MONTAG *Scholastika OSB, Äbtissin; Wilhelm d. Gr., Einsiedler; Bruno von Minden, Bischof*

Gen 1,1–19 / Ps 104,1–2a.5–6.10.12.24.35abc / Mk 6,53–56
Liedimpuls: GL 355,2

AUS DEM EVANGELIUM Und alle, die Jesus berührten, wurden geheilt. *Mk 6,56*

GEDANKEN ZUM TAG Jesus ist gar nicht so wichtig, was man macht oder wer man ist. Jesus geht es immer um den Menschen! Und genau das sollten wir alle versuchen nachzumachen: die Menschen, ob groß oder klein, berühmt oder eher im Hintergrund – sie lieben und schätzen, wie sie sind. *Tim Niedernolte*

GEBET Berühre unser Herz, Herr. Und lass auch uns heilsam sein für die Menschen, für die wir da sind. *MM*

11 DIENSTAG Welttag der Kranken

Unsere Liebe Frau in Lourdes
Gen 1,20 – 2,4a / Ps 8,4–9 / Mk 7,1–13
Liedimpuls: GL 342,2

AUS DER LESUNG Gott schuf also den Menschen als sein Abbild; als Abbild Gottes schuf er ihn. Als Mann und Frau schuf er sie. *Gen 1,27*

GEDANKEN ZUM TAG Heute ist der Welttag der Kranken. Millionen von Pilgern fahren nach Lourdes, um am Tag der Lieben Frau in Lourdes Heilung zu erfahren. Aber die Kirche ist vorsichtig: Nur ca. 60 Heilungen wurden bisher als „Wunder" anerkannt. Und trotzdem geschieht bei fast allen ein Wunder: Sie sehen, wie andere mit schlimmeren Kranken hier neue Zuversicht erhalten, und fahren gottergebener und zufriedener nach Hause. *Willi Hoffsümmer (WH)*

GEBET Herr, wenn Ängste unseren Körper bei einer Krankheit noch mehr belasten, schenk uns etwas von deinem guten Geist, der uns in Leib, Geist und Seele tröstet und stärkt. *WH*

12

MITTWOCH *Gregor II., Benedikt von Aniane OSB; José Olallo Valdés OH, Priester, Arzt*
Gen 2,4b–9.15–17 / Ps 104,1–2.27–28.29b–30 / Mk 7,14–23
Liedimpuls: GL 435,2

AUS DEM EVANGELIUM Nichts, was von außen in den Menschen hineinkommt, kann ihn unrein machen, sondern was aus dem Menschen herauskommt, das macht ihn unrein. *Mk 7,15*

GEDANKEN ZUM TAG Auf das Innere kommt es an, auf das Herz, den Reichtum in uns. Wenn das alles nicht stimmt, dann nützen uns auch noch so viele Außenreize und großartige Anreize überhaupt nichts. *MM*

GEBET Herr Gott, erwecke in meiner Seele das große Verlangen nach dir. Du kennst mich und ich kenne dich. Hilf mir dich suchen und finden. *Dietrich Bonhoeffer*

13 DONNERSTAG *Jordan von Sachsen OP, Ordensmeister; Wiho, Bischof; Adolf, Bischof*

Gen 2,18–25 / Ps 128,1–5 / Mk 7,24–30
Liedimpuls: GL 446

AUS DEM EVANGELIUM Jesus ging in ein Haus, wollte aber, dass niemand davon erfuhr; doch es konnte nicht verborgen bleiben. *Mk 7,24*

GEDANKEN ZUM TAG Glauben Sie an Wunder? Die Evangelien erzählen viele „Wundergeschichten". Doch die haben alle viel weniger mit Zauberei zu tun, sondern vielmehr mit Menschen. Und sie haben mit dem Glauben zu tun, der lebensverändernd ist. Immer dann, wenn Menschen einen festen und starken Glauben haben, kann etwas geschehen, woran niemand glauben wollte. Dann verändert sich deren Leben zum Besseren, dann kehren die Hoffnung, die Zuversicht und die Perspektive „Zukunft" wieder in ihr Leben zurück. *Alexia Rebbe (AR)*

GEBET Herr, Jesus Christus, wir können nicht immer an ein Wunder glauben. Schenke uns den Mut zu glauben. Schenke uns die Kraft, den ersten Schritt zu tun. Schenke uns das Vertrauen in deine lebensverändernde Kraft. *AR*

14 FREITAG Valentinstag, Hll. Cyrill (Konstantin) und Methodius,

Bischöfe, Patrone Europas; Valentin, Bischof
Apg 13,46–49 / Ps 117,1.2 / Lk 10,1–9
Liedimpuls: GL 633,9

AUS DEM EVANGELIUM Bittet also den Herrn der Ernte, Arbeiter für seine Ernte auszusenden! *Lk 10,2*

GEDANKEN ZUM TAG Gott ist wie ein Hirte, der nach seiner Herde und nach Arbeitern für seine Ernte Ausschau hält. Dieser Ruf ist kein Schrei und schon gar kein Befehl. Es ist, wie die hl. Teresa von Ávila sagt, wie ein „zartes Pfeifen", das wir im Lärm unseres Lebens leicht überhören. *MM*

GEBET Großer Gott, schenke uns, wie Cyrill und Methodius, ein hörendes Herz. Und lass uns immer der Stimme unseres Herzens folgen. *Constantin Micheel*

15 SAMSTAG *Siegfried von Schweden, Bischof; Claude de la Columbiere SJ; Drutmar OSB*

Gen 3,9–24 / Ps 90,1–6.12–13 / Mk 8,1–10
Liedimpuls: GL 103,2

AUS DEM EVANGELIUM Ich habe Mitleid mit diesen Menschen. *Mk 8,2*

GEDANKEN ZUM TAG Wenn wir auf Jesus schauen, sehen wir, dass Gott unendlich viel Mitleid mit uns Menschen und mit der Schöpfung hat. Und dann sollten wir auch versuchen, ihn nachzuahmen. Heute und jeden Tag. *Constantin Micheel*

GEBET Ich will allen Menschen, die mir heute begegnen, deine Liebe weiterschenken. Hilf du mir dabei. *Ursula Schäfer*

16 SONNTAG 6. So. im Jahreskreis

Juliana, Märtyrin; Philippa Mareri OSCl, Äbtissin; Gilbert, Ordensgründer

Jer 17,5–8 / Ps 1,1–3.6.46 / 1 Kor 15,12.16–20 / Lk 6,17–18a.20–26

Liedimpuls: GL 455,2

AUS DER LESUNG Gesegnet der Mensch, der auf den HERRN vertraut und dessen Hoffnung der HERR ist. *Jer 17,7*

GEDANKEN ZUM TAG Dieser Vers aus dem Buch Jeremia sichert uns zu: Inmitten von Unsicherheiten, Chaos oder Herausforderungen können wir auf Gott vertrauen. Nicht nur in Momenten der Freude, sondern auch bei schwierigeren Situationen ist er da – auf ihn, und seine göttliche Stärke, können wir bauen. Es ist Gottes Versprechen, für uns Menschen da zu sein, wenn wir uns auf ihn verlassen; er beschützt uns. Der Herr kennt unsere Absichten und lädt uns ein, unsere Wege in seine Hände legen. *Anna Keusgen (AK)*

GEBET Herr, ich bitte dich um deinen Segen auf all meinen Wegen. Auf dich möchte ich bauen. Durch mein Vertrauen in dich fühle ich mich bestärkt. *AK*

17 MONTAG

Evermod, Bischof; Benignus, Märtyrer; Sieben Stifter des Servitenordens

Gen 4,1–15.25 / Ps 50,1.8.16b–17.20–21 / Mk 8,11–13

Liedimpuls: GL 477,2

AUS DER LESUNG Da sprach der Herr zu Kain: Wo ist dein Bruder Abel? Er entgegnete: Ich weiß es nicht. Bin ich der Hüter meines Bruders? Der Herr sprach: Was hast du getan? *Gen 4,9–10*

GEDANKEN ZUM TAG Was haben wir getan, was tun wir jeden Tag? Der Anfang jedes Streites, jedes Krieges ist der Vergleich mit dem anderen, der zum Neid und zum Streit führt. *Reinhard Horn (RHo)*

GEBET Guter Gott, hilf uns auf dem Weg des Friedens und auf dem Weg der Gerechtigkeit. *RHo*

18 DIENSTAG *Giovanni von Fiesole OP; Constantia, Märtyrin; Simon, Vetter Jesu*

Gen 6,5–8; 7,1–5.10 / Ps 29,1–4.9b–10 / Mk 8,14–21
Liedimpuls: GL 149,2

AUS DEM EVANGELIUM Da sagte Jesus zu ihnen: Versteht ihr immer noch nicht? *Mk 8,21*

GEDANKEN ZUM TAG Oft sind wir für die wirklich wichtigen Dinge blind und verstehen nicht, was Jesus uns sagen will: Vertraut, dann könnt ihr Berge versetzen. Seid nicht kleinmütig und geht mutig voran. Dann wird euch alles gelingen. *MM*

GEBET Herr Jesus, wir bitten dich um den Hl. Geist, um dich besser zu verstehen und unseren Auftrag zu erkennen. Zeige uns heute, was wir tun sollen. MM

19 MITTWOCH *Bonifatius von Lausanne, Bischof; Hadwig OPraem, Priorin; Irmgard, Gräfin*

Gen 8,6–13.15–16a.18a.20–22 / Ps 116,12–15.18–19 / Mk 8,22–26
Liedimpuls: GL 389,1

AUS DEM ANTWORTPSALM Wie kann ich dem Herrn all das vergelten, was er mir Gutes getan hat? *Ps 116,12*

GEDANKEN ZUM TAG Gutes immer vergelten zu wollen, kann belasten. Entlastender als „Schulden auszugleichen" kann aufrichtige Dankbarkeit sein. Für kleine Gesten, aber auch für Menschen, die Gott uns für eine Wegstrecke unseres Lebens als Begleiter geschenkt hat. *Maria Aßhauer (MA)*

GEBET Oft wollen wir keine Schwäche zeigen. Dabei bleiben wir doch immer deiner Liebe, Gott, bedürftig. Du schenkst sie uns im Übermaß. Danke! *MA*

20 DONNERSTAG *Jordan Mai OFM; Falko, Bischof; Korona, Märtyrin; Mildred, Äbtissin*

Gen 9,1–13 / Ps 102,16–22.29 / Mk 8,27–33
Liedimpuls: GL 427,1

AUS DER LESUNG Meinen Bogen setze ich in die Wolken; er soll das Bundeszeichen sein zwischen mir und der Erde. *Gen 9,13*

GEDANKEN ZUM TAG Heute denken wir an den Franziskanerbruder Jordan Mai, Sohn des Ruhrgebiets, den tiefgläubigen und warmherzigen Menschen, den großen Beter. Viele Gläubige besuchen noch heute das Grab in der Dortmunder Franziskanerkirche und vertrauen sich seiner Fürsprache an. Ein großer Freund Gottes und Freund der Menschen! *MM*

GEBET Ich habe keine Bange, mag da kommen, was da will. Wenn du, Gott, mit uns bist, wer kann da wider uns sein? *Nach Jordan Mai*

21 FREITAG *Petrus Damiani OSB, Kardinal, Kirchenlehrer; Richard Henkes SAC*

Gen 11,1–9 / Ps 33,10–15 / Mk 8,34 – 9,1
Liedimpuls: GL 461

AUS DEM EVANGELIUM Denn wer sein Leben retten will, wird es verlieren; wer aber sein Leben um meinetwillen und um des Evangeliums willen verliert, wird es retten. *Mk 8,35*

GEDANKEN ZUM TAG Pater Richard Henkes, an den wir heute denken, ging im Februar 1945 im KZ Dachau freiwillig in den Quarantänebereich todkranker Mitgefangener. Er infizierte sich und erlag der Krankheit. Sein Leben war gekennzeichnet vom Widerstand gegen das menschenverachtende Weltbild des Nationalsozialismus. *MM*

GEBET Seliger Pater Richard Henkes, bitte für uns! *Anrufung*

22 SAMSTAG Kathedra Petri

Isabella von Frankreich, Klostergründerin; Margareta von Cortona, Büßerin
1 Petr 5,1–4 / Ps 23,1–6 / Mt 16,13–19
Liedimpuls: GL 421,3

AUS DEM ANTWORTPSALM Du deckst mir den Tisch vor den Augen meiner Feinde. *Ps 23,5*

GEDANKEN ZUM TAG Die Ursprünge des heutigen Festes der Kathedra Petri haben tatsächlich mit einem Tisch und einem Stuhl zu tun. Am Ende des Jahres feierte man im spätantiken Rom zwischen dem 13. und 22. Februar das Totengedenken, die Parentalia. Bei diesem Gedächtnismahl stand am Tisch ein leerer Stuhl, reserviert für die Verstorbenen, die dort symbolisch Platz nahmen. – Ein wunderbares Bild für den Tisch des Herrn: Alle sind eingeladen und haben dort ihren Platz, ganz gleich, ob sie – Gemeinschaft und Stärkung erhoffend – noch durch das Leben unterwegs oder schon daheim sind. In jeder Messfeier wird das deutlich, wenn wir für die Lebenden und Verstorbenen beten. *Gerhard Best*

GEBET Bleibe bei uns, Herr, am Abend des Tages, am Abend des Lebens, am Abend der Welt. Bleibe bei uns mit deiner Gnade und Güte. *Georg Christian Dieffenbach*

23 SONNTAG 7. So. im Jahreskreis

Polykarp, Bischof, Märtyrer; Willigis, Erzbischof; Romana, Einsiedlerin

1 Sam 26,2.7–9.12–13.22–23 / Ps 103,1–4.8.10.12–13 / 1 Kor 15,45–49 / Lk 6,27–38

Liedimpuls: GL 210

AUS DEM EVANGELIUM Euch aber, die ihr zuhört, sage ich: Liebt eure Feinde; tut denen Gutes, die euch hassen! *Lk 6,27*

GEDANKEN ZUM TAG „Diese Liebe des Nächsten ist es, die du selbst bist“, übersetzt der jüdische Philosoph Emmanuel Levinas das Liebesgebot: Diese Liebe macht dich aus, das ist deine wirkliche Identität. Deine Herzmitte. Nichts anderes.

Es geht nicht einfach mehr nur um Fairness oder auch nicht um Sympathie. „Eine Hand wäscht die andere“, das ist hier nicht gemeint. Navid Kermani, der Islamforscher und Orientalist, hat in sehr schönen Worten das seiner Meinung nach Einzigartige an der christlichen Nächstenliebe zum Ausdruck gebracht: „Wenn ich etwas am Christentum bewundere oder an den Christen“, schreibt er, „dann ist es die spezifisch christliche Liebe ... Diese Liebe geht über das Maß hinaus, auf das ein Mensch auch ohne Gott kommen könnte.“ – Eine maßlose Liebe, die von Gott herkommt und die Feinde miteinschließt. Denn nur die Freunde zu lieben und die Feinde zu hassen, das ist kein wirkliches Kunststück. *Hans-Josef Becker*

GEBET Ich will mein Herz weit machen und hell, damit ich anderen warm und herzlich begegnen kann – dass ich sie so annehme, wie du, Gott, mich annimmst. *Ursula Schäfer*

24 MONTAG Hl. Apostel Matthias

Ethelbert, König; Modestus, Bischof; Ida von Hohenfels OSB

Apg 1,15–17.20ac–26 / Ps 113,1–5a.6–7 / Joh 15,9–17

Liedimpuls: GL 542,4

AUS DER LESUNG Das Los fiel auf Matthias, und er wurde den elf Aposteln zugerechnet. *Apg 1,26*

GEDANKEN ZUM TAG Der hl. Matthias ist der „Deutsche“ unter den Aposteln, weil sein Grab nördlich der Alpen in Trier liegt. Viele Matthias-Bruderschaften pilgern alljährlich von Rhein, Mosel und Aachen dorthin und erflehen seine Fürbitte in Herzensangelegenheiten. *Willi Hoffsümmer (WH)*

GEBET Herr, unser Gott, Matthias wurde als Ersatz für Judas vorgeschlagen, weil er Zeuge der Auferstehung Jesu war. Lass auch mich fest auf diesem „Sprungbrett" des Glaubens stehen! *WH*

25 DIENSTAG *Walburga OSB, Äbtissin; Adeltrud OSB, Äbtissin; Luigi Versiglia SDB, Missionsbischof*

Sir 2,1–11 / Ps 37,3–4.18–19.27–28b.39–40b / Mk 9,30–37
Liedimpuls: GL 440,4

AUS DEM EVANGELIUM Da setzte er sich, rief die Zwölf und sagte zu ihnen: Wer der Erste sein will, soll der Letzte von allen und der Diener aller sein. *Mk 9,35*

GEDANKEN ZUM TAG Höher, schneller, weiter, besser – wie oft sind wir in diesem Hamsterrad aus Erwartungen und Perfektionismus gefangen? Die Ordnung des Reich Gottes entspricht aber nicht der weltlichen Rangordnung! Wer bei Jesus groß sein will, der gehört in der Welt oft zu den Letzten. Welchen Platz nehme ich ein? *Julian Heese (JH)*

GEBET Herr Jesus Christus, bei dir zählen Ansehen, Geld und Karriere nicht. Öffne unser Herzen für die Not unseres Nächsten, damit wir dort helfen, wo es gerade am nötigsten ist. *JH*

26 MITTWOCH *Mechthild, Reklusin; Ulrich OPraem, Propst; Hilarius, Bischof*

Sir 4,11–19 / Ps 119,165.168.171–172.174–175 / Mk 9,38–40
Liedimpuls: GL 474,1.4

AUS DEM EVANGELIUM Denn wer nicht gegen uns ist, der ist für uns. *Mk 9,40*

GEDANKEN ZUM TAG Kann es so einfach sein? Wer nichts Böses über mich spricht, der mag mich? Es gibt manche Gegenden in Deutschland, in denen gesagt wird: Nichts zu sagen, ist genug gelobt. Vielleicht ist es manchmal genauso einfach, vielleicht dürfen wir manche Dinge so naiv in Betracht ziehen und annehmen. Das tut gut! *Magdalena Vering (MV)*

GEBET Herr, Jesus Christus, du hast in allem etwas Positives gesehen. Auch wenn es uns in unserer heutigen Zeit echt schwerfällt, hilf uns, deine Sichtweise zu sehen und Dinge ins Positive zu rücken. Sei aber auch bei uns, wenn uns das nicht gelingt. Amen. *MV*

27 DONNERSTAG *Markward OSB, Abt; Augustin Tchao u. Gefährten, Märtyrer*

Sir 5,1–8 / Ps 1,1–4.6 / Mk 9,41–50
Liedimpuls: GL 183

AUS DEM EVANGELIUM Wer euch auch nur einen Becher Wasser zu trinken gibt, weil ihr zu Christus gehört – amen, ich sage euch: er wird nicht um seinen Lohn kommen. *Mk 9,41*

GEDANKEN ZUM TAG Zu Christus gehören heißt, sich ihm ganz zur Verfügung stellen. Zu dem reichen jungen Mann sagt Jesus: Verkaufe alles, was du hast, und folge mir nach. Eine radikale Forderung. Auch für uns? *Wolfgang Winkelmann (WW)*

GEBET Gott, Beschützer aller, die auf dich hoffen, ohne dich ist nichts gesund und heilig. Führe uns in deinem Erbarmen den rechten Weg durch diese Zeit. *WW*

28 FREITAG *Silvana, Märtyrin; Oswald von York, Erzbischof; Antonia von Florenz OSCl, Oberin*

Sir 6,5–17 / Ps 119,12.16.18.27.34–35 / Mk 10,1–12

Liedimpuls: GL 451,2

AUS DER LESUNG Ein treuer Freund ist wie ein festes Zelt; wer einen solchen findet, hat einen Schatz gefunden. *Sir 6,14*

GEDANKEN ZUM TAG Es gibt Berufe wie den des Politikers, in denen es die Umstände besonders schwer machen, echte Freunde zu finden. Und dabei sind es gerade Politiker, die in schwierigen Entscheidungssituationen Menschen an ihrer Seite brauchen, denen gegenüber sie sich öffnen, denen sie voll und ganz vertrauen können. *Heinz Paus (HP)*

GEBET Je älter wir werden, desto schwerer ist es, neue Freundschaften zu begründen. Herr, gib mir immer wieder das Bewusstsein dafür, wie wertvoll und wie verletzlich der Schatz echter Freundschaft ist, und gib mir den festen Willen und die Kraft, die bestehenden Freundschaften zu pflegen und zu festigen. *HP*

1 SAMSTAG *David von Menevia, Einsiedler und Bischof; Albin OSB, Bischof; Roger, Erzbischof*
Sir 17,1–4.6–15 / Ps 103,13–18a / Mk 10,13–16
Liedimpuls: GL 148,2

AUS DER LESUNG Der Herr bildete ihnen Mund und Zunge, Auge und Ohr, und ein Herz zum Denken gab er ihnen. *Sir 17,6*

GEDANKEN ZUM TAG Der Mensch ist, so Aristoteles, ein „vernunftbegabtes Sinnenwesen“. Gott hat uns die Fähigkeit zum Denken gegeben, damit wir sie gebrauchen, ihn zu suchen, unseren Mitmenschen zu nutzen und das Gute in die Welt zu bringen. *MM*

GEBET Gewähre mir Scharfblick, wahrzunehmen; Kraft, zu fassen und zu behalten; Fähigkeit und Geschick, hinzuzulernen; Genauigkeit des Urteilens und die volle Gnade der Sprache. *Thomas von Aquin*

2 SONNTAG 8. So. im Jahreskreis
Agnes von Böhmen OSCl, Äbtissin; Karl der Gute, Märtyrer; Engelmar Unzeitig CMM, Märtyrer
Sir 27,4–7 / Ps 92,2–3.13–16 / 1 Kor 15,54–58 / Lk 6,39–45
Liedimpuls: GL 342,4

AUS DEM EVANGELIUM Denn wovon das Herz überfließt, davon spricht sein Mund. *Lk 6,45*

GEDANKEN ZUM TAG Wovon fließt denn unser Herz über? Vielleicht kennen Sie das Bild „Mönch am Meer“ von Caspar David Friedrich (1774–1840). Er hat es um 1810 gemalt, und es ist vielleicht eines seiner besonders vom Glauben inspirierten Werke. Zumindest hat er selbst es so gedeutet. Es zeigt einen winzig kleinen, einsamen Mann, einen Mönch, der unter einem wolkenverhangenen Himmel steht, am Strand einer tobenden See mit ihrem düster-bedrohlichen Wasser. In all seiner Verlorenheit, zutiefst verängstigt durch die Urkräfte und Naturgewalten – so steht er da. Vielleicht ist das ein Sinnbild für unseren Glauben an den Gekreuzigten: Wir setzen nicht zuerst auf mächtige Wunder. Und wir glauben auch nicht an eine Allmacht der Wissenschaft. Aber wir vertrauen auf Christus, dass er den Weg mit uns geht so wie ein guter Hirt, der uns zu Gott führt. Und wir setzen darauf, dass Gott einmal alles neu macht. Aus diesem Vertrauen gewinnen wir Zukunft. Wir gewinnen Kraft, unseren Alltag zu meistern und unsere Probleme zu lösen. Und davon sollte unser Herz wahrhaftig überfließen! *Matthias Micheel (MM)*

GEBET Herr Jesus, auf dein Wort hin wollen wir vertrauen und unseren Weg gehen. Gib, dass unser Herz davon voll ist und überfließt! Amen. *MM*

3 MONTAG Rosenmontag

Islav, Bischof von Island; Friedrich OPraem; Abt
Sir 17,24–29 / Ps 32,1–2.5–7 / Mk 10,17–27
Liedimpuls: GL 402

AUS DER LESUNG Wie groß ist das Erbarmen des Herrn und seine Nachsicht gegen alle, die umkehren zu ihm. *Sir 17,29*

GEDANKEN ZUM TAG Gott ist immer größer als unsere Gedanken und unser Herz. Das ist der tiefste Grund zur Freude. Wie Don Bosco sagte: „Fröhlich sein, Gutes tun und die Spatzen pfeifen lassen."
Margret Keusgen (MK)

GEBET Gott, die Tür zu dir steht immer offen. Heute will ich mich über deine grenzenlose Liebe freuen. Ich werde tanzen, singen und froh sein. *MK*

4 DIENSTAG Fastnacht

Kasimir von Polen, Prinz; Walburga, Äbtissin; Rupert OSB, Abt; Placida Viël, Ordensgründerin
Sir 35,1–15 / Ps 50,5–8.14.23 / Mk 10,28–31
Liedimpuls: GL 140,3

AUS DEM EVANGELIUM Jeder, der um meinetwillen und um des Evangeliums willen Haus oder Brüder, Schwestern, Mutter, Vater, Kinder oder Äcker verlassen hat, wird das Hundertfache dafür empfangen. *Mk 10,29–30*

GEDANKEN ZUM TAG Unsere Religion ist eine Religion für Erwachsene. Wie Erwachsene sollen wir uns dem Leben stellen und uns für den Weg der Wahrheit entscheiden. „Entweder-oder“, so fordert uns Jesus heraus. Es gibt keinen „galanten Mittelweg“, kein Sicharrangieren. *MM*

GEBET Jesus, meist bleiben wir hinter dem Anspruch des Evangeliums zurück. Du bist geduldig und treu. Hilf uns, unseren Weg zu finden. Amen. *MM*

5 MITTWOCH Aschermittwoch

Dietmar, Bischof; Oliva von Brescia, Märtyrin
Joel 2,12–18 / Ps 51,3–6b.12–14.17 / 2 Kor 5,20 – 6,2 / Mt 6,1–6.16–18
Liedimpuls: GL 266,1–3.6

AUS DEM EVANGELIUM Wenn ihr fastet, macht kein finsteres Gesicht wie die Heuchler! *Mt 6,16*

GEDANKEN ZUM TAG Auch der Geist muss trainiert werden, nicht nur der Körper. Das vergessen wir manchmal. Auch der Geist muss sich fit halten und von dem befreien, was eigentlich ziemlich überflüssig ist. Und darin liegt vielleicht der Sinn der Fastenzeit: „anders denken", „umdenken", „nachdenklicher werden". Wir sollen nachdenken, uns konzentrieren, fokussieren, auch einmal hinter die eigene Fassade schauen. Das kann anstrengend und schmerzhaft sein – aber auch neugierig machen und den Blick auf das Schöne und Neue weiten. „Der Sinn der Fastenzeit ist nicht der Verzicht", sagt Karl Rahner. Der Sinn ist nicht der Verzicht – in der Fastenzeit geschieht eine Fokussierung auf das, was mein Leben stärken könnte. Und so eine Konzentration auf das Wesentliche kommt nicht von selbst. Manchmal muss ich dabei gegen den Strom schwimmen und darf nicht in erster Linie das tun, was alle sonst tun, was „man" so tut. Umdenken braucht immer Übung und vor allem den Willen zur Veränderung und auch zur Vielfalt und Andersheit. *Michael Bredeck*

GEBET Allmächtiger Gott, wenn wir heute die vierzig Tage der Fastenzeit beginnen, dann begleite uns mit deinem Segen. Lass uns diese Tage als echten Neubeginn verstehen, damit wir voll Freude das Osterfest feiern können. *Julian Heese*

6 DONNERSTAG *Fridolin von Säckingen, Klostergründer; Franziska Streitel SSM, Ordensgründerin*
Dtn 30,15–20 / Ps 1,1–4. 6 / Lk 9,22–25
Liedimpuls: GL 461

AUS DEM EVANGELIUM Was nützt es einem Menschen, wenn er die ganze Welt gewinnt, dabei aber sich selbst verliert und Schaden nimmt? *Lk 9,25*

GEDANKEN ZUM TAG Ehrgeiz und eine Portion Selbstbewusstsein dazu schaden nicht, klar. Aber was ist, wenn aus Ehrgeiz Egoismus und aus Selbstbewusstsein Arroganz gegenüber anderen werden und dann noch die Unfähigkeit, Niederlagen mal einstecken zu können. Das Evangelium heute gibt eine klare Antwort. Bloß nicht überheblich, sondern immer mit den Füßen auf den Boden bleiben und die persönlichen Niederlagen nicht nur wegstecken, sondern gut einordnen ... am besten unter dem Kreuz Jesu. Unmöglich? Nein, wirklich nicht ... *Mathias Laminski (ML)*

GEBET Guter Gott, begleite mich auf meinen Wegen durch diese Zeit und gibt mir viel Nachsicht, Geduld und Barmherzigkeit mit mir und meinem Nächsten. *ML*

7 FREITAG Weltgebetstag der Frauen

Perpetua und Felizitas, Märtyrinnen; Volker, Märtyrer; Reinhard, Abt
Jes 58,1–9a / Ps 51,3–6b.18–19 / Mt 9,14–15
Liedimpuls: GL 270

AUS DER LESUNG Wenn du dann rufst, wird der Herr dir Antwort geben, und wenn du um Hilfe schreist, wird er sagen: Hier bin ich. *Jes 58,9*

GEDANKEN ZUM TAG Das Fasten bezieht sich nicht nur auf den Verzicht auf ein bestimmtes Lebensmittel oder Ähnliches, sondern auf eine Veränderung in unserem Inneren. Bewusst in Beziehung zu Gott und unseren Mitmenschen treten. *Anna Keusgen (AK)*

GEBET Gott, öffne meine Augen für die Bedürfnisse meiner Mitmenschen und stärke mich darin, nach deinem Vorbild zu handeln. *AK*

8 SAMSTAG *Johannes von Gott OH, Ordensgründer; Michael Wittmann, Generalvikar*

Jes 58,9b–14 / Ps 86,1–6 / Lk 5,27–32
Liedimpuls: GL 472,4

AUS DEM EVANGELIUM Ich bin gekommen, um die Sünder zur Umkehr zu rufen, nicht die Gerechten. *Lk 5,32*

GEDANKEN ZUM TAG Jesus ermöglicht Umkehr: Jesus wendet sich Sündern zu, hat Gemeinschaft mit ihnen, begeht mit ihnen ein Festmahl. Jesus zeigt und lässt erleben, wie das Reich Gottes ist: Der Himmel ist offen – für alle. Eine neue Zeit bricht mit Jesus an: Sünder kehren um und folgen Jesus. In der Nachfolge gelingt Leben, feiern alle ein Fest. *Thomas Throenle (TT)*

GEBET Guter Gott, lass mich erkennen, dass auch ich ein Sünder bin, auch ich der Umkehr bedarf, der Hinwendung zu dir – jetzt und immer wieder. Meine „Gerechtigkeit“ ist oftmals menschlich, kleinlich und selbstverliebt. Nur du bist in deiner Barmherzigkeit „gerecht“. Schenke mir deine göttliche Gerechtigkeit. *TT*

9 SONNTAG 1. Fastensonntag, Invocabit

Bruno von Querfurt OSB, Bischof, Märtyrer; Franziska von Rom Obl-OSB; Dominikus Savio

Dtn 26,4–10 / Ps 91,1–2.10–15 / Röm 10,8–13 / Lk 4,1–13
Liedimpuls: GL 381,4

AUS DEM EVANGELIUM In jener Zeit kehrte Jesus, erfüllt vom Heiligen Geist, vom Jordan zurück. Er wurde vom Geist in der Wüste umhergeführt. *Lk 4,1*

GEDANKEN ZUM TAG Die österliche Bußzeit will uns helfen, unsere inneren Kräfte wieder neu zu bündeln, unsere Solidarität mit den Schwachen und den Gefährdeten zu stärken, uns selbst zu stärken in Glauben, Hoffnung und Liebe, sodass wir geistlich-spirituell gestärkt auf Ostern zugehen können. Die Fastenzeit will das österliche Leben in uns, das uns durch die Taufe gegeben ist, wieder neu entfachen – und das heißt: ein Leben in Hoffnung und Zuversicht, ein Leben aus der Überzeugung, dass das Leiden nicht das letzte Wort hat. Fasten also wofür? Werden wir uns zunächst einmal darüber im Klaren, was denn an unsrer inneren Hoffnung, an unsrem Glauben, an unserem Vertrauen und an unserer Solidarität nagt und sie zersetzt! In unserem persönlichen Leben, in der Kirche, in unsrer gesellschaftlichen gegenwärtigen Situation? Was nagt derzeit an meiner Hoffnung, an meinem Vertrauen, an meiner Solidarität, an meinem Glauben? An unserem Vertrauen und Zusammenhalt nagt zum Beispiel so manche selbstgefällige Besserwisserei, die es im Nachhinein immer besser weiß, wie es anders hätte gehen müssen. Wäre das vielleicht ein Fasten, wie es Gott gefällt? Einmal kritisch auf sich selbst zu schauen und auf solche selbstgefällige Besserwisserei zu verzichten! *Udo Markus Bentz*

GEBET Guter Vater, bitte hilf mir für den heutigen Tag, dass ich auf die Stimme Jesu höre. Und ich möchte nicht über andere Menschen richten, sondern sie annehmen, wie sie sind. *Ursula Schäfer*

10 MONTAG Quatemberwoche

Ämilian von Lagny OSB, Abt; Gustav von Schweden, Einsiedler; Attala OSB, Abt
Lev 19,1–2.11–18 / Ps 19,8–11.15 / Mt 25,31–46
Liedimpuls: GL 423,3

AUS DEM EVANGELIUM Was ihr für einen dieser Geringsten nicht getan habt, das habt ihr auch mir nicht getan. *Mt 25,45*

GEDANKEN ZUM TAG Jeden Morgen sollten wir aufmerksam auf die Stimme sein, die in uns murmelt und schreit: „Und die anderen!" *Nach einer Inschrift des Abbé Pierre an der Klagemauer für Frieden am Dom zu Köln, 3.9.1992*

GEBET Herr, lass nicht zu, dass wir sagen: Ich bin ich, und du bist du! Lass uns sagen: Hier bin ich! Was soll ich dir tun? *MM*

11 DIENSTAG *Rosina, Einsiedlerin; Alram OSB, Abt; Ulrich OCist, Abt; Heinrich Hahn, Arzt*

Jes 55,10–11 / Ps 34,4–7.16–19 / Mt 6,7–15
Liedimpuls: GL 491,2

AUS DEM EVANGELIUM So sollt ihr beten: Unser Vater im Himmel, dein Name werde geheiligt. *Mt 6,9*

GEDANKEN ZUM TAG Wir haben einen Vater. Einen Vater, der uns nahe ist, der uns in die Arme schließt. All der Kummer, all die Sorgen, die uns bedrängen, übergeben wir sie doch einfach dem Vater. *Papst Franziskus*

GEBET Denn dein ist das Reich und die Kraft und die Herrlichkeit, in Ewigkeit. Amen. *Aus dem Vaterunser*

12 MITTWOCH Almud CBMV, Äbtissin; Engelhart OFM; Beatrix OPraem

Jona 3,1–10 / Ps 51,3–4.12–13.18–19 / Lk 11,29–32
Liedimpuls: GL 225,2

AUS DER LESUNG Mach dich auf den Weg. *Jona 3,2*

GEDANKEN ZUM TAG Nicht alle Heiligen haben die gleiche Art von Heiligkeit. Es gibt solche, die hätten nie mit anderen Heiligen leben können. Nicht alle haben den gleichen Weg. Aber alle kommen bei Gott an. *Jean-Marie Vianney*

GEBET Diesen Weg wollen wir gehen, Herr. Deine Liebe geht mit uns. *MM*

13 DONNERSTAG *Paulina von Paulinzella OSB, Klostergründerin; Leander, Erzbischof*

Est 4,17k.17l–m.17r–t / Ps 138,1–3.7c–8 / Mt 7,7–12
Liedimpuls: GL 464

AUS DEM EVANGELIUM Bittet, dann wird euch gegeben; sucht, dann werdet ihr finden; klopft an, dann wird euch geöffnet. Denn wer bittet, der empfängt; wer sucht, der findet; und wer anklopft, dem wird geöffnet. *Mt 7,7–8*

GEDANKEN ZUM TAG „Wer sucht, der findet" kennen wir als geflügeltes Wort häufig in einem anderen Kontext. Jesus hingegen möchte hier seinen Zuhörenden die Beziehung zu Gott aufzeigen, welche Bedeutung es hat, sich stets vertrauensvoll im Gebet an ihn zu wenden. *Dennis Lewandowski (DL)*

GEBET Gott, hilf uns, den Dialog zu dir immer wieder zu suchen und unseren Glauben durch das Gebet zu stärken. *DL*

14 FREITAG *Mathilde, Königin, Klostergründerin; Konrad Müller OFM, Märtyrer; Einhard OSB, Abt*

Ez 18,21–28 / Ps 130,1–7a.8 / Mt 5,20–26
Liedimpuls: GL 437,4

AUS DEM EVANGELIUM Schließ ohne Zögern Frieden mit deinem Gegner, solange du mit ihm noch auf dem Weg zum Gericht bist. *Mt 5,25*

GEDANKEN ZUM TAG Wie oft werfe ich mich selbst in Gefängnis, brauche niemanden, der mich verurteilt, sondern erledige das selbst. Heute ist ein guter Tag, um Frieden zu schließen! *Claudia Westermann (CW)*

GEBET Gott, hilft mir, heute Frieden zu schließen: mit dem, was nicht geglückt ist, was ich anders erwartet habe, mit dem, was meine Hoffnungen durchkreuzt hat. Frieden mit mir und mit dir? *CW*

15 SAMSTAG *Klemens Maria Hofbauer CSsR, Apostel von Wien; Louise de Marillac FdC, Generaloberin*

Dtn 26,16–19 / Ps 119,1–2.4–5.7–8 / Mt 5,43–48
Liedimpuls: GL 440

AUS DEM EVANGELIUM Ich aber sage euch: Liebt eure Feinde und betet für die, die euch verfolgen. *Mt 5,44*

GEDANKEN ZUM TAG Der Priester Klemens Maria Hofbauer, der Apostel Wiens, ging in einer Notzeit durch eine Gaststätte, um Geld für die Armen zu sammeln. Ein Kirchenhasser spuckte ihm mit den Worten ins Gesicht: „Wie kommen Sie dazu, mich um Geld zu bitten?" Hofbauer wusch sich mit seinem Taschentuch ruhig sein Gesicht ab und sagte. „Das war für mich. Und jetzt noch etwas für die Armen", und hielt seinen Hut hin. Der Mann war so beeindruckt, dass er ihm den Inhalt seiner Geldbörse in den Hut schüttete. *Willi Hoffsümmer (WH)*

GEBET Herr, manchmal fällt es schon schwer, den Nachbarn zu lieben. Schenk mit etwas von deiner Liebe, der du sogar deinen Peinigern verziehen hast. *WH*

16 SONNTAG 2. Fastensonntag, Reminiscere

Heribert von Köln, Erzbischof; Eusebia, Äbtissin; Hilarius von Aquileia, Bischof
Gen 15,5–12.17–18 / Ps 27,1.7–9.13–14 / Phil 3,17 – 4,1 / Lk 9,28b–36
Liedimpuls: GL 457

AUS DEM EVANGELIUM Da erscholl eine Stimme aus der Wolke: Dieser ist mein auserwählter Sohn, auf ihn sollt ihr hören. *Lk 9,35*

GEDANKEN ZUM TAG Einen Vorgeschmack auf den Himmel bekommen Petrus, Johannes und Jakobus, als Jesus sie mit auf den Berg nimmt, um zu beten. Am liebsten wollen sie bleiben. Doch die Stimme Gottes zeigt ihnen Jesus als seinen Sohn. Wer ihn sieht und auf ihn hört, sieht den Vater. Ein Einblick in und ein Vorgeschmack auf die Herrlichkeit Gottes!
Im Alltag will Gott gefunden und der Glaube gelebt werden. Die Fastenzeit ist eine Gelegenheit, in der

Stille auf das Wort Gottes zu lauschen und es mit anderen zu teilen. *Margret Keusgen (MK)*

GEBET Lebendiger Gott, hilf uns, mit dem Herzen bei dir im Himmel zu Hause zu sein und gleichzeitig mit beiden Beinen fest auf der Erde zu stehen. Sei unser Wegbegleiter durch die Höhen und Tiefen des Lebens. *MK*

17 MONTAG *Gertrud von Nivelles OSB, Äbtissin; Patrick von Irland, Missionar; Johannes Sarkander*

Dan 9,4b–10 / Ps 79,5.8–9.11.13 / Lk 6,36–38
Liedimpuls: GL 295,1–3

AUS DEM EVANGELIUM Nach dem Maß, mit dem ihr messt und zuteilt, wird auch euch zugeteilt werden. *Lk 6,38*

GEDANKEN ZUM TAG Barmherzig sein, nicht richten, nicht verurteilen, sich gegenseitig die Schuld erlassen und spenden. Gottes Gericht wird unser eigenes Verhalten spiegeln. Unsere Hoffnung: Gott wird großmütiger sein, als wir es je waren. *Manfred Becker-Huberti (MBH)*

GEBET Allmächtiger, dein Volk pilgert durch die Zeit. Tilge den Geist der Rache und Vergeltung aus den Völkern und tröste die Leidenden und Bedrängten. *MBH*

18 DIENSTAG *Cyrill von Jerusalem, Bischof; Eduard von England, König*

Jes 1,10.16–20 / Ps 50,8–9.16b–17.21.23 / Mt 23,1–12
Liedimpuls: GL 433,2

AUS DEM EVANGELIUM Der Größte von euch soll euer Diener sein. *Mt 23,11*

GEDANKEN ZUM TAG Und wieder einmal so eine Ansage von Jesus. Sich hintenanstellen als der oder die Größte. Und nicht wie so oft im Alltag: als Erster boarden, mehr Beinfreiheit in der 1. Klasse und dann auch noch besonderer Service am Platz. Jesus kehrt die Größenverhältnisse um und verschiebt unsere Wahrnehmung. Damals wie heute. Dienen ist das Gebot der Stunde, nicht sich dienen lassen. Demut üben. Und – auch das steckt ja mit da drin – sich nicht ständig vergleichen mit anderen. Denn das Bewerten, das übernimmt Jesus schon selbst. Und von IHM erhöht und groß gemacht und aufgewertet zu werden, das ist sowieso noch mal eine ganz andere Liga. *Tim Niedernolte (TN)*

GEBET Herr Jesus Christus, lass uns immer wieder neu die Welt und unsere Mitmenschen mit deinen Augen sehen. Mit deinem dienenden Blick. Und weniger durch unsere verzerrenden Brillen. *TN*

19 MITTWOCH Hl. Josef, CH: Josephstag

Josef, Bräutigam der Gottesmutter Maria
2 Sam 7,4–5a.12–14a.16 / Ps 89,2–5.27.29 / Röm 4,13.16–18.22 / Mt 1,16.18–21.24a od. Lk 2,41–51a
Liedimpuls: GL 609

AUS DER LESUNG Gegen alle Hoffnung hat Abraham voll Hoffnung geglaubt. *Röm 4,18*

GEDANKEN ZUM TAG Abraham hat Gottes Verheißung geglaubt. Glaube spottet menschlicher Vernunft, weil man an einen Gott glaubt, „der die Toten lebendig macht und das, was nicht ist, ins Dasein ruft“. Nur dieser Glaube ehrt Gott als Gott. *Manfred Becker-Huberti (MBH)*

GEBET Allmächtiger Gott, Abraham hat Hoffnung gegen jede Hoffnung gelebt, Josef hat deinen eingeborenen Sohn an Kindes statt angenommen. Hilf uns zu einem solchem Glauben, der Zweifel und Hoffnungslosigkeit überwindet. *MBH*

20 DONNERSTAG Frühlingsanfang

Irmgard, Kaiserin; Wolfram, Bischof; Maria Josepha Sancho SdJ, Ordensgründerin, Cuthbert (Gisbert) von Lindisfarne
Jer 17,5–10 / Ps 1,1–4.6 / Lk 16,19–31
Liedimpuls: GL 466,1.4

AUS DEM EVANGELIUM Wenn sie auf Mose und die Propheten nicht hören, werden sie sich auch nicht überzeugen lassen, wenn einer von den Toten aufersteht. *Lk 16,31*

GEDANKEN ZUM TAG Am Frühlingsanfang denken wir an Cuthbert von Lindisfarne (634–687), der mit Meerestieren lebte und einer der beliebtesten Heiligen Englands ist, bis heute. 676 ging er als Einsiedler auf ein winziges Eiland. Er war so beliebt, dass ständig Pilger kamen. Um die dort brütenden Eiderenten vor dem Ansturm zu schützen, schuf er das erste Naturschutzgesetz überhaupt! Ihm zu Ehren heißen die Eiderenten in Nordengland immer noch „Cuthberts Enten“. Ein ganz früher Hüter und Bewahrer der Schöpfung! *MM*

GEBET Lass uns, Herr, wie Franziskus und Cuthbert Bewunderer deiner Schöpfung, der Tiere, Pflanzen, des Meeres, der Felder, Wälder und Berge sein! Wie wunderbar schön! *MM*

21 FREITAG *Christian OSB, Abt; Absalon (Axel) von Lund, Erzbischof*

Gen 37,3–4.12–13a.17b–28 / Ps 105,16–21 / Mt 21,33–43.45–46
Liedimpuls: GL 370,1

AUS DEM EVANGELIUM Der Stein, den die Bauleute verworfen haben, er ist zum Eckstein geworden. *Mt 21,42*

GEDANKEN ZUM TAG Das, was wirklich alles zusammenhält, sehen wir nicht, den Eckstein. Wenn er fehlt, ist die Katstrophe da. *Constantin Micheel (CM)*

GEBET Jesus, sende mir deinen Geist, damit ich weiß, was wichtig ist in meinem Leben. *CM*

22 SAMSTAG *Elmar (Elko) OPraem, Abt; Lukardis OCist; Clemens August von Galen, Kardinal*

Mi 7,14–15.18–20 / Ps 103,1–4.9–12 / Lk 15,1–3.11–32
Liedimpuls: GL 268,1.3

AUS DEM EVANGELIUM Du wirfst all unsere Sünden in die Tiefe des Meeres hinab. *Mi 7,19*

GEDANKEN ZUM TAG Im Schuldbekenntnis dürfen wir immer wieder unsere Schwächen und Fehler vor Gott bringen. Wie viel mehr würde sich unser barmherziger Vater im Himmel freuen, wenn wir ganz zu ihm zurückkehren und ihm all unsere Sündenlast endgültig hinhalten würden. Weil nur er die Kraft und die Herrlichkeit hat, sie zu besiegen. *Michaela Bendfeld (MB)*

GEBET Gütiger Gott, durch deine Gnade schenkst du uns schon jetzt den Anfang des ewigen Lebens. Führe uns hin zu jenem Licht, in dem du selber wohnst, Jesus Christus unseren Herrn, der mit dir im Heiligen Geist lebt und herrscht in Ewigkeit. *MB*

23 SONNTAG 3. Fastensonntag, Oculi

Turibio von Mongrovejo, Bischof; Rebekka Ar-Rayès, Ordensfrau
Ex 3,1–8a.13–15 / Ps 103,1–4.6–8.11 / 1 Kor 10,1–6.10–12 / Lk 13,1–9
Liedimpuls: GL 387

AUS DER LESUNG Als der Herr sah, dass Mose näher kam, rief Gott ihm mitten aus dem Dornbusch zu: Leg deine Schuhe ab; denn der Ort, wo du stehst, ist heiliger Boden. *Ex 3,4–5*

GEDANKEN ZUM TAG Über meinem Schreibtisch hängt ein Bild des brennenden Dornbuschs. Zu Füßen des Dornbuschs stehen Sandalen. Mein Schreibtisch ist der Ort, an dem vieles erarbeitet wird: Predigten, Vorträge, geistliche Impulse, Taufen, Trauungen, Beerdigungen ... Das Bild erinnert daran, dass alles mit der Ehrfurcht beginnt. Meine Arbeit ist „heiliger Boden". Auf dem kann ich nicht herumtrampeln. Ich nähere mich sozusagen barfuß, mit empfindsamen Füßen. Sie spüren anders als Füße, die Stiefel tragen. Orte der Gottesbegegnung sind für viele selten. Vielleicht sind sie aber gar nicht so selten? Wenn ich mich meiner Arbeit mit einer gewissen Ehrfurcht nähere, wird sie mehr als ein Job. Sie ist Berufung. *Reinhard Hentschel (RHe)*

GEBET Gott des Lebens. Ich danke dir, dass du mich berufen hast, vor dir zu stehen und dir zu dienen.

Lenke meine Sinne, meine Hände und Füße, meine Gedanken, Worte und Werke, damit alles, was ich tue, von der Ehrfurcht vor dir und deinen Geschöpfen geleitet wird. *RHe*

24 MONTAG *Katharina v. Schweden OSBirg/OSSalv, Ordensgründerin; Elias OPraem, Abt*

2 Kön 5,1–15a / Ps 42,2–3; Ps 43,3.4 / Lk 4,24–30
Liedimpuls: GL 216,2

AUS DER LESUNG Geh und wasch dich siebenmal im Jordan! Dann wird dein Leib wieder gesund, und du wirst rein. *2 Kön 5,10*

GEDANKEN ZUM TAG Weil Gott Geist und Wahrheit ist, kann man sich nur in Wahrheit Ihm nahen dadurch, dass man heilig sein will, wie Er heilig ist – durch die Reinheit des Herzens. *Søren Kierkegaard*

GEBET Herr Jesus, dir ist alles möglich. Heile du, was krank und verwundet ist. *MM*

25 DIENSTAG Verkündigung des Herrn

Annunziata (Ancilla), Prokop OSB, Abt; Jutta von Bernried, Einsiedlerin; Kilian, Bischof
Jes 7,10–14 / Ps 40,7–11 / Hebr 10,4–10 / Lk 1,26–38
Liedimpuls: GL 521,1.2

AUS DEM EVANGELIUM Siehe, ich bin die Magd des Herrn; mir geschehe, wie du es gesagt hast. *Lk 1, 38*

GEDANKEN ZUM TAG Gott offenbart sich Maria in der Botschaft des Engels mit seiner ganzen Herrlichkeit: Vater, Sohn und Heiliger Geist werden Maria zuteil: Sie ist von Gott erwählt, wird Mutter des Sohnes und Braut des Heiligen Geistes. In der Betrachtung dieses Festes Maria Verkündigung sind wir eingeladen, wie Maria das Wort Gottes mit innerer Bereitschaft zu empfangen, es zu bewahren und in uns wachsen zu lassen. *Michaela Bendfeld (MB)*

GEBET Gott, unser Vater, hilf uns, in der Kraft des Heiligen Geistes Ja zu sagen zu deinem Wort, zu deinem Willen und dir zu vertrauen alle Tage unseres Lebens. Darum bitten wir durch Christus, unseren Herrn. *MB*

26 MITTWOCH *Liudger von Münster, Bischof; Larissa, Märtyrin*

Dtn 4,1.5–9 / Ps 147,12–13.15–16.19–20 / Mt 5,17–19
Liedimpuls: GL 369

AUS DEM EVANGELIUM Denkt nicht, ich sei gekommen, um das Gesetz und die Propheten aufzuheben. Ich bin nicht gekommen, um aufzuheben, sondern um zu erfüllen. *Mt 5,17*

GEDANKEN ZUM TAG Der Kern der Gemeinde in Jerusalem kam aus dem gläubigen Judentum. So wird in der jungen Kirche immer wieder gefragt, ob nun Gebote und Gesetze des Alten Bundes auch in der neuen Gemeinde gelten sollen. Man legt aber Wert darauf, die Gedanken Jesu aus der Bergpredigt festzuhalten und weiterzugeben. *Wolfgang Winkelmann (WW)*

GEBET Herr, mache alle, die sich in den Dienst der Kirche stellen, umsichtig im Handeln, freundlich im Umgang und beharrlich im Gebet. *WW*

27 DONNERSTAG *Heimo von Halberstadt OSB, Bischof; Frowin OSB, Abt*

Jer 7,23–28 / Ps 95,1–2.6–9 / Lk 11,14–23
Liedimpuls: GL 458

AUS DEM EVANGELIUM Solange ein bewaffneter starker Mann seinen Hof bewacht, ist sein Besitz sicher. Wenn ihn aber ein Stärkerer angreift und besiegt, dann nimmt ihm der stärkere all seine Waffen weg, auf die er sich verlassen hat, und verteilt die Beute. *Lk 11,21–22*

GEDANKEN ZUM TAG In diesen Tagen wird in vielen Städten an die verheerenden Bombenangriffe vor jetzt 80 Jahren erinnert. Meine Stadt Paderborn wurde am 27. März 1945 fast vollständig zerstört. Die Opfer, aber auch die Menschen, die in den schlimmen Kriegen unserer Zeit unschuldig ihr Leben verloren haben, mahnen uns, dass die wichtigste Aufgabe der Politik ist, den Frieden in unserem Land und in der Welt zu sichern. Nicht nur die Geschichte lehrt, wie wichtig es dabei ist, stark und abwehrbereit zu sein und Aggressoren frühzeitig in die Schranken zu weisen. Und jeder von uns kann in seinem Rahmen ein „Werkzeug des Friedens“ sein. *Heinz Paus*

GEBET Herr, mache mich zu einem Werkzeug deines Friedens. Wo Hass ist, lass mich Liebe bringen.
Wo Beleidigung ist, möchte ich Vergebung aussprechen. Wo Zwietracht herrscht, lasst mich Einheit schaffen. *Aus Frankreich*

28 FREITAG *Gundelinde OSB, Äbtissin; Guntram, König; Wilhelm Eiselin OPraem*

Hos 14,2–10 / Ps 81,6c–11b.14.17 / Mk 12,28b–34
Liedimpuls: GL 383

AUS DER LESUNG Ich werde für Israel da sein wie der Tau, damit es aufblüht wie eine Lilie und Wurzeln schlägt wie der Libanon. *Hos 14,6*

GEDANKEN ZUM TAG Wenn es mir ganz schlecht geht, weiß ich, dass Gott mich nicht verlässt. Auch dann nicht, wenn ich ihn manchmal enttäuscht habe. Gott bleibt doch immer bei mir und lässt mich wachsen. *Constantin Micheel (CM)*

GEBET Lass mich tiefe Wurzeln schlagen und für andere Menschen da sein. *CM*

29 SAMSTAG *Ludolf von Ratzeburg OPraem, Bischof; Helmstan (Helmut), Bischof*

Hos 6,1–6 / Ps 51,3–4.18–21 / Lk 18,9–14
Liedimpuls: GL 535,2

AUS DEM EVANGELIUM Denn wer sich selbst erhöht, wird erniedrigt, wer sich aber selbst erniedrigt, wird erhöht werden. *Lk 18,14*

GEDANKEN ZUM TAG Mut ist eine wichtige Tugend, um die komplexen Herausforderungen dieser Zeit zu meistern. Aber oft bestimmt Über-Mut unsere Haltung. Wie wäre es stattdessen auch mit De-Mut, Groß-Mut oder Sanft-Mut? *Maria Aßhauer (MA)*

GEBET Jesus, du hast dich am Kreuz in unvorstellbarem Maße erniedrigt, um uns zu erlösen. Schenke uns die Fähigkeit zu echter Demut. *MA*

30 SONNTAG 4. Fastensonntag, Laetare, Beginn der Sommerzeit

Diemut von Wessobrunn, Reklusin; Bado (Patto) OSB, Abt; Leonard Murialdo, Ordensgründer

Jos 5,9a.10–12 / Ps 34,2–7 / 2 Kor 5,17–21 / Lk 15,1–3.11–32

Liedimpuls: GL 382,1

AUS DER LESUNG Aber man muss doch ein Fest feiern und sich freuen; denn dieser, dein Bruder, war tot und lebt wieder; er war verloren und ist wiedergefunden worden. *Lk 15,32*

GEDANKEN ZUM TAG Da war eine Gruppe junger Leute, die Theaterstücke aufführen. Sie waren so bewegt von dieser biblischen Stelle über den barmherzigen Vater, dass sie beschlossen hatten, ein Musical daraus zu machen. Und da ist diese Szene, wo der verlorene Sohn mit einem Freund spricht, ihm erzählt, dass er Angst hat, nach Hause zurückzukehren, weil er fürchtet, dass ihn sein Vater wegjagen könnte. Und der Freund gibt ihm folgenden Rat: Schick einen Botschafter zu deinem Vater und lass ihm sagen, dass du nach Hause kommen willst und dass er am Fenster ein weißes Tuch aufhängen lassen soll, um zu signalisieren, dass du willkommen bist. Gesagt, getan. Das Musical ging weiter mit Tänzen und Gesängen. Dann kam diese Szene, wo man den Sohn sieht, der um die Ecke biegt und sein Elternhaus sieht. Sein Vaterhaus ist voller weißer Tücher: also nicht nur eins, an allen Fenstern hängen weiße

Tücher. Das ist die Barmherzigkeit Gottes. *Papst Franziskus*

GEBET Guter Gott, du weißt, was mir am Herzen liegt. Du kennst mich mit meinen Schätzen, Fähigkeiten und Talenten. Hilf mir, dass auch ich sehe, was ich kann und wo ich gebraucht werde. Zeig mir, was dein Herzensanliegen für mich ist. *Julia Brodersen-Schäfers*

31

MONTAG *Kornelia, Märtyrin; Benjamin, Diakon, Märtyrer; Lambert Conradi OFM, Ordensprovinzial; Klemens Fuhl OSA, Ordensgeneral*

Jes 65,17–21 / Ps 30,2.4.6.12a.13b / Joh 4,43–54

Liedimpuls: GL 622

AUS DEM EVANGELIUM Der Beamte bat ihn: Herr, komm herab, ehe mein Kind stirbt! *Joh 4,49*

GEDANKEN ZUM TAG Mit allem können wir zu Jesus kommen. Er ist immer an unserer Seite, weiß um unsere Liebe und unser Vertrauen, aber auch um unsere Sorgen, Kämpfe, Zweifel – auch unsere Ohnmacht angesichts so vieler Dinge, die in unserer Welt passieren. Doch beten wir darum, dass wir und andere wirklich leben? Aus der Fülle seiner Liebe? *Eva Maria Nielsen (EMN)*

GEBET Herr, komm herab, ehe mein Glaube stirbt! Herr, komm herab, ehe meine Hoffnung erlischt. Herr, komm herab, ehe meine Liebe erkaltet. *EMN*

1 DIENSTAG *Irene und Agape, Märtyrinnen; Hugo von Grenoble, Bischof*
Ez 47,1–9.12 / Ps 46,2–3.5–6.8–9 / Joh 5,1–16
Liedimpuls: GL 378,3

AUS DEM EVANGELIUM Als Jesus ihn dort liegen sah und erkannte, dass er schon lange krank war, fragte er ihn: Willst du gesund werden? *Joh 5,6*

GEDANKEN ZUM TAG Diese Botschaft will die Welt verändern. Und diese Weltveränderung beginnt bei jedem Menschen, der sich von seinem Glauben Flügel verleihen lässt. *Guido Erbrich*

GEBET Und das brauche ich, Herr, dieses Wissen um deine Nähe und Treue, so wie die Luft zum Atmen. Beflügle mich mit deinem Geist, damit ich lebendig bin – immer und ewig. *Jordana Schmidt*

2 MITTWOCH *Franz von Paola, Einsiedler, Ordensgründer; Eustasius, Abt, Glaubensbote*
Jes 49,8–15 / Ps 145,8–9.13c–14.17–18 / Joh 5,17–30
Liedimpuls: GL 418,1.2

AUS DEM EVANGELIUM Denn wie der Vater das Leben in sich hat, so hat er auch dem Sohn gegeben, das Leben in sich zu haben. *Joh 5,26*

GEDANKEN ZUM TAG Glaube ist für mich etwas, was mich immer wieder daran erinnert, wer ich bin und warum ich hier auf dieser Welt bin. Ich fühle mich von Gott ganz ergriffen. Das Gesicht von Jesus strahlt mir durch die Gesichter der anderen Menschen entgegen. *Maite Kelly*

GEBET Herr, lass mich immer spüren, dass mir der Himmel offen steht und du allein der Weg zum Vater und ins Leben bist. *MM*

3 DONNERSTAG *Luitbirg, Klausnerin; Richard, Bischof; Elisabeth Koch, Generaloberin*
Ex 32,7–14 / Ps 106,19–24 / Joh 5,31–47
Liedimpuls: GL 264

AUS DEM EVANGELIUM Und doch wollt ihr nicht zu mir kommen, um das Leben zu haben. *Joh 5,40*

GEDANKEN ZUM TAG Das Leben – die Gemeinschaft mit unserem dreieinigen Freund –, danach sollten wir uns sehnen und darum bitten: Ihr in mir. Ich in euch. Und immer wieder ihr göttlichen Drei. Denn ihr seid mein Leben. *Eva Maria Nielsen (EMN)*

GEBET Ihr Drei, Atem meiner Seele, ich danke euch für das Leben, das ihr mir schenkt, hier und in alle Ewigkeit. *EMN*

4 FREITAG *Isidor von Sevilla, Erzbischof, Kirchenlehrer; Konrad OPraem, Abt*
Weish 2,1a.12–22 / Ps 34,17–21.23 / Joh 7,1–2.10.25–30
Liedimpuls: GL 263

AUS DEM EVANGELIUM Ihr kennt mich und wisst, woher ich bin; aber ich bin nicht in meinem eigenen Namen gekommen, sondern er, der mich gesandt hat, bürgt für die Wahrheit. Ihr kennt ihn nur nicht. *Joh 7,28*

GEDANKEN ZUM TAG Vorurteile und Voreingenommenheit machen es den Menschen schwer, in

Jesus den Messias zu erkennen. Ihre Vorstellung von einem Messias hindert sie, die Wahrheit zu erkennen. Damals wie heute. *Manfred Becker-Huberti (MBH)*

GEBET Christus, du ewiges Wort des Vaters, steh uns bei, wenn wir verkannt und unseres Glaubens wegen verfolgt werden. Verhilf uns zu Geduld und Stärke, wenn wir unseren Glauben gegen den Geist der Zeit leben müssen. *MBH*

5 SAMSTAG *Vinzenz Ferrer OP, Bußprediger; Crescentia Höß OFS, Oberin*

Jer 11,18–20 / Ps 7,2–3.9–10.11–12 / Joh 7,40–53
Liedimpuls: GL 377

AUS DEM EVANGELIUM So entstand seinetwegen eine Spaltung in der Menge. *Joh 7,43*

GEDANKEN ZUM TAG Jesus polarisiert und spaltet. Durch sein Sprechen und Handeln fordert Jesus heraus, zwingt (mich) zu (m)einer Positionierung. Die einen halten Jesus für einen Propheten, andere für den Messias. Wieder andere erkennen in Jesus einen, der in die Irre führt. Wer ist Jesus für mich, wie stelle ich mich zu ihm? Ich möchte Jesus hören, ihm begegnen, möchte schauen, was Jesus tut. Dann positioniere ich mich – so wie Nikodemus. *Thomas Throenle (TT)*

GEBET Guter Gott, hilf mir, dass ich nicht an etwas festhalte, nur weil es (scheinbar) „so geschrieben steht", nur weil es andere sagen. Lass mich erkennen, dass vorgefasste und fertige Meinungen in die Enge führen. Herr, lass mich offen und neugierig sein, lass mich lernen aus Gespräch und Begegnung. Schenke du mir (Er-)Kenntnis. *TT*

6 SONNTAG 5. Fastensonntag, Judica
Petrus der Märtyrer OP; Wilhelm von Aebelholt, Abt
Jes 43,16–21 / Ps 126,1–6 / Phil 3,8–14 / Joh 8,1–11
Liedimpuls: GL 291,1–2

AUS DEM EVANGELIUM Jesus richtete sich auf und sagte zu ihr: Frau, wo sind sie geblieben? Hat dich keiner verurteilt? *Joh 8,10*

GEDANKEN ZUM TAG Am heutigen fünften Fastensonntag werden traditionell in den katholischen Kirchen die Kreuze mit einem violetten Tuch verhüllt. Die Verhüllung der Kreuze unterbricht unsere gewohnten Sichtweisen, wir fasten fortan bis zum Karfreitag mit den Augen. Der gekreuzigte Herr ist scheinbar aus unserer Mitte gerissen, er ist nicht sichtbar, abwesend. Viele Menschen müssen auf reale Weise in ihrem Leben die Erfahrung der vermeintlichen Abwesenheit Gottes machen. Sie sehen und spüren den mitleidenden Christus nicht in ihrem Leben. In ihnen bohren Fragen nach der ausbleibenden Hilfe Gottes. Auch Jesus selbst hat diese Erfahrung gemacht, als er sterbend am Kreuz rief: „Mein Gott, mein Gott, warum hast du mich verlassen?“ Und doch steckt dahinter eine tiefe Glaubenserfahrung. Auch wenn wir Gott jetzt nicht spüren und ihn nicht sehen: Es ist das innerste Vertrauen darauf, dass bei Gott in aller Not und Verzweiflung niemand verloren geht und dass er alles zum Guten wenden wird. Darauf verweisen die ersten Lichtstrahlen am Ostermorgen, die das Dunkel der Nacht vertreiben. *Julian Heese (JH)*

GEBET Verborgener Gott, oft ist das Leben hart, schwer und unbegreiflich. Trage uns mit deiner Gegenwart durch unsere Ratlosigkeit und Zweifel, damit auch in unserem Leben Ostern werden kann. *JH*

7 MONTAG *Johann Baptist de la Salle FSC; Burchard von Halberstadt, Bischof*

Dan 13,1–9.15–17.19–30.33–62 / Ps 23,1–6 / Joh 8,12–20
Liedimpuls: GL 269,1.2

AUS DEM EVANGELIUM Ich bin das Licht der Welt. Wer mir nachfolgt, wird nicht in der Finsternis umhergehen, sondern wird das Licht des Lebens haben. *Joh 8,12*

GEDANKEN ZUM TAG Jesus ist für mich mein Licht. Und wenn er das ist, dann kann ich auch leuchten: für andere und für die bedrohte Welt. *Constantin Micheel (CM)*

GEBET Jesus, lass mich ein Licht in der Welt sein. *CM*

8 DIENSTAG *Walter von Rebais OSB; Beata von Ribnitz OSCl; Julia Billiart SND*

Num 21,4–9 / Ps 102,2–3.16–21 / Joh 8,21–30
Liedimpuls: GL 483,3

AUS DEM EVANGELIUM Jesus sagte zu ihnen: Ihr stammt von unten, ich stamme von oben; ihr seid aus dieser Welt, ich bin nicht aus dieser Welt. *Joh 8,23*

GEDANKEN ZUM TAG Wer ist Jesus Christus für mich? Kein „Gentleman“, der „bella figura“ in der Welt machen muss. Er stammt von „woanders“. Nur so ist er unsere Hoffnung über die Nöte dieser Welt hinaus. *MM*

GEBET Herr Jesus, gib, dass wir nicht den Schmeicheleien und Äußerlichkeiten dieser Welt verfallen. Lass uns suchen, was bei dir ist, was „oben“ ist. *MM*

9 MITTWOCH *Waltrud OSB, Äbtissin; Konrad I., Erzbischof; Kasilda, Einsiedlerin*

Dan 3,14–21.49a.91–92.95 / Dan 3,52–56 / Joh 8,31–42
Liedimpuls: GL 362

AUS DEM EVANGELIUM Wenn ihr in meinem Wort bleibt, seid ihr wirklich meine Jünger. Dann werdet ihr die Wahrheit erkennen, und die Wahrheit wird euch befreien. *Joh 8, 31–32*

GEDANKEN ZUM TAG In der Nachfolge Jesu zu stehen, ist vor allem in unserer Gegenwart nicht immer einfach. Häufig sind wir nicht bei uns, sondern lassen uns schnell beirren durch gesellschaftliche Einflüsse. Die Frohe Botschaft soll uns helfen, unseren Glauben zu stärken. *Dennis Lewandowski (DL)*

GEBET Jesus, hilf uns Gläubige, deine Frohe Botschaft auch in undurchsichtigen Situationen zu erkennen und uns zu dir zu bekennen. *DL*

10 DONNERSTAG *Hulda, Prophetin; Engelbert OSB, Abt; Magdalena Gabriela von Canossa FDC*

Gen 17,1a.3–9 / Ps 105,4–9 / Joh 8,51–59
Liedimpuls: GL 142,2

AUS DEM EVANGELIUM Amen, amen, ich sage euch: Wenn jemand an meinem Wort festhält, wird er auf ewig den Tod nicht schauen. *Joh 8,51*

GEDANKEN ZUM TAG Auf dem Sterbebett habe ich meiner Mutter gesagt: „Mama, denk an Jesus." Und sie antwortete: „Aber, mein Kleiner, natürlich denke ich an Jesus." Sie hatte seinen Namen ausgesprochen, den Namen, den ich in dieser Minute hören wollte. *Pierre Brice*

GEBET Durch dein Wort, Herr Jesus, wird unser Leben hell. Danke, dass es uns Kraft im Alltag gibt. *MM*

11 FREITAG *Stanislaus von Krakau, Bischof; Reiner, Rekluse; Gemma Galgani, Mystikerin*

Jer 20,10–13 / Ps 18,2–7.20 / Joh 10,31–42
Liedimpuls: GL 423,1

AUS DEM ANTWORTPSALM Herr, du mein Fels, meine Burg, mein Retter, mein Gott, meine Feste, in der ich mich berge, mein Schild und sicheres Heil, meine Zuflucht. *Ps 18,3*

GEDANKEN ZUM TAG Glaube soll froh machen: Das will das Erzbistum Paderborn mit seiner Mitmachaktion „1000 gute Gründe" zeigen. Mit Grund 243 der Initiative spricht Gott uns zu: „Dein Vertrauen lohnt sich." Wenn wir Gottvertrauen haben, ist das weit mehr als Optimismus – es lohnt sich! *Maria Aßhauer (MA)*

GEBET Herr, mit dem Lied „Meine Zeit steht in deinen Händen" bitte ich: „Gib mir ein festes Herz, mach es fest in dir." *MA*

12 SAMSTAG *Julius I., Papst; Herta, Märtyrin; Zeno, Bischof; Giuseppe Moscati, Arzt*

Ez 37,21–28 / Ps 31,10–12b.13 / Joh 11,45–57
Liedimpuls: GL 488

AUS DEM EVANGELIUM In jener Zeit kamen viele der Juden, die zu Maria, der Schwester des Lazarus, gekommen waren und gesehen hatten, was Jesus getan hatte, zum Glauben an ihn. *Joh 11,45*

GEDANKEN ZUM TAG Bei uns in St. Josef in Berlin-Köpenick melden sich jedes Jahr ca. zehn Erwachsene zum Taufkurs an. In der Osternacht dann folgt die bewegende Tauffeier. Auch sie sahen und sehen, was Jesus getan hat in ihrem Leben. Für uns – von Kindheit an im Glauben herangewachsen – ist das jedes Jahr eine Art „Firmung", ein Gestärktwerden im eigenen Glauben. Wie kann ich heute gestärkt werden im Glauben? Schau aufs Kreuz ... *Mathias Laminski (ML)*

GEBET Herr, stärke mich im Glauben, lass mich treu bleiben und dir folgen. Nur heute ist wichtig, morgen hat seine eigene Herausforderung. *ML*

13 SONNTAG Palmsonntag

Martin I., Papst; Hermenegild, Märtyrer; Ida von Löwen, Mystikerin

Jes 50,4–7 / Ps 22,8–9.17–20.23–24 / Phil 2,6–11 / Lk 22,14 – 23,56 / zur Palmprozession: Lk 19,28–40

Liedimpuls: GL 280

AUS DEM EVANGELIUM Sie riefen: Gesegnet sei der König, der kommt im Namen des Herrn. Im Himmel Friede und Ehre in der Höhe! *Lk 19,38*

GEDANKEN ZUM TAG Mitten in Zeiten des Krieges und vieler Krisen – auch in unserer Kirche – die Passion Jesu zu lesen und zu hören und so in die Große Heilige Woche zu gehen, kann für uns nur bedeuten, den Blick nicht abzuwenden von dem Grauen und darin das geschundene Antlitz Jesu Christi zu entdecken, ja das geschundene Antlitz eines Gottes, der in Jesus Christus alle Grauen der Menschenlose mit uns teilt. Gerade weil die Welt so ist, wie sie ist, begehen wir diese Erinnerung an das Leiden Christi, um darin auch die Hoffnung zu entdecken, die über den Tod hinausweist. In der Lukas-Passion ist Jesus der leidende Gerechte. Der Hauptmann unter dem Kreuz sagt nicht wie bei Matthäus und Markus: „Wahrhaftig, dieser war Gottes Sohn“, sondern: „Wahrhaftig, das war wirklich ein gerechter Mensch.“ Ein Mensch, der sich nicht bemitleiden lässt von den Frauen, ein Mensch, der mitten in der Hölle für seine Peiniger betet: „Vater, vergib ihnen, denn sie wissen nicht, was sie tun!“, und dessen letzter Ruf nicht der Schrei ist: „Mein Gott, mein Gott, warum hast du mich verlassen?“, sondern: „Vater, in deine Hände empfehle ich meinen Geist“. *Franz-Josef Bode*

GEBET Vater, wir hoffen auf den Sinn, auf die Auferstehung. Führe du uns zum Leben. Dein Reich komme. *MM*

14 MONTAG *Hadwig von Meer OPraem, Klostergründerin; Lidwina, Mystikerin; Ernestine OCarm*

Jes 42,5a.1–7 / Ps 27,1–3.13–14 / Joh 12,1–11
Liedimpuls: GL 283

AUS DEM EVANGELIUM Viele Juden hatten erfahren, dass Jesus dort war, und sie kamen, jedoch nicht nur um Jesu willen, sondern auch um Lazarus zu sehen, den er von den Toten auferweckt hatte. *Joh 12,9*

GEDANKEN ZUM TAG Die Kirche nennt diese Woche die „Heilige Woche“. Was wir in diesen Tagen feiern, mündet in den Ostersieg des Herrn. Sein Weg führt durch den Tod zum Leben, durch das Dunkel zum Licht. Öffnen wir ihm unser Herz. *Wolfgang Winkelmann (WW)*

GEBET Bleibe und nahe und wache über uns, damit wir die Heilsgabe bewahren, die uns durch dein Erbarmen zuteilgeworden ist. *WW*

15 DIENSTAG *Nidgar von Augsburg, Bischof; Huna, Wohltäterin*

Jes 49,1–6 / Ps 71,1–3.5–6.15.17 / Joh 13,21–33.36–38
Liedimpuls: GL 288

AUS DEM EVANGELIUM Simon Petrus sagte zu ihm: Herr, wohin willst du gehen? Jesus antwortete: Wohin ich gehe, dorthin kannst du mir jetzt nicht folgen. Du wirst mir aber später folgen. *Joh 13,36*

GEDANKEN ZUM TAG Wer den Weg des Leidens als Nachfolge des Herrn versteht, kann schon jetzt den Himmel offen sehen. Leid und Tod haben nicht das letzte Wort, der Himmel ist durch Jesus Christus geöffnet. *Michael Machalke (MiM)*

GEBET Jesus Christus, König der Herrlichkeit, stärke durch die Feier der Heiligen Woche meinen Glauben, meine Hoffnung, meine Liebe. *MiM*

16 MITTWOCH *Benedikt Josef Labre, Pilger; Bernadette Soubirous, Seherin von Lourdes, Nonne*

Jes 50,4–9a / Ps 69,8–10.12.21b–22.31.33 / Mt 26,14–25
Liedimpuls: GL 149,1

AUS DEM EVANGELIUM Und während sie aßen, sprach er: Amen, ich sage euch: Einer von euch wird mich verraten und ausliefern. *Mt 26,21*

GEDANKEN ZUM TAG Oft verraten wir Jesus in unserem Alltag. Weil es uns etwas kostet und abverlangt, unseren Glauben zu leben. Weil wir Angst haben, weil uns Jesus peinlich ist in der Schule oder am Arbeitsplatz. *Constantin Micheel (CM)*

GEBET Lieber Gott, gib mir Kraft und Mut, zu dir und deinem Wort zu stehen. Amen. *CM*

17 DONNERSTAG Gründonnerstag

Eberhard OPraem, Propst; Max Josef Metzger, Priester; Katharina, Büßerin
Ex 12,1–8.11–14 / Ps 116,12–13.15–18 / 1 Kor 11,23–26 / Joh 13,1–15
Liedimpuls: GL 282

AUS DEM EVANGELIUM Da er die Seinen liebte, die in der Welt waren, liebte er sie bis zur Vollendung. *Joh 13,1*

GEDANKEN ZUM TAG Wir kennen das alle: Kampf ums Dasein, Wettbewerb. Wenn mehrere Menschen zusammen sind, dann geht das Gerangel um Ehre, um Besitz, um den ersten Platz sofort los. In der Politik führt dieses Ringen um Vormacht manchmal zu den schlimmsten Brutalitäten. Auch die Feinde Jesu haben ihn aus Streben nach Geltung, aus Neid und aus politischem Kalkül dem Tod übergeben. Heute am Gründonnerstag feiern wir: Jesus erlöst uns von dieser Gier, indem er uns sein Leben freiwillig übergibt. Er geht unseren Lebensweg mit, und wir dürfen von ihm leben. Er schenkt sich uns ganz, gibt sich uns in seinem Leib und Blut. Dieses Lebensgesetz

Jesu will Gott uns heute tief in die Seele einschreiben: Du darfst von meinem Leben leben. Bei der Fußwaschung sagt er: Ihr nennt mich Herr und Meister, und ich bin es. Dann aber legt er sein Obergewand ab und wäscht den Jüngern die Füße. Damit zeigt er, was an uns allen geschieht: Gott selbst wäscht uns die Füße. Und daraus folgt dann der Auftrag: Ich habe euch ein Beispiel gegeben, damit auch ihr so handelt, wie ich an euch handle. *Leo Langemeyer*

GEBET Gib mir Reichtum oder Armut, gib mir Trost oder Trübsal, gib mir Frohlocken oder Trauer … süßes Leben, Sonne ohne Schleier, da ich ganz mich hingab: Was wünschst du, Herr von mir? *Teresa von Avila*

18 FREITAG Karfreitag

Wigbert von Augsburg (Wiggo), Bischof; Aya von Mons OSB
Jes 52,13 – 53,12 / Ps 31,2.6.12–13.15–17.25 / Hebr 4,14–16; 5,7–9 / Joh 18,1–19,42
Liedimpuls: GL 298

AUS DEM EVANGELIUM Als Jesus die Mutter sah und bei ihr den Jünger, den er liebte, sagte er zur Mutter: Frau, siehe, dein Sohn! Dann sagte er zu dem Jünger: Siehe, deine Mutter! Und von jener Stunde an nahm sie der Jünger zu sich. *Joh 19,26–27*

GEDANKEN ZUM TAG Wenn wir uns einer Sache hingeben, bedeutet es, dass wir sie mit Leidenschaft machen. Diese Momente sind intensiv und kraftvoll. Gleichzeitig liefern wir uns auch immer aus, geben Kontrolle ab. Hingabe bedeutet, dass ich zeige, wie und wer ich wirklich bin. Ich zeige, was mir wichtig, vielleicht sogar „heilig“ ist. Das macht verletzlich. Diese Auslieferung kann aus Leidenschaft „Leiden schaffen“. Verständlich ist, wenn man davor zurückschreckt. Erstaunlich ist: Jesus gibt noch mehr „hin“. Er gibt sein Leben hin – nicht einfach so, sondern aus Liebe und dem Vertrauen, dass seine Hingabe aufgehoben ist. Er bringt in dem Moment, in dem alles hingegeben erscheint, kurz vor seinem Tod, die Kraft auf, den Blick auf Johannes und seine Mutter Maria zu richten und für sie „zu sorgen“. Er gibt beide in die jeweilige Obhut des anderen. Es ist mehr als eine liebevolle Geste: keine Übergabe, keine Abgabe, sondern eine Hingabe. Im übergroßen Schmerz den anderen nicht aus dem Blick zu verlieren ist wohl nur in der Liebe möglich. *Markus Ende (ME)*

GEBET Herr Jesus Christus, dein Tod schenkt uns das Leben. Deine Liebe zu uns Menschen ist unfassbar. Begleite uns in den schweren Stunden und lass uns spüren, dass wir nicht allein sind – wenn sich Wege trennen, wenn Leben scheitert, wenn wir liebe Menschen gehen lassen müssen. *ME*

19 SAMSTAG Karsamstag

Marcel Callo, Märtyrer; Leo IX., Papst; Gerold, Einsiedler; Friedrich OCist, Märtyrer
Tag der Grabesruhe, keine Eucharistiefeier
Liedimpuls: GL 297

AUS DER KARMETTE Wenn ich rufe, gib mir Antwort, Gott meiner Gerechtigkeit! Du hast mir weiten Raum geschaffen in meiner Bedrängnis. *Ps 4,2*

GEDANKEN ZUM TAG Karsamstag – der Tag nach der Kreuzigung. Jesus ist gestorben. Ein großer Stein verschließt sein Grab. Stille und Leere. Ist alles aus und vorbei? Waren alle Hoffnungen umsonst? Irgendwie muss es doch weitergehen! *Julian Heese (JH)*

GEBET Gekreuzigter Jesus, die Zeit deines Leidens ist vorbei. Es herrscht Totenstille. Gib dich uns zu erkennen, wenn auch wir die Erfahrungen des Karsamstags in unserem Leben machen müssen. *JH*

20 SONNTAG Ostersonntag

Hildegund von Schönau OCist; Odette OPraem; Wilhelm der Pilger

in der Osternacht: Gen 1,1 – 2,2 / Ps 104.1–2.5–6.10.12–14b.24.1ab od. Ps 33,4–7.12–13.20.22 / Gen 22,1–18 / Ex 14,15 – 15,1 / Jes 54,5–14 / Jes 55,1–11 / Bar 3,9–15.32 – 4,4 / Ez 36,16–17a.18–28 / Röm 6,3–11 / Lk 24,1–12

Liedimpuls: GL 322,1

AUS DEM EVANGELIUM Petrus aber stand auf und lief zum Grab. *Lk 24,12*

GEDANKEN ZUM TAG Sie hielten es für Geschwätz der Frauen. Sie glaubten es nicht. Die Apostel. Die Frauen aber, nicht minder erschrocken über das, was sie gesehen und gehört haben, haben sich in das Ostergeschehen mit hineinnehmen lassen. Zwei Männer in leuchtenden Gewändern waren ihnen Hilfe am Ostermorgen. Sie erinnerten sich an Jesu Worte, die sie damals schon förmlich aufsaugten. Er sprach vom Reich Gottes, von Versöhnung und Frieden, der möglich ist. Er verkündete, dass die Liebe über allem steht – auch wenn erst das Kreuz zu siegen scheint. Auch wir sind heute herausgefordert, dem Unglaublichen zu vertrauen. Denn nun schließt sich der Kreis. Schon der Engel verkündete Maria Unglaubliches und endete mit der nie versiegenden Zusage „Denn für Gott ist nichts unmöglich" (Lk 1,37). Als Maria dies hörte, konnte sie ihr „Ja" sprechen. Und vielleicht ist es für uns heute – gerade in diesen unruhigen und herausfordernden Zeiten – genau die Zusage, die auch wir brauchen, um unser ganz persönliches „Ja" zu dieser Osterbotschaft zu sprechen. Unser Ja, das vom Glauben an die Auferstehung geprägt ist. Unser Ja, das unser Leben prägt und trägt. Unser Ja zu einer Botschaft, die dem Leben Hoffnung schenkt und über den Tod hinaus trägt. Unser Nein gegen Geschwätz und Hoffnungslosigkeit. Denn für Gott ist wahrlich nichts unmöglich. *Ann-Kristin Idzik (AKI)*

GEBET Weil dir nichts unmöglich ist, Herr, will ich dir am Ostermorgen mein „Ja" zusprechen. Ich bitte dich um Schutz und Segen, dass mein Ja nicht zum bloßen Geschwätz wird, sondern dass ich es immer neu mit Leben fülle und von deiner Osterbotschaft Zeugnis gebe. *AKI*

21 MONTAG Ostermontag

Konrad von Parzham OFMCap; Anselm von Canterbury OSB, Erzbischof
Apg 2,14.22–33 / Ps 89,2–5 / 1 Kor 15,1–8.11 / Lk 24,13–35 od. Mt 28,8–15
Liedimpuls: GL 325

AUS DEM EVANGELIUM Jesus fragte sie: Was sind das für Dinge, über die ihr auf eurem Weg miteinander redet? Da blieben sie traurig stehen und der eine von ihnen – er hieß Kléopas – antwortete ihm: Bist du so fremd in Jerusalem, dass du als Einziger nicht weißt, was in diesen Tagen dort geschehen ist? *Lk 24,17–18*

GEDANKEN ZUM TAG Kann es denn sein, dass du nichts gehört hast? Kann es denn sein, dass du als Einziger keine Ahnung hast? Die beiden Emmausjünger klingen fast empört. Wer ist ihnen denn da begegnet? Das ist ja fast nicht zu glauben, dass sie jemanden treffen, der von all dem Furchtbaren, was in Jerusalem mit ihrem Herrn Jesus geschehen ist, gar nichts weiß.
Doch in der scheinbaren Ahnungslosigkeit, in der Empathie und dem offenen Zuhören des Begleiters, liegt der Schlüssel: Der Schlüssel, um der Traurigkeit und Verzweiflung der beiden Freunde Raum zu geben. Der Schlüssel, um wieder fragen zu können, und der Schlüssel, damit die beiden wieder ein wenig verstehen zu können. Im Gehen Schritt für Schritt, im Pilgern Richtung Emmaus verändert sich viel. Der ahnungslose Fremde, er geht den Weg mit durch die Trauer in die Hoffnung. Ja, sogar zurück in ihre Begeisterung: Brannte uns nicht das Herz, als er uns die Schrift erklärte. Und als er das Brot brach, erkannten sie ihn: den Auferstandenen. Was für eine unglaubliche Botschaft auch an diesem Osterfest: Der Tod hat nicht das letzte Wort. *Ursula Altehenger (UA)*

GEBET Auf jedem meiner Wege, auf denen ich nicht weiterweiß, gehst du mit; wie damals auf dem Weg nach Emmaus, bist du da, hörst mir zu, verstehst und hilfst mir zu verstehen. Und im Teilen des Brotes wirst du zur Quelle und gibst mir Energie und Kraft zurück. Du gehst mit – auf jedem meiner Wege. *UA*

22 DIENSTAG *Cajus (Kai), Papst; Wolfhelm OSB, Abt*

Apg 2,14a.36–41 / Ps 33,4–5.18–20.22 / Mt 28,8–15
Liedimpuls: GL 324,3–4

AUS DEM EVANGELIUM Plötzlich kam ihnen Jesus entgegen und sagte: Seid gegrüßt! Sie gingen auf ihn zu, warfen sich vor ihm nieder und umfassten seine Füße. *Mt 28,9*

GEDANKEN ZUM TAG Jesus ist wieder da. Der Verlorengeglaubte kommt entgegen, grüßt, rührt an verwundeten Herzen. Seine Stimme ist unverkennbar in aller Traurigkeit und Verwirrung. Das schenkt Mut, Hoffnung, Dankbarkeit und Freude. All das ist drin im Niederknien und Ihn-Umfassen. *Alexandra Völzke*

GEBET Christus, ich will dich umfassen, wie du mich und die Welt umfasst. Du bist mein wahrer Reichtum und nichts in der Welt ist an Kostbarkeit dir gleich. *Klara von Assisi*

23 MITTWOCH *Adalbert von Prag, Märtyrer; Georg, Märtyrer; Helena de Valentinis, Mystikerin*

Apg 3,1–10 / Ps 105,1–4.6–9 / Joh 20,11–18
Liedimpuls: GL 323

AUS DEM EVANGELIUM Jesus sagte zu ihr: Frau, warum weinst du? Wen suchst du? Sie meinte, es sei der Gärtner, und sagte zu ihm: Herr, wenn du ihn weggebracht hast, sag mir, wohin du ihn gelegt hast. Dann will ich ihn holen. *Joh 20,15*

GEDANKEN ZUM TAG Maria schenkt ihre ganzen Emotionen. Ihrem körperlich-seelischen Aufstand folgt die Teilhabe an der Auferstehung Jesu. Zwei Worte in der Begegnung „Maria“ – „mein Meister“ sagen alles Wichtige. *Michael Wrage (MW)*

GEBET Rufe mich bei meinem Namen, so sieht meine Seele dich. Trotz all meiner Tränen lass mich dich bekennen und hilf mir, deiner Auferstehung zu trauen. *MW*

24 DONNERSTAG *Fidelis von Sigmaringen OFMCap, Märtyrer; Egbert OSB; Benedikt Menni OH*

Apg 3,11–26 / Ps 8,2.5–9 / Lk 24,35–48
Liedimpuls: GL 318

AUS DEM EVANGELIUM Warum lasst ihr in eurem Herzen solche Zweifel aufkommen? *Lk 24,38*

GEDANKEN ZUM TAG Jesus Christus weiß um die Unfassbarkeit seiner Auferstehung. Denjenigen, die es mit ihren Augen sehen, körperlich spüren müssen, reicht er die Hand. Denjenigen, die es mit dem Geist fassen müssen, erklärt er die Schrift. Auf dass jeder Mensch auf seine Weise be-greifen möge, was unfassbar ist: Jesus ist wahrhaft auferstanden. *Caroline v. Ketteler*

GEBET Halleluja, Jesus lebt. *Osterruf*

25 FREITAG *Markus, Evangelist; Ermin (Erwin) OSB, Bischof; Hermann I., Markgraf; Franka OCist*

Apg 4,1–12 / Ps 118,1.4.22–24.26–27a / Joh 21,1–14
Liedimpuls: GL 456,1

AUS DEM EVANGELIUM Er aber sagte zu ihnen: Werft das Netz auf der rechten Seite des Bootes aus und ihr werdet etwas fangen. *Joh 21,6*

GEDANKEN ZUM TAG Auch wenn alles ausweglos erscheint: Wer Jesus vertraut, findet den Sinn des Ganzen. *Constantin Micheel (CM)*

GEBET Jesus, du gibst mir Halt und Sinn. *CM*

26 SAMSTAG *Radbert von Corbie OSB, Abt; Trudbert, Märtyrer; Kletus, Papst, Märtyrer*

Apg 4,13–21 / Ps 118,1–2.14–21 / Mk 16,9–15
Liedimpuls: GL 634

AUS DER LESUNG Wir können unmöglich schweigen über das, was wir gesehen und gehört haben. *Apg 4,20*

GEDANKEN ZUM TAG Furchtlos und sicher! Das ist etwas! Wer möchte nicht so sein und sprechen? Das ist nur möglich, wenn man weiß, dass Gott einen allezeit von allen Seiten umgibt. Es ist keine Frage des Intellekts, sondern eine Herzensangelegenheit. Petrus und Johannes hatten dem Volk gepredigt, dass es ein Leben nach dem Tod gibt. Das gefiel den obersten Priestern nicht, die Sache lief ihnen aus dem Ruder, es wurden zu viele Gläubige. Die Priester konnten sich die Kraft, in der Petrus und Johannes einen Gelähmten geheilt hatten, nicht erklären. Das passte nicht in ihren Verstand. Möge jeder von uns achtsam sein, das Wirken Gottes zu erkennen, denn Jesus lebt und seine Kraft ist gegenwärtig. Er will sie uns geben, wollen wir? Das ist die entscheidende Frage. *Daisy v. Arnim (DvA)*

GEBET Heiliger Geist Gottes, lass mich furchtlos und deiner sicher sein in jedem Moment des Tages, in jeder Herausforderung, in jeder Begegnung. Führe und leite mich. Ich bin dein. *DvA*

27 SONNTAG 2. So. der Osterzeit, So. der göttl. Barmherzigkeit, Quasimodo
Petrus Canisius SJ, Kirchenlehrer; Zita, Magd; Floribert, Bischof; Nikolaus Roland, Ordensgründer
Apg 5,12–16 / Ps 118,2.4.22–24.26–27a / Offb 1,9–11a.12–13.17–19 / Joh 20,19–31
Liedimpuls: GL 472

AUS DER LESUNG Fürchte dich nicht! Ich bin der Erste und der Letzte und der Lebendige. Ich war tot, doch siehe, ich lebe in alle Ewigkeit und ich habe die Schlüssel zum Tod und zur Unterwelt. *Offb 1,17–18*

GEDANKEN ZUM TAG Jesus lebt in alle Ewigkeit und schenkt uns den Frieden. Das war für Thomas kaum zu glauben, und die meisten von uns tun sich auch damit schwer. Die Welt, in der wir leben, ist voller Unfrieden, Hass, Gewalt und Tod. Nicht zu fassen, dass wir trotzdem unsere Hoffnung auf einen barmherzigen Gott setzen. Davon, ob wir uns das trauen, hängt ab, ob wir das Leben haben. So schreibt es Johannes in seinem Evangelium. Wer glaubt, dass Jesus der Sohn Gottes, der Christus, ist, wird im Tod das unzerstörbare Leben gewinnen. Die Hoffnung stirbt nicht zuletzt, sondern dem Glaubenden stirbt sie gar nicht! Auf sie können wir uns verlassen. *Margret Keusgen (MK)*

GEBET Barmherziger Gott, dir will ich vertrauen. Wie Thomas bete ich: Mein Herr und mein Gott! Lass mich in deiner Liebe geborgen sein. *MK*

28 MONTAG *Pierre Chanel, Märtyrer; Ludwig Maria Grignion de Montfort, Ordensgründer*

Apg 4,23–31 / Ps 2,1–9 / Joh 3,1–8
Liedimpuls: GL 346

AUS DEM EVANGELIUM Der Wind weht, wo er will; du hörst sein Brausen, weißt aber nicht, woher er kommt und wohin er geht. So ist es mit jedem, der aus dem Geist geboren ist. *Joh 3,8*

GEDANKEN ZUM TAG Naturkräfte sind größer als wir und entziehen sich unserer Machbarkeit. Bestenfalls können wir sie nutzen, wie zum Beispiel Windkraft und Wasserkraft. Ich glaube, wir sind gut beraten, wenn wir die Kräfte des Geistes auch so betrachten. Sie sind größer als wir und wirken dort, wo sie Gott als ihr Urheber wirken lassen will. Sturm, Hauch und Feuer sind biblische Bilder für den Geist, die sich ergänzen und nicht ausschließen. Der Heilige Geist darf von niemandem allein vereinnahmt werden und niemand darf anderen das Christsein absprechen. *Reinhard Hentschel*

GEBET Heiliger Geist, gib mir den Glauben, der mich vor Verzweiflung rettet. Gib mir die Hoffnung, die mich befreit von Furcht und Verzagtheit. *Dietrich Bonhoeffer*

29 DIENSTAG Hl. Katharina von Siena *OSD, Kirchenlehrerin, Patronin Europas; Roswitha, Äbtissin; Theoger OSB, Bischof*

1 Joh 1,5 – 2,2 / Ps 103,1–4.8–9.13–14.17–18a / Mt 11,25–30
Liedimpuls: GL 268

AUS DEM EVANGELIUM Mir ist von meinem Vater alles übergeben worden; niemand kennt den Sohn, nur der Vater. *Mt 11,27*

GEDANKEN ZUM TAG Jesus ist zu uns auf die Welt gekommen, um dasselbe zu fühlen und zu erleben wie wir. Zwischen ihm und Gott existiert eine einzigartige Beziehung, die er uns durch sein Dasein näherbringt. *Anna Keusgen (AK)*

GEBET Gott, ich möchte dir dafür danken, dass du mir durch Jesus deine Liebe und Wirklichkeit offenbart hast. Lass mich spüren, dass du immer bei mir bist. *AK*

30 MITTWOCH *Pius V., Papst; Pauline von Mallinckrodt SCC, Generaloberin; Rosamunde, Einsiedlerin; Haimo, Bischof*

Apg 5,17–26 / Ps 34,2–9 / Joh 3,16–21
Liedimpuls: GL 382,1

AUS DEM EVANGELIUM Denn Gott hat seinen Sohn nicht in die Welt gesandt, damit er die Welt richtet, sondern damit die Welt durch ihn gerettet wird. *Joh 3,17*

GEDANKEN ZUM TAG „Liebe weckt Liebe, Vertrauen weckt Vertrauen." – Lasst und dieses Wort von Pauline von Mallinckrodt heute ganz konkret leben. *MM*

GEBET Herr, lass uns nicht vorschnell über andere richten. Nimm von uns unseren Hang zum Vergleichen, Lästern und Abwerten. *MM*

1 DONNERSTAG Maifeiertag, A: Staatsfeiertag
Hl. Josef der Arbeiter; Markulf OSB, Abt; Augustin Schoeffler CM, Missionar; Richard Pampuri OH, Arzt
Apg 5,27–33 / Ps 34,2.9.17–20 / Joh 3,31–36
Liedimpuls: GL 265

AUS DER LESUNG Man muss Gott mehr gehorchen als den Menschen. *Apg 5,29*

GEDANKEN ZUM TAG Wenn Gott uns in seine Gemeinschaft ruft, müssen wir uns ihm ausliefern. Wo unser Glaube gefordert ist, sind wir aber oft halsstarrig und unbeweglich. Der Glaube ist jedoch ein Geschenk, das angenommen und gelebt werden will. *Manfred Becker-Huberti (MBH)*

GEBET Barmherziger Gott, du schenkst uns Anteil an deiner göttlichen Natur. Hilf uns, unser Leben nach dir auszurichten. Lass uns zu neuen Menschen werden. *MBH*

2 FREITAG *Athanasius von Alexandrien, Patriarch; Sigismund, König; Boris, Fürst; Zoé, Märtyrin*
Apg 5,34–42 / Ps 27,1.4.13–14 / Joh 6,1–15
Liedimpuls: GL 188,4

AUS DEM EVANGELIUM Dann nahm Jesus die Brote, sprach das Dankgebet und teilte an die Leute aus, so viel sie wollten; ebenso machte er es mit den Fischen. *Joh 6,11*

GEDANKEN ZUM TAG Die Brote und die Fische, mit denen Jesus die Leute speist, sind weit mehr als nur eine leibliche Sättigung. Sie stiften Gemeinschaft und zeigen, dass bei Jesus nicht *haben*, sondern *geben* das Entscheidende ist. *Julian Heese (JH)*

GEBET Christus, wir danken dir, dass du uns mit den Gaben der Schöpfung und der menschlichen Arbeit nährst. Lass uns dies nie als Selbstverständlichkeit ansehen und mach uns bereit, miteinander zu teilen. *JH*

3 SAMSTAG Hll. App. Philippus und Jakobus

Alexander I., Papst; Philipp von Zell, Einsiedler
1 Kor 15,1–8 / Ps 19,2–5b / Joh 14,6–14
Liedimpuls: GL 542,1.4

AUS DEM EVANGELIUM Wer an mich glaubt, wird die Werke, die ich vollbringe, auch vollbringen und er wird noch größere als diese vollbringen, denn ich gehe zum Vater. *Joh 14,12*

GEDANKEN ZUM TAG Gottes Geist bewirkt, dass aus Feinden Freunde werden, dass Fremde sich verstehen, dass unsere Ängste kleiner werden, dass wir selbstbewusst von Jesus und seiner Botschaft reden und dass wir Rückgrat zeigen, wo andere bedroht werden. *Georg Austen*

GEBET Danke, Gott, dass das Feuer deiner Liebe in uns brennt. *Constantin Micheel*

4 SONNTAG 3. So. der Osterzeit, Jubilate

Florian, Märtyrer; Guido OSB, Abt; Cäcilia Schnur OSCl, Äbtissin
Apg 5,27b–32.40b–41 / Ps 30,2.4.5–6.12a.13b / Offb 5,11–14 / Joh 21,1–19
Liedimpuls: GL 336,1.4

AUS DEM EVANGELIUM Als es schon Morgen wurde, stand Jesus am Ufer. Doch die Jünger wussten nicht, dass es Jesus war. *Joh 21,4*

GEDANKEN ZUM TAG Die Ostererzählungen sind immer Freundschaftsgeschichten, Geschichten vom Wiedersehen, vom Staunen, von der Nähe und vom Sichumarmen. „Gott umarmt uns durch die Wirklichkeit", das hat der Jesuit Willi Lambert einmal gesagt. Gott umarmt uns durch die Wirklichkeit – und Ostern treibt es damit auf die Spitze. Der Auferstandene tritt aus der anderen Wirklichkeit in unsere alltägliche Welt hinein. Und so ist es auch hier am Ufer des Sees von Tiberias: ein Wiedersehen von Freunden. Gotteswelt und Menschenwelt begegnen sich und werden eins. Die Jünger ahnen nicht, dass Jesus ihnen so nahe ist. Aber die Nacht ist vorbei. Sieben Jünger, die vergeblich fischen waren, darunter Thomas, der erst kurz vorher das große „Wiedersehen" mit dem Herrn erlebt hat: Und nun – schon wieder alles umsonst! Seit Ostern wissen wir, dass auch in dieser Nacht der Vergeblichkeit, in der Finsternis der leeren Hände und Herzen, Jesus am Ufer steht und auf uns wartet. *Hans-Josef Becker*

GEBET Wir haben den Sommer, den Regen, den Wind. Wir fühlen uns wohl, wo auch immer wir sind. Doch was wären wir ohne Liebe, ohne deine Liebe? *Erwin Grosche*

5 MONTAG *Godehard von Hildesheim, Bischof; Jutta von Sangerhausen, Einsiedlerin*
Apg 6,8–15 / Ps 119,23–24.26–27.29–30 / Joh 6,22–29
Liedimpuls: GL 484,2

AUS DEM EVANGELIUM Müht euch nicht ab für die Speise, die verdirbt, sondern für die Speise, die für das ewige Leben bleibt und die der Menschensohn euch geben wird. *Joh 6,27*

GEDANKEN ZUM TAG Der Tagesheilige Godehard wird für Demut, Hilfe für Arme und Förderung von Bildung und Kunst verehrt. Und ich: Fokussiere ich mich auf weltliche Besitztümer oder auf göttliche Werke? Habe ich meine wahre Lebensaufgabe erkannt? *Johannes Schäfers (JS)*

GEBET Gott, hilf mir, das Wichtige zu sehen. Lass mich wie den hl. Godehard leben im Dienst an anderen und in Erfüllung meiner Bestimmung. *JS*

6 DIENSTAG *Britto von Trier, Bischof; Antonia, Märtyrin; Gundula, Märtyrin*

Apg 7,51 – 8,1a / Ps 31,3c–4.6.7b–8a.17.21ab / Joh 6,30–35
Liedimpuls: GL 31,1

AUS DEM EVANGELIUM Welches Zeichen tust du, damit wir es sehen und dir glauben? *Joh 6,30*

GEDANKEN ZUM TAG Eine Frage, die mich beschäftigt: einen Vorschuss von Jesus zu verlangen, um zu glauben! Wie kleingläubig!? In der Tat: So läuft es ja im Alltag. Es bedarf immer Zeit, Ausdauer und Durchhaltevermögen, wenn wir glauben und vertrauen sollen. Im Zentrum des Tagesevangeliums steht aber mehr: die Sehnsucht nach dem Brot, das zur Mitte unseres Lebens führt: zu IHM! *Martin Papke (MPa)*

GEBET Gott, du Brot des Lebens: Lass uns in unserem Alltag keine Kleingläubigen sein. Lass uns in dir das

Leben und das Heil erkennen. Gibt uns die Kraft, jeden Tag aufs Neue im Glauben durchzuhalten. *MPa*

7 MITTWOCH *Gisela OSB, Königin, Äbtissin; Heilika (Helga) OSB, Äbtissin; Notker der Stammler OSB*

Apg 8,1b 8 / Ps 66,1–3a.4–7b / Joh 6,35–40
Liedimpuls: GL 362

AUS DER LESUNG Die Gläubigen, die zerstreut worden waren, zogen umher und verkündeten das Wort. *Apg 8,4*

GEDANKEN ZUM TAG Heute fühlen wir uns als Glaubende auch oft allein und heimatlos unterwegs. Jesus ruft uns zu: Ich bin das Brot des Lebens und lasse euch nicht zugrunde gehen! *Margret Keusgen (MK)*

GEBET Jesus, hilf mir, wie die heilige Gisela darauf zu vertrauen, dass du bei mir bist. Du gibst mir die Kraft, meinen Glauben zu leben. *MK*

8 DONNERSTAG *Friedrich OSB, Abt; Ulrika Nisch, Ordensfrau; Klara Fey, Generaloberin*

Apg 8,26–40 / Ps 66,8–9.16–17.19–20 / Joh 6,44–51
Liedimpuls: GL 378,1

AUS DEM EVANGELIUM So aber ist es mit dem Brot, das vom Himmel herabkommt. Wenn jemand davon isst, wird er nicht sterben. *Joh 6,50*

GEDANKEN ZUM TAG Was vom Himmel kommt, kann ich nicht beeinflussen. Ich muss auf Regen hoffen und auf Sonnenschein. Aber ich darf annehmen, was mir geschenkt wird, ohne Vorbehalt und ohne Angst; Wegzehrung annehmen für jeden Schritt. *Claudia Westermann (ClW)*

GEBET Guter Gott, du bist Nahrung und Quelle für uns. Sei du auf allen Wegen mit uns unterwegs und stärke uns. *ClW*

9 FREITAG *Beatus, Einsiedler; Theresia Gerhardinger SSND, Ordensgründerin; Adalgar OSB; Volkmar OSB*

Apg 9,1–20 / Ps 117,1.2 / Joh 6,52–59
Liedimpuls: GL 209

AUS DEM EVANGELIUM Wer mein Fleisch isst und mein Blut trinkt, hat das ewige Leben, und ich werde ihn auferwecken am Letzten Tag. *Joh 6,54*

GEDANKEN ZUM TAG Jesu Fleisch zu essen und sein Blut zu trinken, scheint eine provokante Zumutung zu sein – für Jesu Zeitgenossen wohl noch mehr als für uns, die wir mit der Eucharistiefeier vertraut sind. Die Frage bleibt dennoch: Wie sollen ein Stück Brot und ein Schluck Wein uns Anteil an Jesus geben? Das Geheimnis seiner Gegenwart in unserer Gemeinschaft bleibt auch – wunderbar! *Maria Aßhauer*

GEBET Herr, du hast mit dem Geschenk der Eucharistie für alle Zeiten ein bleibendes Band zu dir geknüpft. Lass uns dieses Band niemals durchtrennen. *MA*

10 SAMSTAG *Damian de Veuster SSCC, Lepraapostel; Johannes von Ávila, Priester, Volksmissionar*

Apg 9,31–42 / Ps 116,12–17 / Joh 6,60–69
Liedimpuls: GL 366

AUS DEM EVANGELIUM Wir sind zum Glauben gekommen und haben erkannt: Du bist der Heilige Gottes. *Joh 6,69*

GEDANKEN ZUM TAG Herr, Christus, Messias, Meister, Lehrer, Menschensohn, Sohn Davids, Gottes Sohn, Lamm Gottes, König der Juden, König der Welt, Erlöser, Retter, Richter, Freund, Bruder, Guter Hirte, Gerechter – all das sind sogenannte Hoheitstitel für Jesus von Nazaret. Diese Aussagen über Jesus gründen im Glauben – im Glauben der Kirche, im Glauben von einzelnen Menschen. Welches sind meine „Hoheitstitel" für Jesus? *Thomas Throenle (TT)*

GEBET Jesus, wir begegnen dir auf vielerlei Weise. Wir machen uns ein Bild von dir und verleihen dir Hoheitstitel. All das gründet in unserem Glauben und Erkennen. Lass uns erahnen, dass du zugleich „viel mehr" und „viel größer" bist. *TT*

11 SONNTAG 4. So. der Osterzeit, Misericordias, Muttertag
Gangolf, Märtyrer; Mamertus, Bischof; Joachim Tabernitz OSB, Märtyrer
Apg 13,14.43b–52 / Ps 100,1–5 / Offb 7,9.14b–17 / Joh 10,27–30
Liedimpuls: GL 421

AUS DEM EVANGELIUM Ich gebe ihnen ewiges Leben. Sie werden niemals zugrunde gehen. *Joh 10,28*

GEDANKEN ZUM TAG Durch die Beziehung zu Jesus erhalten wir Gläubigen ewiges Leben. Jesus versichert uns, dass wir in seinen Händen sicher sind, und schenkt uns Hoffnung. Er verspricht uns nicht nur Schutz, sondern auch eine Zukunft, die über unser Leben hinausgeht. Er spricht zu uns, wie ein guter Hirte zu seinen Schafen. *Anna Keusgen (AK)*

GEBET Gott, du bist mein Guter Hirte, für deine Fürsorge möchte ich danken. Lass mich stets auf deine Liebe und Sicherheit vertrauen. Ich bitte dich, lasse mich deine liebevolle Stimme hören. *AK*

12 MONTAG *Pankratius, Nereus, Achilleus, Märtyrer*

Apg 11,1–18 / Ps 42; 2–3; Ps 43,3–4 / Joh 10,1–10
Liedimpuls: GL 461,2

AUS DEM EVANGELIUM Ich bin die Tür; wer durch mich hineingeht, wird gerettet werden; er wird ein- und ausgehen und Weide finden. *Joh 10,9*

GEDANKEN ZUM TAG Türen öffnen sich und laden ein, Türen können sich aber auch schließen und ausgrenzen. Wie Weggabelungen, die verbindliche Richtungsentscheidungen fordern, können Türen ängstigen. Anders bei Jesus: Seine Einladung, ihm zu folgen, macht keine Angst, sondern Hoffnung. *Maria Aßhauer (MA)*

GEBET Jesus, lass uns die Türen unseres Herzens in deiner Nachfolge weit für unsere Nächsten öffnen. *MA*

13 DIENSTAG *Unsere Liebe Frau in Fatima; Servatius, Bischof; Ellinger OSB, Abt*

Apg 11,19–26 / Ps 87,2–5.7 / Joh 10,22–30
Liedimpuls: GL 533

AUS DEM EVANGELIUM Meine Schafe hören auf meine Stimme; ich kenne sie, und sie folgen mir. Ich gebe ihnen ewiges Leben. Sie werden niemals zugrunde gehen, und niemand wird sie meiner Hand entreißen. *Joh 10,27–28*

GEDANKEN ZUM TAG „Ich und der Vater sind eins." Das begreifen auch wir nur in dem Maß, als wir uns selbst in diese Einheit und Gemeinschaft von Vater und Sohn einbeziehen lassen. Das ist ein Geschenk. *Wolfgang Winkelmann (WW)*

GEBET Herr, du weißt, dass wir bitten wollen um dein Reich, um Frieden und Wahrheit für alle. Und dass zu jeder Zeit unseres Lebens und Tag für Tag dein Wille an uns geschehe. *WW*

14 MITTWOCH *Christian, Märtyrer; Paschalis I., Papst; Pachomius d. Ä., Mönchsvater; Corona, Märtyrin*

Apg 12,24 – 13,5 / Ps 67,2–3.5.7–8 / Joh 12,44–50
Liedimpuls: GL 84,1

AUS DEM EVANGELIUM Ich bin das Licht, das in die Welt gekommen ist, damit jeder, der an mich glaubt, nicht in der Finsternis bleibt. *Joh 12,46*

GEDANKEN ZUM TAG Ein Licht ist nicht Selbstzweck. Es erhellt die Dunkelheit und holt Verborgenes aus dem Dunkel. Jesus ist das Licht, durch das wir den Vater besser sehen. Er bringt Licht in das Dunkel unserer Gottessuche. *Guido Erbrich (GE)*

GEBET Strahle auf, Gott, wenn es dunkel um mich ist. Halte mich, wenn ich Kraft brauche. Schenke mir Vertrauen zu dir, zu den Menschen und der Welt. *GE*

15 DONNERSTAG *Sophia von Rom, Märtyrin; Rupert von Bingen, Einsiedler; Isidor, Landwirt*

Apg 13,13–25 / Ps 89,2–5.20a.27.29 / Joh 13,16–20
Liedimpuls: GL 281,1

AUS DEM EVANGELIUM Ich sage es euch schon jetzt, ehe es geschieht, damit ihr, wenn es geschehen ist, glaubt: Ich bin es. *Joh 13,19*

GEDANKEN ZUM TAG Jesus ist meine große Inspiration. *Jostein Gaarder*

GEBET Herr, du bist mein Weg, mein Leben, mein Ziel, der Freund meines Lebens. *Constantin Micheel*

16 FREITAG *Johannes Nepomuk, Märtyrer; Ubald, Bischof*

Apg 13,26–33 / Ps 2,6–11 / Joh 14,1–6
Liedimpuls: GL 362,3

AUS DEM EVANGELIUM Ich bin der Weg und die Wahrheit und das Leben; niemand kommt zum Vater außer durch mich. *Joh 14,6*

GEDANKEN ZUM TAG Nur ein Weg führt zu unserem Vater im Himmel: Jesus Christus ist dieser Weg. Die bleibende Gemeinschaft mit Gott ist nur mit ihm und durch ihn zu gewinnen. Dieser Weg ist nicht vom Ziel getrennt. *Manfred Becker-Huberti (MBH)*

GEBET Jesus Christus, zeige uns den Weg zum Vaterhaus. Sei du uns Schutz, Geborgenheit und Hoffnung, damit wir mit dir unseren Platz in der Ewigkeit finden. *MBH*

17 SAMSTAG *Bruno, Bischof; Paschalis Baylon OFM, Laienbruder; Walter OSB, Abt*

Apg 13,44–52 / Ps 98,1–4 / Joh 14,7–14
Liedimpuls: GL 417,2

AUS DEM EVANGELIUM Wer an mich glaubt, wird die Werke, die ich vollbringe, auch vollbringen, und er wird noch größere vollbringen, denn ich gehe zum Vater. *Joh 14,12*

GEDANKEN ZUM TAG In jedem von uns steckt doch auch ein Verlierer. Jeder ist mal schwach, mal verletzlich, mal etwas falsch. Wie jeder andere kämpfe ich mit meinen Ängsten und Schwächen. Gerade in Momenten, wo man sich schwach fühlt, verletzlich und nicht wirklich weiterweiß, da gibt der Glaube Halt, Geborgenheit und Hoffnung. *Juri Tetzlaff*

GEBET Der Herr ist mein Hirte. Mir wird nichts fehlen. *Ps 23,1*

18 SONNTAG 5. So. der Osterzeit, Cantate

Johannes I., Papst; Felix von Cantalice OFMCap; Burkhard, Pfarrer

Apg 14,21b–27 / Ps 145,1–2.8–11.13c–14 / Offb 21,1–5a / Joh 13,31–33a.34–35
Liedimpuls: GL 215,3

AUS DEM EVANGELIUM Ein neues Gebot gebe ich euch: Liebt einander! Wie ich euch geliebt habe, so sollt auch ihr einander lieben. *Joh 13,34*

GEDANKEN ZUM TAG Mir begegnete eine Dame in meiner Gemeinde, die ihren ersten Mann 20 Jahre rund um die Uhr pflegte, bis er verstarb. Dann heiratete sie noch einmal, und auch dieser Mann wurde später zum Pflegefall. Jahrelang pflegte sie ihn

ebenfalls zu Hause, bis auch er verstarb. Sie rief mich als Gemeindepfarrer ans Sterbebett. Am Küchentisch erzählte sie mir dann ihre Lebensgeschichte. Ich war platt und ins Herz getroffen.
Wie weit geht Liebe? Welch starke Frau! Mir schossen so viele Gedanken durch den Kopf. Sie antwortete: „Herr Pfarrer, ich glaube, dass das meine Berufung war. Ich bin glücklich, bereue keinen einzigen Tag." Ich glaubte es ihr aufs Wort.
„... so sollt auch ihr einander lieben", sagt Jesus. *Mathias Laminski (ML)*

GEBET Herr, gib uns in den täglichen Herausforderungen die Kraft der Liebe. *ML*

19 MONTAG *Alkuin OSB, Abt; Kuno OSB, Bischof; Cölestin V., Papst; Maria Bernarda Bütler OFMCap*

Apg 14,5–18 / Ps 115,1–4.15–16 / Joh 14,21–26
Liedimpuls: GL 221,1.4

AUS DER LESUNG Wir bringen euch das Evangelium, damit ihr euch von diesen nichtigen Götzen zu dem lebendigen Gott bekehrt, der den Himmel, die Erde und das Meer geschaffen hat und alles, was dazugehört. *Apg 14,15*

GEDANKEN ZUM TAG „Marmor, Stein und Eisen bricht, aber unsere Liebe nicht" – Gott ist größer als alles Denkbare und passt in keine Hosentasche. Trotzdem ist er nahbar und kennt mich – liebt mich. *Sebastian Schwertfeger (SeS)*

GEBET Herr, du kennst mich und liebst mich, wie ich bin. Hilf mir, andere mit deinen Augen zu sehen. *SeS*

20 DIENSTAG *Bernhardin von Siena OFM, Prediger; Bartholomäus Holzhauser, Priester; Elfriede, Nonne*

Apg 14,19–28 / Ps 145,10–13b.20–21 / Joh 14,27–31a
Liedimpuls: GL 621

AUS DEM EVANGELIUM Euer Herz beunruhige sich nicht und verzage nicht. *Joh 14,27*

GEDANKEN ZUM TAG Nichts soll dich ängstigen, nichts dich erschrecken, alles vergeht, Gott bleibt derselbe. Geduld erlangt alles; wer Gott hat, dem fehlt nichts. Gott nur genügt. *Teresa von* Ávila *zugeschrieben*

GEBET Du allein genügst, Herr, und du bleibst immer derselbe, der Ich-bin-da. Ich vertraue dir. *Eva Maria Nielsen*

21 MITTWOCH *Hermann Josef von Steinfeld OPraem; Erenfried, Pfalzgraf; Charles Joseph Eugène de Mazenod OMI, Ordensgründer*

Apg 15,1–6 / Ps 122,1–5 / Joh 15,1–8
Liedimpuls: GL 548

AUS DEM EVANGELIUM Ich bin der Weinstock, ihr seid die Reben. Wer in mir bleibt und in wem ich bleibe, der bringt reiche Frucht. *Joh 15,5*

GEDANKEN ZUM TAG Schon längst wallfahrteten Kölner Erstkommunionkinder nach Steinfeld/Eifel, als Rom erst 1960 bestätigte, dass Hermann Josef (†1241) verehrt werden darf. Er streifte als Seelsorger und Beichtvater durch die Umgebung. *Willi Hoffsümmer (WH)*

GEBET Herr, schenke uns Eltern, die ihrem Kleinkind schon in die Seele legen, in Jesus einen Freund fürs Leben zu sehen. *WH*

22 DONNERSTAG *Rita v. Cascia OSA; Renate v. Bayern, Wohltäterin; Julia, Märtyrin; Pauline Jaricot, „Mutter der Weltmission"*

Apg 15,7–21 / Ps 96,1–3.10 / Joh 15,9–11
Liedimpuls: GL 470

AUS DEM EVANGELIUM In jener Zeit sprach Jesus zu seinen Jüngern: Wie mich der Vater geliebt hat, so habe auch ich euch geliebt. Bleibt in meiner Liebe! *Joh 15,9*

GEDANKEN ZUM TAG Die Quelle unsers Glaubens ist die Liebe. Weil Gott mich liebt, seit es mich gibt, kann ich seine Liebe weiterschenken. Die heilige Rita hat es uns vorgelebt. *Margret Keusgen (MK)*

GEBET Vater im Himmel, hilf mir, immer tiefer zu begreifen, dass deine Liebe der Motor für mein Leben ist. Lass mich mit Herzblut handeln. *MK*

23 FREITAG *Desiderius, Bischof; Wigbert, Abt; Bartholomäus Bauer OFM*

Apg 15,22–31 / Ps 57,8–11 / Joh 15,12–17
Liedimpuls: GL 266,7

AUS DEM EVANGELIUM Ich nenne euch nicht mehr Knechte. Vielmehr habe ich euch Freunde genannt. *Joh 15,15*

GEDANKEN ZUM TAG Für Jesus – das zeigt uns das Evangelium – ist niemand gering und entfernt, niemand unbedeutend, sondern alle sind wir bevorzugt und wichtig: Du bist wichtig! *Papst Franziskus*

GEBET Jesus, wir gehören alle zusammen. Wir sind wie eine große Familie. Du bist immer bei uns. Amen. *MM*

24 SAMSTAG Tag des Gebetes für die Kirche in China

Ester, Königin; Dagmar, Königin; Magdalena Sophie Barat SC
Apg 16,1–10 / Ps 100,2–5 / Joh 15,18–21
Liedimpuls: GL 615,1

AUS DEM EVANGELIUM Wenn die Welt euch hasst, dann wisst, dass sie mich schon vor euch gehasst hat. *Joh 15,18*

GEDANKEN ZUM TAG Das ist die Welt; / sie steigt und fällt / und rollt beständig; / sie klingt wie Glas – / wie bald bricht das! / Ist hohl inwendig. *Johann Wolfgang von Goethe, Faust 1*

GEBET Dein Reich ist nicht von dieser Welt, Herr. Lass uns nach dem trachten, was von dir kommt. *MM*

25 SONNTAG 6. So. der Osterzeit, Rogate

Gregor VII., Papst; Maria Magdalena von Pazzi OCarm; Beda Venerabilis, Kirchenlehrer
Apg 15,1–2.22–29 / Ps 67,2–3.5–6.8 / Offb 21,10–14.22–23 / Joh 14,23–29
Liedimpuls: GL 403,4

AUS DEM EVANGELIUM Frieden hinterlasse ich euch, meinen Frieden gebe ich euch; nicht, wie die

Welt ihn gibt, gebe ich ihn euch. Euer Herz beunruhige sich nicht und verzage nicht. *Joh 14,27*

GEDANKEN ZUM TAG Was ist die erste Bedingung für den Frieden weltweit und auch für den Frieden mit der Natur, mit den Tieren, mit der Schöpfung? Dass ich mit mir selbst einigermaßen im Reinen bin und mit mir selbst meinen Frieden schließe. Gar nicht so leicht, mit sich im Einklang zu sein! Denn ich vergleiche und messe mich ja wahrscheinlich dauernd mit anderen und lebe dann schnell im Unfrieden mit mir und ihnen. Wenn ich das nicht mehr brauche, dann schenkt mir das eine gewisse Gelassenheit und Heiterkeit, einen „inneren Frieden", der sich dann auch vielleicht nach außen überträgt. Das setzt viel an „Bewusstseinsarbeit" und „Bewusstseinsbildung" voraus. Dass ich ein wenig in mich gehe und den Neid, das Gefühl des Ungeliebtseins, die Ressentiments und die Unzufriedenheit in mir erspüre und mir dann über mich selbst auch nicht dauernd etwas vormache. Dass ich mich ehrlicherweise so annehmen kann, wie ich bin. Der Glaube hilft mir dabei, wenn Gott zu mir sagt: Du bist geliebt und unendlich wertvoll, egal, was du leistest oder kannst. Du bist wer. Ich glaube, dass es zuerst darum geht. Deswegen beginnt der Friede immer bei mir. Schon meine Worte können zu Waffen werden. Durch Worte kann ich Menschen aufrichten und groß machen oder kleinreden und vernichten. *Udo Markus Bentz*

GEBET Guter Gott, lass das Schreien deiner Kinder nie umsonst sein. Und danke für deinen Schutz. Danke, wenn wir in deinem Frieden leben können. *MM*

26 MONTAG *Philipp Neri Or, Ordensgründer, Mystiker; Maria Anna von Jesus OFS*

Apg 16,11–15 / Ps 149,1–6a.9b / Joh 15,26 – 16,4a
Liedimpuls: GL 346,1

AUS DEM EVANGELIUM Wenn aber der Beistand kommt, den ich euch vom Vater aussenden werde, der Geist der Wahrheit, der vom Vater ausgeht, dann wird er Zeugnis für mich ablegen. *Joh 15,26*

GEDANKEN ZUM TAG Wir brauchen den Geist, der uns lebendig macht und der uns zu guten Taten anspornt. Sonst wären wir lahm und träge. *Constantin Micheel*

GEBET Ich möchte dich lieben und finde den Weg nicht. Ich werde dich niemals lieben, wenn du mir nicht hilfst, mein Jesus! *Philipp Neri*

27 DIENSTAG *Augustinus von Canterbury OSB; Bruno von Kärnten, Bischof*

Apg 16,22–34 / Ps 138,1–3.7c–8 / Joh 16,5–11
Liedimpuls: GL 557,68–72

AUS DEM EVANGELIUM Wenn ich nicht fortgehe, wird der Beistand nicht zu euch kommen; gehe ich aber, so werde ich ihn zu euch senden. *Joh 16,7*

GEDANKEN ZUM TAG Gott „in allen Dingen suchen, im Sprechen, im Gehen, Sehen, Schmecken, Hören, Denken, überhaupt in allem, was wir tun“, schreibt Ignatius von Loyola. Kann Gott wirklich überall sein? Zumindest können wir ihn in allen Dingen suchen. Vielleicht lohnt es sich ja doch, genauer zu schauen, zu spüren und in die Geheimnisse der Welt zu hören. Hinter den Klängen, in der Stille –

aber auch im quirligen Leben. In der Natur, der Musik, der Kunst, in menschlichen Begegnungen. Ereignet sich hier Gott? *Guido Erbrich (GE)*

GEBET Schenke uns – wie den Jüngern damals – ein Zeichen deiner Gegenwart. Stille den Sturm um uns, gebiete den Wassern, sieh uns unseren Kleinglauben nach. Wir sind schließlich auch nur Menschen. *GE*

28 MITTWOCH *Germanus von Paris, Bischof; Wilhelm von Aquitanien, Klostergründer*

Apg 17,15.22 – 18,1 / Ps 148,1–2.11–14 / Joh 16,12–15
Liedimpuls: GL 440,4

AUS DEM EVANGELIUM Noch vieles habe ich euch zu sagen, aber ihr könnt es jetzt nicht tragen. *Joh 16,12*

GEDANKEN ZUM TAG Die Botschaft Jesu ist herausfordernd. Der christliche Weg ist oft nicht der bequemste. Es gilt, nicht wegzuschauen, wenn Not und Elend uns beschämen. Sich nicht nur christlich zu nennen, sondern auch so zu handeln. Können wir das jetzt tragen? *Maria Aßhauer (MA)*

GEBET Herr, wir scheitern oft daran, den Namen „Christ“ mit Recht zu tragen. Lass es uns mit deiner erbarmenden Liebe immer wieder versuchen. *MA*

29 DONNERSTAG Christi Himmelfahrt

Paul VI., Papst; Maximin von Trier; Irmtrud; Ursula Ledóchowska OSU

Apg 1,1–11 / Ps 47,2–3.6–9 / Eph 1,17–23 od. Hebr 9,24–28; 10,19–23 / Lk 24,46–53
Liedimpuls: GL 339

AUS DEM EVANGELIUM Und es geschah: Während er sie segnete, verließ er sie und wurde zum Himmel emporgehoben. *Lk 24,51*

GEDANKEN ZUM TAG „Die schönste Richtung aber war die Himmelsrichtung", so Arnold Stadler. Aber wo ist denn dieser Himmel, der Bereich Gottes? Niemand hat eine Ahnung davon, wie es dort aussieht. Aber wir können in der Sehnsucht nach diesem Himmel leben. Ich kann mich als Mensch niemals selber retten, auch durch noch so viel Wissenschaft und Technik nicht. Ich brauche einen Retter, der mir den Himmel aufschließt. Der Dichter Angelus Silesius hat einmal gesagt: „Halt an, wo läufst du hin? Der Himmel ist in dir. Suchst du ihn anderswo, du fehlst ihn für und für." Wir vertrauen, dass Jesus in uns ist und den Weg in den Himmel und zum Vater mit uns geht. Das gibt unserem Alltag Würde. Die „Himmelsrichtung" folgt nicht der Logik der „Welt", der Arroganz der „Siegertypen". Der Blick nach oben macht uns offen, dass es, trotz allem, gut mit uns und Gottes Schöpfung ausgehen wird. *Matthias Micheel (MM)*

GEBET Alles wird gut, Herr, weil du bei mir bist. Steh mir und meinen Lieben bei. Steh allen bei, die dich brauchen. Amen. *MM*

30 FREITAG *Johanna von Orleans (Jeanne d'Arc), Märtyrin; Ferdinand III.; Otto Neururer, Priester, Märtyrer*

Apg 18,9–18 / Ps 47,2–7 / Joh 16,20–23a
Liedimpuls: GL 431

AUS DEM EVANGELIUM So seid auch ihr jetzt bekümmert, aber ich werde euch wieder sehen; dann wird euer Herz sich freuen, und niemand nimmt euch eure Freude. *Joh 16,22*

GEDANKEN ZUM TAG Obwohl er schon weiß, was vor ihm liegt, schenkt Jesus den Jüngern Trost. Inmitten der Traurigkeit schenkt er Trost und verspricht Freude. Er gibt seine Zusage, dass er wiederkommen wird. *Anna Keusgen (AK)*

GEBET In Zeiten der Traurigkeit bitte ich dich um deine Nähe und Hilfe. Lass mich die Freude, die Jesus uns vorgelebt hat, finden. *AK*

31

SAMSTAG *Helmtrud; Petronilla (Petra), Märtyrin; Mechthild OSB; Fulko OSB, Abt*
Apg 18,23–28 / Ps 47,2–3.8–10 / Joh 16,23b–28
Liedimpuls: GL 142

AUS DEM EVANGELIUM Was ihr vom Vater erbitten werdet, das wird er euch in meinem Namen geben. *Joh 16,23*

GEDANKEN ZUM TAG Gott weiß, was gut für uns ist, noch ehe wir ihn darum bitten. Deshalb konnte Jesus auch von der Sorglosigkeit der Vögel des Himmels sprechen. Im Vertrauen auf den Vater, der uns liebt, gehen wir deshalb unseren Weg, auch wenn uns vieles im Leben fremd und bedrohlich erscheint. *MM*

GEBET Bei dir kann ich sein, bei dir darf ich loslassen und vertrauen. Du kennst mich und meinst es unendlich gut mit mir. *Ursula Schäfer*

Morgengebet für alle Tage

Gott,
zu dir rufe ich am frühen Morgen.
Hilf mir beten
und meine Gedanken sammeln;
ich kann es nicht allein.
In mir ist es finster,
aber bei dir ist Licht.
Ich bin unruhig,
aber bei dir ist Friede.

(D. Bonhoeffer, 1943 im Gefängnis)

Du unser Gott,
äußere und innere Bedrängnisse
beunruhigen auch unsere Tage.
Dein Licht
erleuchte unser Beten und unser Tun.
Dein Friede
lasse uns zu Friedensstiftenden werden.
Segne diesen neuen Tag,
segne ihn für uns und durch uns.
Amen

Abendgebet für alle Tage

*Mein Gott, ich danke dir, dass
du diesen Tag zu Ende gebracht hast.
Vergib allen Kleinglauben
und alles Unrecht dieses Tages.
Und hilf, dass ich gern denen vergebe,
die mir unrecht getan haben.
Lass mich in Frieden
unter deinem Schutze schlafen
und bewahre mich
vor den Anfechtungen der Finsternis.*

(D. Bonhoeffer, 1943 im Gefängnis)

Du unser Gott, nach einem Tag
von Gelingen und Misslingen bitten
wir:
Sieh freundlich auf unsere Irrwege
und erhalte unser Vertrauen zu dir.
Bei allem, was uns nachgeht,
schenke uns die Gewissheit:
Deine heilvolle Nähe stärkt uns.
In allen Dunkelheiten des Lebens
schenke uns eine geruhsame Nacht.
Amen

1 SONNTAG 7. So. der Osterzeit, Exaudi
Justin der Märtyrer, Kirchenvater; Simeon von Trier, Einsiedler; Luitgard OSB
Apg 7,55–60 / Ps 97,1–2.6–7.9.12 / Offb 22,12–14.16–17.20 / Joh 17,20–26
Liedimpuls: GL 142,2

AUS DEM EVANGELIUM Vater, ich will, dass alle, die du mir gegeben hast, dort bei mir sind, wo ich bin. *Joh 17,24*

GEDANKEN ZUM TAG Jesus kommt durch die verschlossenen Türen unseres Kleinmuts zu uns. Er will, dass wir bei ihm sind und bleiben. Aber er kennt auch unsere Zweifel, die ganze Trägheit und Zögerlichkeit. Er spricht zu uns wie zu den Menschen damals in einfachen, leisen und ruhigen Worten. Er ruft uns zurück in das Leben: Trau dich zu glauben! Ich gehe mit dir durch deine Dunkelheiten und Ängste hindurch und trage dich. Das ist ein Geheimnis, dem wir uns nur anvertrauen können. Gott lässt sich nicht beweisen. Der Glaube bleibt immer ein Geschenk. Aber wir können darauf vertrauen, dass Gott es gut mit uns meint, dass das Leben Sinn macht trotz der Gräben und Wunden überall, dass es gut weitergehen wird und dass die Vollendung noch vor uns liegt, wenn wir einmal bei ihm und beim Vater sind. Im Vertrauen auf Gott können wir unser Leben meistern und Berge versetzen. Vielleicht steckt ja ein klein wenig von dieser Hoffnung in den Worten Herbert Grönemeyers, wenn er singt: „Zweifel nicht, jeder Berg lässt sich bewegen. Gib nie auf, sei bereit fürs große Glück." *Matthias Micheel (MM)*

GEBET Du wandelst unsere Trauer in Freude, unsere Zweifel in Vertrauen, unsere Mutlosigkeit in neue Kraft. Und einmal werden wir bei dir sein, Herr. *MM*

2 MONTAG Quatemberwoche

Marzellinus und Petrus, Märtyrer; Armin, Märtyrer

Apg 19,1–8 / Ps 68,2–4.5ad.6–7b / Joh 16,29–33
Liedimpuls: GL 430,1

AUS DEM ANTWORTPSALM Die Gerechten aber freuen sich und jubeln vor Gott; sie jauchzen in heller Freude. *Ps 68,4*

GEDANKEN ZUM TAG Was lässt uns gerecht werden? Wodurch jubeln wir unbekümmert? Viele unserer Haltungen haben mit den Erfahrungen zu tun, die uns auf unserem Lebensweg widerfahren oder von Menschen mitgegeben werden – angefangen bei den Eltern und der Familie. *Maria Aßhauer (MA)*

GEBET Gott, gib allen Kindern gute Erfahrungen im Leben. Schenke ihnen Menschen, die sie mit Liebe, Geduld und Mut beim Wachsen begleiten. *MA*

3 DIENSTAG *Karl Lwanga u. Gefährten, Märtyrer; Johannes Grande OH; Kevin von Wicklow, Abt*

Apg 20,17–27 / Ps 68,10–11.20–21 / Joh 17,1–11a
Liedimpuls: GL 389,5

AUS DEM EVANGELIUM Die Worte, die du mir gegeben hast, gab ich ihnen, und sie haben sie angenommen. *Joh 17,8*

GEDANKEN ZUM TAG Es sind geschenkte Worte, die tief in unser Herz gefallen sind. Worte des Lebens, der Hoffnung und des Trostes. Welches ist mein Lebenswort? *Ann-Kristin Idzik (AKI)*

GEBET Öffne mich und mein Herz, Herr, dass Worte des Lebens in mir aufblühen! Und lass auch mich die Worte sprechen, die anderen zu Worten der Hoffnung und des Trostes werden. *AKI*

4 MITTWOCH *Christa, Märtyrin; Klothilde, Frankenkönigin; Werner von Ellerbach OSB*

Apg 20,28–38 / Ps 68,29–30b.32b.33–36 / Joh 17,6a.11b–19
Liedimpuls: GL 451,2

AUS DER LESUNG Geben ist seliger als nehmen. *Apg 20,35*

GEDANKEN ZUM TAG Das sind keine Übermenschen, sondern „Nachbarn", denen wir jeden Tag begegnen und die sich im Stillen mit den Armen selbst zu Armen machen. *Papst Franziskus*

GEBET Du wirst mir nicht mehr auflegen, als ich tragen kann. Du lässt deinen Kindern alle Dinge zum Besten dienen. Herr, was dieser Tag auch bringt, dein Name sei gelobt. *Dietrich Bonhoeffer*

5 DONNERSTAG Hl. Bonifatius

Apostel der Deutschen; Hildebrand und Reginald, Mitarbeiter des Bonifatius; Meinwerk von Paderborn, Bischof
Apg 26,19–23 / Ps 117,1.2 / Joh 15,14–16a.18–20 od. Joh 10,11–16
Liedimpuls: GL 543,1

AUS DEM EVANGELIUM Ich bin der gute Hirt. Der gute Hirt gibt sein Leben hin für die Schafe. *Joh 10,11*

GEDANKEN ZUM TAG Wenn wir Christen nicht diese Liebe haben, die leidet und riskiert, riskieren wir, nur uns selbst zu weiden. Hirten nur für uns selbst und nicht Hirten der Herde … Hirten für alle sollten wir sein! *Papst Franziskus*

GEBET Ewiger Gott, Zuflucht und Hilfe all deiner Kinder, wir preisen dich für alles, was du uns gegeben hast, für alles, was du für uns getan hast, für alles, was du für uns bist. *Bonifatius*

6 FREITAG *Norbert von Xanten OPraem, Bischof, Ordensgründer; Claudius OSB, Abt*

Apg 25,13–21 / Ps 103,1–2.11–12.19–20b / Joh 21,1.15–19
Liedimpuls: GL 392

AUS DEM ANTWORTPSALM Lobe den Herrn, meine Seele, und vergiss nicht, was er dir Gutes getan hat. *Ps 103,2*

GEDANKEN ZUM TAG Eine Aufforderung zum Lobpreis ist diese Textstelle, ja klar. Aber auch eine, die Mut macht. Wir verfallen leicht in negative Gedanken und Selbstmitleid. Und wir finden ganz sicher jemanden, der darin einstimmt. Dieser Bibelvers ist das Gegenteil eines Klageliedes. Er lenkt unseren Blick auf Gott, erinnert uns an Sein hoffnungsvolles Versprechen und richtet uns wieder auf. *Mario Polzer (MPo)*

GEBET Herr, sei bei uns in schweren und mutlosen Zeiten. Schenke uns Hoffnung. Richte unser Denken und Handeln auf dich aus, der du uns Hoffnung gibst. *MPo*

7 SAMSTAG *Eoban und Adalar, Bischöfe, Märtyrer; Robert von Newminster OCist, Abt*

Apg 28,16–20.30–31 / Ps 11,4–5.7 / Joh 21,20–25
Liedimpuls: GL 456

AUS DEM EVANGELIUM Es gibt aber noch vieles andere, was Jesus getan hat. Wenn man alles aufschreiben wollte, so könnte die ganze Welt die Bücher nicht fassen, die man schreiben müsste. *Joh 21,25*

GEDANKEN ZUM TAG Über Jesus gibt es zahllose Werke. Die Evangelien bringen uns Jesus nahe, die weiteren Schriften des Neuen Testamentes erklären und vertiefen, das Alte Testament hilft beim Verstehen. Die Theologen der Alten Kirche, die Kirchenväter, die Kirchenlehrerinnen und -lehrer des Mittelalters und der Neuzeit, die Konzilien deuten und definieren. All das, das (in Büchern) geschrieben steht, sind Glaubenszeugnisse, Bekenntnisse des gemeinschaftlichen und des geteilten, aber auch des persönlichen, höchst individuellen Glaubens. Was ist mein Beitrag, welches Buch über Jesus „schreibe" ich? *Thomas Throenle (TT)*

GEBET Jesus, du begleitest mich auf allen meinen Wegen. Ich darf dir vertrauen, mich dir anvertrauen. Ich danke dir für mein Lebensbuch mit dir. *TT*

8 SONNTAG Pfingstsonntag

Medardus, Bischof; Ilga (Helga) von Schwarzenberg, Einsiedlerin
Apg 2,1–11 / Ps 104,1–2.24–25.29–31.34 / 1 Kor 12,3b–7.12–13 od. Röm 8,8–17 / Joh 20,19–23 od. Joh 14,15–16.23b–26
Liedimpuls: GL 345

AUS DEM EVANGELIUM Am Abend des ersten Tages der Woche, als die Jünger aus Furcht bei verschlossenen Türen beisammen waren, kam Jesus, trat in ihre Mitte und sagte zu ihnen: Friede sei mit euch! Wie mich der Vater gesandt hat, so sende ich euch. *Joh 20,19.21*

GEDANKEN ZUM TAG Pfingsten ist alles andere als „Türen zu", „Angst" oder deutlicher: „Wir bleiben besser unter uns, bevor wir in der Welt untergehen". Pfingsten ist das Fest der Kirche. Da müssen die Türen, im weitesten Sinne, auf. Für alle, auch für die, die in unser moralisches Kirchenbild nicht passen. Da müssen die Fenster auf, so wie es Johannes XXIII. bei der Einberufung des Konzils sinngemäß sagte: „Wir müssen die Fenster der Kirche aufmachen, auslüften, den Staub wegpusten" … und dann wehte tatsächlich ein verheißungsvoller Wind des Aufbruchs, denn Angst ist nie ein guter Ratgeber. Die Frage ist: Was kann ich selbst vor Ort in meiner Gemeinde schon dafür tun? *Mathias Laminski (ML)*

GEBET Guter Gott, schenke unser Kirche und mir den neuen Geist des Aufbruchs und des Neuanfangs und viel Kraft dazu! *ML*

9 MONTAG Pfingstmontag

Ephräm der Syrer, Kirchenlehrer; Anna Maria Taigi, Mystikerin

Apg 19,1b–6a od. Joel 3,1–5 / Ps 145,2–5.8–11.15–16 / Röm 8,14–17 / Joh 3,16–21

Liedimpuls: GL 351

AUS DER LESUNG Ich werde meinen Geist ausgießen über alles Fleisch. *Joel 3,1*

GEDANKEN ZUM TAG Jesus haucht uns den Geist seiner Hingabe und den Geist des ewigen Friedens ein. Bei uns Menschen gibt es Frieden, Liebe und Freundschaft immer nur in Bruchstücken. In Gott aber gibt es keinen Kampf, keine Selbsterhaltung. Gottes Geist ist reine Liebe, reine und selbstlose Hingabe. Jesus hat diese Hingabe auf Erden gelebt und wurde dafür umgebracht. Dennoch schenkt er uns den Geist eines Friedens, den die Welt nicht geben kann. In diesem Geist können wir uns dem Guten und Ewigen annähern, wenn auch nur gebrochen. Manche sagen: Ich kann den Friedensgruß in der Messe nicht geben. Da sitzt neben mir einer, den kann ich auf den Tod nicht leiden. Da sitzt eine, die hat mir großes Unrecht getan. Ja, so sind wir Menschen! Und wir sollten uns auch eingestehen: Wir können das so schnell nicht abstellen. Aber wir können den Frieden erbitten, den Gott uns schenken will. Das können wir auch heute tun, hier und jetzt. *Hans-Josef Becker*

GEBET Geist der Zuversicht, komm und stärke uns und erfülle uns ganz! *MM*

10 DIENSTAG *Bardo OSB, Abt, Erzbischof; Olivia, Märtyrin; Diana OP; Eustachius Kugler OH*

2 Kor 1,18–22 / Ps 119,129–133.135 / Mt 5,13–16
Liedimpuls: GL 241

AUS DER LESUNG Gott ist es auch, der uns sein Siegel aufgedrückt und als ersten Anteil am verheißenen Heil den Geist in unser Herz gegeben hat. *2 Kor 1,22*

GEDANKEN ZUM TAG Ohne die Ruah, den Lebensschaffenden Atem Gottes, der alles umfängt und durchwebt, würde niemand von uns atmen. Dieser Atem Gottes ist in uns. Wie nah uns Gott gekommen ist und welche Liebe er uns damit erweist. Ich schweige. *Eva Maria Nielsen*

GEBET Heute will ich lauschen, was du in mir sprichst. *Eva Maria Nielsen*

11

MITTWOCH Hl. Apostel Barnabas
Jolanda OSCl; Aleydis von Schaerbeek OCist; Paola Frassinetti SSD, Ordensgründerin
Apg 11,21b–26; 13,1–3 / Ps 98, 1.2–6 / Mt 5,17–19
Liedimpuls: GL 177

AUS DER LESUNG In Antiochia nannte man die Jünger zum ersten Mal Christen. *Apg 11,26*

GEDANKEN ZUM TAG „Ich bin Christ!" Das sagt sich so leicht. „Ich – bin – Christ!" Wann? Wo? Wie? Im Denken? Im Handeln? Im Sein? Bin ich wirklich Christ? Eines ist sicher: Ich MÖCHTE Christ sein. *Caroline v. Ketteler (CvK)*

GEBET Ich möchte an Gott glauben, den Allmächtigen; an Jesus Christus, am dritten Tage auferstanden von den Toten; und an den Heiligen Geist; an die Vergebung der Sünden; an die Auferstehung der Toten und an das ewige Leben. Herr, hilf mir glauben! *CvK*

12 DONNERSTAG *Leo III., Papst; Eskil, Märtyrer; Odulf OSB, Missionar; Hildegard Burjan, Wohltäterin*

2 Kor 3,15 – 4,1.3–6 / Ps 85,9–14 / Mt 5,20–26
Liedimpuls: GL 111,2

AUS DER LESUNG Wir alle spiegeln mit enthülltem Angesicht die Herrlichkeit des Herrn wider. *2 Kor 3,18*

GEDANKEN ZUM TAG Ein Mensch, der Gott nicht kennt, hat einen Schleier. Doch wie soll er das wissen, wenn es ihm niemand sagt? Paulus sagt den Korinthern, das alles, was wir tun, in der Liebe geschehen soll. Liebe ist unschlagbar! Bitten wir den Heiligen Geist um Weisheit, wie wir sprechen sollen, um Menschen für Jesus zu erreichen. Denn der Geist des Herrn wirkt in uns. Das hat Paulus den Korinthern geschrieben, aber es gilt auch für uns. Das ist unsere Lebensaufgabe, unsere Berufung: Menschen von Jesus zu bezeugen. Wir, die wir ihn in unserem Herzen wohnen haben, dürfen die Herrlichkeit des Herrn wie in einem Spiegel sehen. Ist das nicht zum Frohsein? *Daisy v. Arnim (DvA)*

GEBET Hier bin ich Herr, mein König und mein Gott! Ich bin dein! Bitte gib mir heute Gelegenheiten, von dir zu erzählen. *DvA*

13 FREITAG *Antonius von Padua OFM, Kirchenlehrer; Bernhard, Hospizgründer*

2 Kor 4,7–15 / Ps 116,10–11.15–18 / Mt 5,27–32
Liedimpuls: GL 548,1

AUS DEM ANTWORTPSALM Ich will dir ein Opfer des Dankes bringen und anrufen den Namen des Herrn. *Ps 116,17*

GEDANKEN ZUM TAG Kaum ein Heiliger wird derart verkannt wie Antonius von Padua (1195–1231). Als „Klüngelpatron" wird er angerufen, wenn jemand seine Schlüssel sucht. Dabei geht seine Aktualität weit über solch eine Verlegenheit hinaus. *Konrad Schmidt (KS)*

GEBET Herr Jesus Christus, dich loben und preisen wir für die Fülle deiner Gaben, mit denen du deinen Diener Antonius beschenkt hast. Ihn schenkst du uns als Künder des Evangeliums und Boten deines Friedens. Ihn hast du als Helfer bestellt für alle Armen. *KS*

14 SAMSTAG *Burchard von Meißen, Bischof; Gottschalk, Wendenfürst; Meinrad Eugster OSB*

2 Kor 5,14–21 / Ps 103,1–4.8–9.11–12 / Mt 5,33–37
Liedimpuls: GL 435,3.4

AUS DER LESUNG Wir sind also Gesandte an Christi statt, und Gott ist es, der durch uns mahnt. *2 Kor 5,20*

GEDANKEN ZUM TAG So wie Christus zu seiner Zeit der Abgesandte seines Vaters war, der dessen Wort verkündet, uns gesagt und vorgelebt hat, wie wir durch ihn ein gutes Leben auf dieser Erde und das ewige Leben bei seinem Vater erreichen können, so sind wir heute gesandt, in unserer säkularen Gesellschaft durch unser Reden, vor allem aber durch unser Handeln, unseren Glauben engagiert zu leben, „Interessenvertreter" Gottes zu sein. Dabei macht der Begriff „Gesandter" deutlich, dass unsere eigentliche Heimat im Reich dessen liegt, der uns gesandt hat. *Heinz Paus (HP)*

GEBET Für mich ist es ein großes Geschenk, dass ich auf dem festen Fundament meines Glaubens stehen kann. Herr, gib mir Mut und Kraft, frei und unbefangen von diesem Geschenk zu sprechen, darüber, wie mich mein Glaube durch mein bisheriges Leben getragen hat. *HP*

15 SONNTAG Dreifaltigkeitssonntag
Vitus (Veit), Märtyrer; Lothar, Bischof; Gebhard, Erzbischof; Klara Fietz, Schulschwester
Spr 8,22–31 / Ps 8,4–9 / Röm 5,1–5 / Joh 16,12–15
Liedimpuls: GL 354

AUS DER LESUNG Gerecht gemacht aus Glauben, haben wir Frieden mit Gott durch Jesus Christus, unseren Herrn. Die Liebe Gottes ist ausgegossen in unsere Herzen durch den Heiligen Geist, der uns gegeben ist. *Röm 5,1.5*

GEDANKEN ZUM TAG Das Geheimnis der Dreifaltigkeit spricht auch von uns, von unserer Beziehung mit dem Vater, dem Sohn und dem Heiligen Geist. Denn durch die Taufe hat uns der Heilige Geist in das Herz und in das Leben Gottes selbst hineingenommen, der Gemeinschaft der Liebe ist. Gott ist eine „Familie" von drei Personen, die sich so sehr lieben, dass sie eins sind. Diese „göttliche Familie" ist nicht in sich selbst verschlossen, sondern sie ist offen, sie teilt sich in der Schöpfung und in der Geschichte mit und ist in die Welt der Menschen eingetreten, um alle zu rufen, Anteil an ihr zu haben. Der dreifaltige Horizont der Gemeinschaft umfasst uns alle und spornt uns an, in der Liebe und im brüderlichen Teilen zu leben, in der Gewissheit, dass Gott dort ist, wo Liebe ist. Unser Sein als

Geschöpfe nach dem Bild und Gleichnis Gottes, der Gemeinschaft ist, ruft uns auf, uns selbst als Beziehungswesen zu begreifen und die zwischenmenschlichen Beziehungen in der gegenseitigen Solidarität und Liebe zu leben. *Papst Franziskus*

GEBET Dreifaltiger Gott, gib mir ein hörendes Herz, Augen, die tiefer schauen, und schenkende Hände, die deine Liebe weitertragen. Lass mich in dir geborgen sein, der du über mir, neben mir und in mir bist. *Margret Keusgen*

16 MONTAG *Benno von Meißen, Bischof; Luitgard von Tongern, Mystikerin*

2 Kor 6,1–10 / Ps 98,1–4 / Mt 5,38–42
Liedimpuls: GL 380,5.10

AUS DEM ANTWORTPSALM Singet dem Herrn ein neues Lied, denn er hat wunderbare Taten vollbracht. *Ps 98,1*

GEDANKEN ZUM TAG Singen macht nicht nur glücklich, singen kann „wunderbar" sein: weil es Menschen zusammenbringt – in ihren unterschiedlichen Sprachen, Hautfarben, Groß und Klein, weil es den Menschen Ausdruck geben kann für seine Würde. *Reinhard Horn (RHo)*

GEBET Guter Gott, lass uns in unserer Lebensmelodie dir immer wieder ein neues Lied singen. *RHo*

17 DIENSTAG *Euphemia OSB, Äbtissin; Fulko von Reims, Erzbischof; Albert Chmielowski, Ordensgründer*

2 Kor 8,1–9 / Ps 146,1–3.5–9 / Mt 5,43–48
Liedimpuls: GL 445

AUS DEM EVANGELIUM Wenn ihr nämlich nur die liebt, die euch lieben, welchen Lohn könnt ihr dafür erwarten? *Mt 5,46*

GEDANKEN ZUM TAG Liebe deine Feinde! Es ist alles andere als leicht, liebend und mit einem liebevollen Blick auf alle Menschen durch die Welt zu gehen. Kaum jemand schafft das aus ganzem Herzen und kaum jemand schafft das immer. Und dennoch sind wir auf- und herausgefordert genau das jeden Tag wieder zu versuchen: Unsere Feinde lieben! *Alexia Rebbe (AR)*

GEBET Guter Gott, wir bitten dich um deine Liebe und deinen liebevollen Blick auf uns, damit du auch dann bei uns bist, wenn all unser Bemühen nicht gelingt. *AR*

18 MITTWOCH *Gregor Barbarigo, Bischof; Potentius, Felicius und Simplicius, Märtyrer*

2 Kor 9,6–11 / Ps 112,1–5.9 / Mt 6,1–6.16–18
Liedimpuls: GL 428

AUS DEM EVANGELIUM Hütet euch, eure Gerechtigkeit vor den Menschen zur Schau zu stellen; sonst habt ihr keinen Lohn von eurem Vater im Himmel zu erwarten. *Mt 6,1*

GEDANKEN ZUM TAG Gott sieht auf das Herz, auf das Gute in uns. Er sieht anders als die Menschen, die nur auf den äußeren Erfolg sehen. Das ist etwas ganz anderes als „Tu Gutes und mach viel Werbung damit“. *MM*

GEBET Gott, du weißt, was in mir ist, all mein Fühlen und Denken, meine Anlagen und Wünsche, meine Stärke und meine Schwäche. *Nach John Henry Kardinal Newman*

19 DONNERSTAG Fronleichnam

Romuald OSBCam; Elisabeth von Schönau OSB; Hildegrim, Bischof; Modest Andlauer SJ
Gen 14,18–20 / Ps 110,1–5 / 1 Kor 11,23–26 / Lk 9,11b–17
Liedimpuls: GL 495

AUS DEM EVANGELIUM Und alle aßen und wurden satt. *Lk 9,17*

GEDANKEN ZUM TAG Der Feiertag Fronleichnam kehrt gewissermaßen das Innere nach außen. Der innere Kern, was uns als Kirche ausmacht, wird nicht abgeschlossen und geschützt hinter dicken Mauern gefeiert. Die Kirche erlag immer wieder dieser Versuchung, sich gegenüber der Welt abzuschließen und sich selbst zu genügen. Die Dynamik und die Botschaft des heutigen Festtages will zeigen: Gott ist lebendig gegenwärtig inmitten unsrer Zeit, inmitten des Lebens der Menschen, inmitten des gesellschaftlichen Alltags. Das Evangelium ist ein Angebot zum Leben, und zwar nicht für wenige Auserwählte, sondern eine Kraftquelle zum Leben für alle. Indem die Kirche heute das Innerste nach außen kehrt, zeigt sie: „Wir sind kein abgeschlossener Klub von Gleichgesinnten." […] Und deshalb wird die Kirche ihrer Sendung nur dann gerecht, wenn auch sie selbst inmitten der Menschen, der Gesellschaft und der Zeit das Evangelium als Angebot an das Leben den Menschen nahebringt. Es braucht Respekt und Sensibilität für das Sakrale, für das vom Alltag Herausgehobene. Aber: Es braucht in gleicher Weise Respekt und Sensibilität für Gott inmitten der Welt! *Udo Markus Bentz*

GEBET Demütig bete ich dich, verborgene Gottheit, an, die du in diesen Gestalten [von Brot und Wein] wahrhaft dich verbirgst. *Thomas von Aquin*

20 FREITAG *Adalbert von Magdeburg, Bischof; Deodat, Missionsbischof; Margarete Ebner OP*

2 Kor 11,18.21b–30 / Ps 34,2–7 / Mt 6,19–23
Liedimpuls: GL 361,1

AUS DEM EVANGELIUM Denn wo dein Schatz ist, da ist auch dein Herz. *Mt 6,21*

GEDANKEN ZUM TAG Jesus ging wie ein staunendes Kind durch die Natur, er liebte die Vögel des Himmels und die Blumen des Feldes. Auch wir können immer wieder über das Schöne staunen, das uns überall begegnet. Staunen wir nicht zuletzt über die kleinen und großen Geheimnisse dieser Welt. Und: Reden wir uns bloß nicht ein, dass das alles nur Zufall ist. *MM*

GEBET Herr, lass uns die Schatzkiste dieses Lebens auftun und dich loben für all das Gute und Schöne. *MM*

21 SAMSTAG Sommeranfang

Aloisius Gonzaga SJ; Alban, Märtyrer; Radulf, Bischof

2 Kor 12,1–10 / Ps 34,8–13 / Mt 6,24–34
Liedimpuls: GL 465,1

AUS DEM EVANGELIUM Ihr könnt nicht beiden dienen, Gott und dem Mammon. *Mt 6,24*

GEDANKEN ZUM TAG Jesus ist es, der mit Zorn die Händler aus dem Vorhof des Tempels vertrieben hat. Immer wieder macht er uns darauf aufmerksam, dass wir nicht in einer „Räuberhöhle" leben sollen und dass Geld und Besitz den Sinn für das Wesentliche im Leben verdunkeln können. *MM*

GEBET Am Sommeranfang und am Gedenktag des hl. Aloisus, der sich besonders für die Jugend eingesetzt hat, bitten wir: Gott, du bist immer jung. Lass auch unseren Geist jung und lebendig bleiben! *MM*

22 SONNTAG 12. So. im Jahreskreis

Thomas Morus, Lordkanzler; John Fisher, Bischof; Paulinus von Nola, Bischof

Sach 12,10–11; 13,1 / Ps 63,2–6.8–9 / Gal 3,26–29 / Lk 9,18–24

Liedimpuls: GL 424,1.5

AUS DEM EVANGELIUM Wenn einer hinter mir hergehen will, verleugne er sich selbst, nehme täglich sein Kreuz auf sich und folge mir nach. *Lk 9,23*

GEDANKEN ZUM TAG Wir dürfen nicht erwarten, im Federbett in den Himmel zu kommen. Das ist nicht der Weg, auf dem unser Herr dorthin kam. Sein Weg führte ihn über große Qual und viel Trübsal. Der Knecht darf nicht erwarten, es besser zu haben als sein Meister.

Gott könnte den Menschen nicht empfindlicher strafen, als wenn er ihm alles nach Wunsch gehen ließe. Ich habe die Erfahrung gemacht, dass Gott mich ohne meine Schuld nicht verlässt. So überlasse ich mich ihm in aller Hoffnung und mit vollem Vertrauen. Es kann mir nichts geschehen, was Gott nicht will. Was immer er aber will, so schlimm es scheinen mag, es ist doch wahrhaft das Beste. *Thomas Morus*

GEBET Schenke mir das Vertrauen, dass Nächte enden und Tage beginnen. Auch wenn Abschiede zum Leben gehören, lass mich auf das hoffen, was noch kommt. *Guido Erbrich*

23 MONTAG *Edeltraud, engl. Königin; Hidulf OSB; Peter Friedhofen FMMA, Ordensgründer*

Gen 12,1–9 / Ps 33,12–13.18–20.22 / Mt 7,1–5
Liedimpuls: GL 442,2

AUS DEM EVANGELIUM Wie ihr richtet, so werdet ihr gerichtet werden, und nach dem Maß, mit dem ihr messt und zuteilt, wird euch zugeteilt werden. *Mt 7,2*

GEDANKEN ZUM TAG Es ist eine wahrlich starke Botschaft: Selbstgerechtigkeit wendet sich gegen einen selbst. Moralische Zeigefinger und Arroganz gegen andere können zur Retourkutsche werden. Dies gilt für Einzelne, für gesellschaftliche Gruppen und auch für die Kirchen. Den Splitter im eigenen Auge auch zu sehen trüge ja auch dazu bei, so manche Konfliktsituationen zu verhindern und „auszutrocknen". *Albert Biesinger (AB)*

GEBET Gott, du bist Erbarmen und Vergebung, hilf mir zu vergeben und um Vergebung zu bitten. Hilf mir, hilfreich zu sein, wenn Menschen unversöhnlich werden und andere abwerten. *AB*

24 DIENSTAG Geburt Johannes' d. Täufers

Theodulf OSB, Abtbischof; Rumold, Märtyrer; Dietger von Thüringen, Missionar

Jes 49,1–6 / Ps 139,1–3.13–16 / Apg 13,16.22–26 / Lk 1,57–66.80

Liedimpuls: GL 407

AUS DER LESUNG Der Herr hat mich schon im Mutterleib berufen; als ich noch im Schoß meiner Mutter war, hat er meinen Namen genannt. *Jes 49,1*

GEDANKEN ZUM TAG Johannes der Täufer steht in einer langen Reihe von Propheten, die die Ankunft des Messias verkündeten. Sie alle waren Sprachrohre, die an den Bund Gottes mit seinem Volk erinnerten und ihm den Weg in die Zukunft wiesen. Johannes' Stimme in der Wüste rief zur Umkehr, die durch das Zeichen der Taufe besiegelt wurde. Trotzdem war er nicht der Messias, sondern bahnte ihm den Weg. Gott braucht auch heute Propheten und viele Menschen mit anderen Talenten, damit sein Reich wachsen kann. *Margret Keusgen (MK)*

GEBET Gott, du liebst mich, seit es mich gibt, und kennst meinen Namen. Zeige mir, wozu ich berufen bin und wie ich an deinem Reich bauen kann. *MK*

25 MITTWOCH *Dorothea von Montau; Wilhelm von Vercelli, Ordensgründer; Eleonore OSB*

Gen 15,1–12.17–18 / Ps 105,1–4.6–9 / Mt 7,15–20

Liedimpuls: GL 366

AUS DEM EVANGELIUM Hütet euch vor den falschen Propheten; sie kommen zu euch wie Schafe, in Wirklichkeit aber sind sie reißende Wölfe. *Mt 7,15*

GEDANKEN ZUM TAG Bei diesem Text vom Ende der Bergpredigt denken wir sofort an andere: Welchen falschen Propheten sind wir schon begegnet? Ebenso wichtig ist es, den Blick auf sich selbst zu richten. Bin ich wahrhaftig, ehrlich und aufrichtig? Oder verhalte ich mich wie der Wolf, der in einer Schafherde wildert? Dieser Text sagt mir: Bevor ich über andere urteile, sollte ich zuerst mich selbst reflektieren. *Mario Polzer*

GEBET Manchmal zwingt mich der Alltag, mehr Wolf als Schaf zu sein. Herr, gib mir den Mut, ehrlich zu mir selbst zu sein. Sei nachsichtig mit mir und gib mir die Kraft, der Mensch zu sein, der ich sein möchte. *Sandra Obermeier*

26 DONNERSTAG *Johannes und Paulus von Rom, Märtyrer; Vigilius; Josef-Maria Escrivá de Balaguer, Gründer*

Gen 16,1–12.15–16 / Ps 106,1–5 / Mt 7,21–29
Liedimpuls: GL 468,1.3

AUS DEM EVANGELIUM Als die Stürme tobten und an dem Haus rüttelten, da stürzte es nicht ein; denn es war auf Fels gebaut. *Mt 7,25*

GEDANKEN ZUM TAG Es gibt Tage, da reichen 24 Stunden gar nicht aus, um allen gerecht zu werden. Bei all den Alltagsstürmen nehme ich mir einen Moment, der erdet. Mein Fundament: Gottvertrauen. *Sebastian Schwertfeger (SeS)*

GEBET Herr, du mein Fundament und meine Stärke, schenke mir Kraft für den Tag. *SeS*

27 FREITAG Heiligstes Herz Jesu

Cyrill von Alexandria, Bischof; Hemma von Gurk; Maximus; Heimerad (Heimo), Einsiedler

Ez 34,11–16 / Ps 23,1–6 / Röm 5,5b–11 / Lk 15,3–7

Liedimpuls: GL 369,2

AUS DER LESUNG Ebenso rühmen wir uns Gottes durch Jesus Christus, unseren Herrn, durch den wir jetzt schon die Versöhnung empfangen haben. *Röm 5,11*

GEDANKEN ZUM TAG Wir wissen, wie schwer Vergebung und Versöhnung fallen. Wir müssen nicht zuerst in das große Weltgeschehen blicken, sondern in unser eigenes Herz. Möge Jesus Christus unser Herz nach seinem Herzen bilden. *Michael Machalke (MiM)*

GEBET Guter Gott, Im Herzen deines geliebten Sohnes preisen wir die großen Taten seiner Liebe. Lass uns daraus deine Gnade und ewiges Leben empfangen. *MiM*

28 SAMSTAG Unbeflecktes Herz Mariä

Irenäus von Lyon, Bischof, Märtyrer; Ekkehard OSB, Klostergründer

Gen 18,1–15 / Lk 1,46b–51.53–55 / Lk 2,41–51

Liedimpuls: GL 521,3.5

AUS DEM EVANGELIUM Kind, wie konntest du uns das antun? Dein Vater und ich haben dich voll Angst gesucht. *Lk 2,48*

GEDANKEN ZUM TAG In der Routine des Glaubens kommt mir Jesus schon mal abhanden. Ich wähne ihn unter uns, kann ihn aber nicht finden. Umkehren, Suchen beginnt, sehnsuchtsvoll, oft schmerzhaft, schwer auszuhalten, bis ich ihn wiederentdecke. Gut, dass ich in meiner Suche nicht allein bin. *Alexandra Völzke (AV)*

GEBET Herr, im Herzen deiner Mutter sind Angst, Unruhe, Schmerz, Nichtverstehen. Lass mich – wie sie – dich schmerzlich vermissen, wenn du mir „abhandenkommst", und dich neu finden. *AV*

29 SONNTAG Hll. Apostel Petrus und Paulus

Beata von Sens, Märtyrin; Gero von Köln, Erzbischof; Judit, Reklusin
Apg 12,1–11 / Ps 34,2–9 / 2 Tim 4,6–8.17–18 / Mt 16,13–19
Liedimpuls: GL 546

AUS DEM EVANGELIUM Ich aber sage dir: Du bist Petrus – der Fels – und auf diesen Felsen werde ich meine Kirche bauen und die Pforten der Unterwelt werden sie nicht überwältigen. *Mt 16,18*

GEDANKEN ZUM TAG Petrus und Paulus – die beiden gehören zusammen wie der Wind und das Meer. Gleichzeitig sind sie aber auch so unterschiedlich wie der Tag und die Nacht. Petrus, der einfache Fischer vom See Gennesaret, verheiratet, eher der Typ „Pragmatiker", der mit seinem Temperament da anpackt, wo es nötig ist. Paulus dagegen der gebildete und Griechisch sprechende Jude, wohl alleinstehend, geübt in theologischen Debatten und rhetorisch geschult. Was Petrus und Paulus eint, ist – nach Umkehr und Bekehrung – ihre tiefe Liebe zu Jesus Christus. Sie haben ihr Leben für Jesus gelebt und hingegeben. Beide verstanden sich als Teil einer großen Gemeinschaft und haben ihre Verschiedenheit einander gelten lassen. Petrus und Paulus zeigen uns, dass die Einheit in der Vielfalt in unserer Kirche möglich ist. Dazu braucht es Menschen, die Brücken bauen, sichtbare und unsichtbare Mauern niederreißen und den offenen Dialog suchen. *Julian Heese (JH)*

GEBET Allmächtiger Vater, du hast deine Kirche auf das Fundament der Apostel gegründet. Lass uns treu ihrem Beispiel folgen und mutig das Evangelium in unserem Alltag verkünden. *JH*

30 MONTAG *Otto von Bamberg, Bischof; Ernst von Prag, Bischof; Donatus; Bertrand, Bischof; Erentrud OSB*

Gen 18,16–33 / Ps 103,1–4.8–11 / Mt 8,18–22
Liedimpuls: GL 275,1

AUS DEM EVANGELIUM Da kam ein Schriftgelehrter zu Jesus und sagte: Meister, ich will dir folgen, wohin du auch gehst. *Mt 8,19*

GEDANKEN ZUM TAG Wohin gehst du? Diese Frage stellen wir immer mal wieder anderen oder sie wird uns gestellt. Damit wird Interesse am anderen gezeigt. Das Bibelzitat oben zeugt von einem blinden Vertrauen in Jesus. Egal wohin er geht, der Fragende will ihm folgen. Er vertraut Jesus. Und wir? *Marco Richtscheid (MR)*

GEBET Herr, gib uns Mut, dir zu vertrauen und zu glauben, dass du uns nie auf eine falsche Fährte führen möchtest. *MR*

1 DIENSTAG *Theoderich OSB; Eckart OPraem*

Gen 19,15–29 / Ps 26,2–3.9–12 / Mt 8,23–27
Liedimpuls: GL 359,1.3

AUS DEM EVANGELIUM Die Leute aber staunten und sagten: Was ist das für ein Mensch, dass ihm sogar die Winde und der See gehorchen? *Mt 8,27*

GEDANKEN ZUM TAG „Gott ist hinter allem, was existiert", hat der Literaturnobelpreisträger Jon Fosse gesagt. Jesus Christus ist Anfang und Ziel von allem, was ist. *MM*

GEBET Durch IHN und mit IHM und in IHM ist dir, Gott, allmächtiger Vater, in der Einheit des Heiligen Geistes alle Herrlichkeit und Ehre jetzt und in Ewigkeit. *Doxologie*

2 MITTWOCH Mariä Heimsuchung

Wiltrud OSB; Jakob Friedrich Bussereau
Zef 3,14–18 od. Röm 12,9–16b / Jes 12,2–3.4bcd–6 / Lk 1,39–56
Liedimpuls: GL 143

AUS DEM EVANGELIUM In jenen Tagen machte sich Maria auf den Weg und eilte in eine Stadt im Bergland von Judäa. Sie ging in das Haus des Zacharias und begrüßte Elisabet. *Lk 1,39–40*

GEDANKEN ZUM TAG Elisabet und Maria, zwei Frauen finden und begegnen sich, die Schweres verbindet: Kinderlosigkeit die eine; unehelich schwanger die andere, den neugierigen Blicken und der Verachtung ausgesetzt. Ihr Schicksal, das gleichzeitig neues Leben heranwachsen lässt, bringt sie zusammen. Menschen, die Schweres verbindet, halten zusammen. Sie finden sich in Selbsthilfegruppen, sie suchen sich auf, sie erleben einander als Stütze. Sie nehmen dafür manche Wege in Kauf, es ist nicht nur ein Spaziergang zum Nachbarhaus, für Maria vermutlich fünf Tagesetappen. „Im Bergland von Judäa" – das hört sich nach einem beschwerlichen Weg an, auf dem es Hindernisse zu überwinden gilt. Dass Maria „eilt", bedeutet, dass sie keine Zeit verlieren will, keine Zeit zu verlieren hat. Sie muss raus – und sie braucht ihre Schicksalsgefährtin, mit der sie reden kann, die sie versteht, der sie nichts groß erklären muss. Gesegnet bist du unter den Frauen. Gottes Segen ruht auf den Frauen, auf den Männern, die es nicht leicht haben, bei denen nicht alles glattläuft, die nur deswegen zurechtkommen, weil sie um andere Menschen wissen, denen Ähnliches widerfährt. *Siegfried Schlummer (SiS)*

GEBET Herr, unser Gott, wir sind Wanderer in dieser Welt und – hoffentlich – auf dem Weg zu dir. Mit Maria, die du durch die Menschwerdung des Göttlichen Wortes beschenkt hast, bitten wir dich für alle, die sich nach menschlicher Begegnung sehnen. Lass sie freundliche und verständnisvolle Menschen finden. *SiS*

3 DONNERSTAG Hl. Apostel Thomas

Joseph Lenzel, Priester; Anatol, Bischof
Eph 2,19–22 / Ps 117,1.2 / Joh 20,24–29
Liedimpuls: GL 322,8

AUS DEM EVANGELIUM Wenn ich meinen Finger nicht in die Male der Nägel und meine Hand nicht in seine Seite lege, glaube ich nicht. *Joh 20,25*

GEDANKEN ZUM TAG Thomas steht für die beiden Möglichkeiten, die wir angesichts der Welt, so wie sie nun einmal ist, haben: zu vertrauen und an einen letzten Sinn zu glauben oder zu resignieren und uns dem blinden Los einer Lottomaschine zu überantworten. *MM*

GEBET Mein Herr und mein Gott! *MM*

4 FREITAG *Ulrich von Augsburg, Bischof; Isabella von Aragón (Elisabeth), Königin; Berta OSB, Äbtissin*

Gen 23,1–4.19; 24,1–8.62–67 / Ps 106,1–5 / Mt 9,9–13
Liedimpuls: GL 411,1.2

AUS DEM EVANGELIUM Darum lernt, was es heißt: Barmherzigkeit will ich, nicht Opfer. Denn ich bin gekommen, um die Sünder zu rufen, nicht die Gerechten. *Mt 9,13*

GEDANKEN ZUM TAG Der hl. Bischof Ulrich ist auch Patron der Reisenden und Pilgernden. Er ist als Fürstbischof so beliebt gewesen, dass viele Kirchen – auch in Urlaubsregionen – seinen Namen tragen. Ein Urlaubstipp: Die St. Ulrichkirche mit ihren wunderschönen biblischen Glasfenstern in St. Peter-Ording ist einen Besuch wert. *Michael Wrage (MW)*

GEBET Barmherzig sein, das Herz aufleben lassen, danke, Gott, du gönnst uns die Urlaubszeit von Herzen. *MW*

5 SAMSTAG *Antonius Maria Zacharia CRSP, Volksmissionar; Kyrilla, Märtyrin*

Gen 27,1–5.15–29 / Ps 135,1–6 / Mt 9,14–17
Liedimpuls: GL 474

AUS DEM EVANGELIUM Neuen Wein füllt man in neue Schläuche, dann bleibt beides erhalten. *Mt 9,17*

GEDANKEN ZUM TAG Mit Jesus hat eine neue Zeit begonnen: Gott ist uns Menschen nahe, er ist bei uns und mit uns. Das Reich Gottes ist bereits angebrochen, ist mitten unter uns. Das, was Jesus uns über Gott sagt, was er lehrt und vorlebt, verwandelt alles. Es ist wie neuer Wein. Es braucht neue Schläuche und neue Menschen. Alte Schläuche und Menschen würden dem Neuen nicht standhalten. Lassen wir uns verwandeln und erneuern – von Grund auf. Werden wir zu neuen Menschen. *Thomas Throenle (TT)*

GEBET Gerne halten wir am Gewohnten und Vertrauten fest, gehen die bekannten Wege. Guter Gott, lass uns erkennen, dass Leben Bewegung und Veränderung ist, dass auch wir uns wandeln müssen, damit wir auf dem Weg bleiben zu dir. Leben braucht und ist Wandlung. *TT*

6

SONNTAG 14. So. im Jahreskreis
Maria Goretti, Märtyrin; Goar, Einsiedler; Maria Theresia Ledóchowska
Jes 66,10–14c / Ps 66,1–7.16.20 / Gal 6,14–18 / Lk 10,1–12.17–20
Liedimpuls: GL 146

AUS DEM EVANGELIUM Jesus sagte zu ihnen: Die Ernte ist groß, aber es gibt nur wenig Arbeiter. *Lk 1,2*

GEDANKEN ZUM TAG Auch als Kirche laufen wir immer wieder Gefahr, lieber selbst den Platz in der Gesellschaft zu wählen, der angesehener und komfortabler ist, als ihn uns von Jesus zuweisen zu lassen. Wo aber wäre dieser uns von Jesus zugewiesene Platz? Bei den Armen unserer Zeit, wie Papst Franziskus sagt! Dabei muss uns klar sein, dass Armut heute bei uns mehr meint, als nur die materielle Armut. Überall dort, wo Würde und Leben der Menschen in Bedrängnis geraten. An deren Seite zu stehen, da ist unser Platz, den Jesus uns zuweist! Wo noch ist dieser Platz? Unser Platz als Kirche ist jedenfalls nicht die selbstgewählte, komfortable Nische. Wir sollen dorthin aufbrechen, wo Gott und sein Evangelium in Vergessenheit gerät und verdrängt wird. Dort Platzhalter zu sein für das Evangelium, das ist unser Platz von Jesus zugewiesen! So kann es sein, dass wir als Kirche unseren angestammten Platz verlassen müssen, das ist unbequem. Das bedeutet auch Trauer und Verlust, Auseinandersetzung und Krise, Umbruch vielleicht auch Beschämung. Sich aber einen neuen Platz von Jesus her geben zu lassen, bedeutet Aufbruch und Sendung, neue Glaubwürdigkeit und Neuevangelisierung! *Udo Bentz*

GEBET Gott, sei unser Leitstern auf den Wegen der Versöhnung, der Gerechtigkeit und des Friedens! *Benedikt XVI.*

7 MONTAG *Willibald OSB, Bischof; Ethelburga von Faremoutier OSB, Äbtissin; Waltfrid (Walfrid) OSB*

Gen 28,10–22a / Ps 91,1–2.14–16 / Mt 9,18–26
Liedimpuls: GL 435

AUS DEM EVANGELIUM Jesus wandte sich um, und als er sie [die blutflüssige Frau] sah, sagte er: Hab keine Angst, meine Tochter, dein Glaube hat dir geholfen. *Mt 9,22*

GEDANKEN ZUM TAG In allen Wunderberichten der Evangelien ist eines immer wichtig: Jesus wirkt das Heil nur an jenen Menschen, die gläubig zu ihm kommen. Darum verbietet Jesus immer wieder, dass man mit seinen Wundern Propaganda macht. *Wolfgang Winkelmann (WW)*

GEBET Herr, lass uns die Kraft finden, Jesu Weg zu gehen: dass wir füreinander fruchtbar seien und lass uns so ein glückliches Leben führen. *WW*

8 DIENSTAG *Kilian, Kolonat und Totnan, Märtyrer; Amalberg, Jungfrau; Edgar, engl. König*

Gen 32,23–33 / Ps 17,1–3b.5–7.8b–9a.15 / Mt 9,32–38
Liedimpuls: GL 491,3

AUS DEM EVANGELIUM Alle Leute staunten und sagten: So etwas ist in Israel noch nie geschehen. *Mt 9,33*

GEDANKEN ZUM TAG Können wir noch staunen? Wann haben Sie das letzte Mal gestaunt? Staunen wir noch über Jesus, oder ist das alles so unscheinbar und normal? *Marco Richtscheid (MR)*

GEBET Jesus, gib uns Mut, tagtäglich neu mit dir und deiner Botschaft in Berührung zu kommen, und lass uns immer wieder neu von dir fasziniert sein und dies auch anderen zeigen. *MR*

9 MITTWOCH *Johannes von Köln OP, Märtyrer; Agilolf OSB, Bischof; Andreas Bauer OFM; Augustin Zhao Rong, Märtyrer*
Gen 41,55–57; 42,5–7a.17–24a / Ps 33,2–3.10–11.18–19 / Mt 10,1–7
Liedimpuls: GL 456,2

AUS DEM EVANGELIUM Geht und verkündet: Das Himmelreich ist nahe! *Mt 10,7*

GEDANKEN ZUM TAG Der Journalist Peter Hahne sagt: „Christen haben das zu bringen, was sie konkurrenzlos wichtig macht: Hoffnung über den Tod hinaus, lebendige Hoffnung." Darum muss es uns zuerst gehen. *MM*

GEBET Herr, wir vertrauen darauf, dass dein Geist uns packt und in die Wahrheit führt. Lass uns die Zeichen erkennen, dass dein Reich nahe ist. *MM*

10 DONNERSTAG *Erich (Erik) von Schweden, Knud von Dänemark und Olaf von Norwegen, Könige und Märtyrer*
Gen 44,18–21.23b–29; 45,1–5 / Ps 105,16–21 / Mt 10,7–15
Liedimpuls: GL 422,2.3

AUS DEM EVANGELIUM Treibt Dämonen aus! Umsonst habt ihr empfangen, umsonst sollt ihr geben. *Mt 10,8*

GEDANKEN ZUM TAG Manchmal ist man übellaunig, ohne recht zu wissen, warum. Manchmal ist man nörgelig, weil man nörgelig ist. Da hilft nur: durchatmen. Gott erträgt auch meine schlechten Tage. *Sebastian Schwertfeger (SeS)*

GEBET Hilf mir, Herr, an schlechten Tagen nicht zur Last für andere zu werden. *SeS*

11 FREITAG Hl. Benedikt von Nursia

Ordensgründer; Oliver Plunket, Bischof

Spr 2,1–9 / Ps 34,2–4.6.9.12.14–15 / Mt 19,27–29

Liedimpuls: GL 543,1.4

AUS DER LESUNG Denn der Herr gibt Weisheit, aus seinem Mund kommen Erkenntnis und Einsicht. *Spr 2,6*

GEDANKEN ZUM TAG Benedikt von Nursia gab mit seiner Ordensregel einen entscheidenden Wegweiser für ein Leben im Einklang mit Gott. Der Grundsatz des heiligen Benedikt „Ora et labora" bietet Orientierung auf der Suche nach einem gelungenen Alltag und Leben. Die Hinwendung zu Gott im Gebet ist für das Leben die entscheidende Sinn- und Kraftquelle. *Jessica Bohn (JB)*

GEBET Vater, hilf uns, in unserem Leben einen guten Weg zu finden, auf dem unser Leben nicht nur aus Arbeit, sondern auch aus Ruhe und der Suche nach Weisheit besteht. Hilf uns auch, wenn wir versuchen, im Gebet bei dir zu sein, um unser Leben mit dir zu teilen. *JB*

12 SAMSTAG *Felix und Nabor, Märtyrer; Hermagoras und Fortunat; Johannes Gualbertus OSB, Abt*

Gen 49,29–33; 50,15–26a / Ps 105,1–4.6–7 / Mt 10,24–33

Liedimpuls: GL 273,2

AUS DEM EVANGELIUM Fürchtet euch also nicht! Ihr seid mehr wert als viele Spatzen. *Mt 10,31*

GEDANKEN ZUM TAG Diese Botschaft will die Welt verändern. Und diese Weltveränderung beginnt bei jedem Menschen, der sich von seinem Glauben Flügel verleihen lässt. *Guido Erbrich*

GEBET Herr, nimm uns die Furcht vor dem Leben, vor den anderen, vor den Fremden. Lass uns vertrauen, dass du deine Schöpfung liebst – Menschen, Spatzen, alles. *MM*

13 SONNTAG 15. So. im Jahreskreis

Heinrich II. und Kunigunde, Kaiserpaar; Miltred OSB; Clélia Barbieri, Ordensgründerin

Dtn 30,9c–14 / Ps 69,14.17.30–31.33–34.36–37 od. Ps 19,8–12 / Kol 1,15–20 / Lk 10,25–37

Liedimpuls: GL 458

AUS DEM EVANGELIUM Der Gesetzeslehrer wollte sich rechtfertigen und sagte zu Jesus: Und wer ist mein Nächster? *Lk 10,29*

GEDANKEN ZUM TAG Der Theologe und Dichter Johann Peter Hebel hat einmal gesagt: „Ich bin jedem sein Nächster, und jeder ist mein Nächster, den ich mit meiner Liebe erreichen kann, jeder, den Gott zu mir führt oder zu dem mich Gott führet, dass ich ihn erfreuen oder trösten, dass ich ihm raten oder helfen kann, auch wenn er nicht meines Volkes oder meines Glaubens wäre."

Wer ist mein Nächster oder meine Nächste? Eigentlich eine einfach zu beantwortende Frage. Denn es sind alle. Wir sollen in Nächstenliebe handeln. Aber es fällt so unglaublich schwer, jemanden als meinen

Nächsten zu behandeln, wenn der- oder diejenige nicht nach dem gleichen Grundsatz lebt. Es ist kaum aushaltbar. *Magdalena Vering (MV)*

GEBET Guter Gott, manchmal fällt es uns schwer, deinen Geboten zu folgen, wenn wir auf Menschen treffen, die es nicht tun. Gib uns die Kraft und das Durchhaltevermögen, die richtigen Worte und Taten zu finden. Und verzeih uns, wenn es doch mal nicht klappen sollte. *MV*

14

MONTAG *Kamillus von Lellis, Ordensgründer; Ulrich von Zell OSB, Prior; Roland OCist, Abt*

Ex 1,8–14.22 / Ps 124,1–8 / Mt 10,34 – 11,1

Liedimpuls: GL 464

AUS DEM ANTWORTPSALM Hätte sich nicht der Herr für uns eingesetzt … *Ps 124,1*

GEDANKEN ZUM TAG … dann wäre alles ein Tohuwabohu. … dann gäbe es keine Schöpfung und kein Paradies. … dann wären Adam, Eva, Abraham, Mose und König David, du und ich nicht. … dann wäre das Volk Israel nicht befreit worden. … dann wäre Jesus nicht Mensch geworden. … dann hätte Christus den Tod nicht bezwungen. … dann gäbe es keine Hoffnung auf ein Leben nach dem Tod; nicht für dich noch für mich. … dann … *Caroline v. Ketteler (CvK)*

GEBET Alles, was wir sind und haben, kommt, o Gott, von dir. Unser Sein stehe allezeit in deinem Namen. *CvK*

15 DIENSTAG *Bonaventura OFM, Ordensgeneral; Ceslaus OP, Prior; Wladimir; Bernhard II. von Baden*

Ex 2,1–15a / Ps 69,3.14.30–31.33–34 / Mt 11,20–24
Liedimpuls: GL 273,1.3

AUS DER LESUNG Als sie es nicht mehr verborgen halten konnte, nahm sie ein Binsenkästchen, dichtete es mit Pech und Teer ab, legte den Knaben hinein und setzte ihn am Nilufer im Schilf aus. *Ex 2,3*

GEDANKEN ZUM TAG Juden und Christen glauben, dass Mose den Menschen die Zehn Gebote überbrachte und viele andere Weisungen von Gott. Dafür trägt er den Ehrentitel Mosche Rabenu: Mose, der Lehrer. Und dieser Lehrer der Menschheit beginnt so klein und schutzlos in einem Binsenkästchen auf dem Nil. *MM*

GEBET Heiliger Gottesgeist, erfülle mein Herz mit deinem Licht und deiner Gnade. *Bonaventura*

16 MITTWOCH *Unsere Liebe Frau vom Berge Karmel (Carmen); Elvira von Öhren OSB; Irmgard, Äbtissin*

Ex 3,1–6.9–12 / Ps 103,1–4.6–7 / Mt 11,25–27
Liedimpuls: GL 467,5

AUS DEM EVANGELIUM In jener Zeit sprach Jesus: Ich preise dich, Vater, Herr des Himmels und der Erde, weil du all das den Weisen und Klugen verborgen, den Unmündigen aber offenbart hast. *Mt 11,25*

GEDANKEN ZUM TAG Ich bin Christ, weil ich in Jesus Christus alle Weisheit dieser Welt gefunden habe. *Anselm Grün*

GEBET Lass uns niemals arrogant sein, sondern von den Kleinen und Unscheinbaren lernen. Immer. *MM*

17 DONNERSTAG *Donata, Märtyrin; Hedwig (Jadwiga) von Polen, Königin; Charlotte Thouret OCD*

Ex 3,13–20 / Ps 105,1.5.8–9.24–27 / Mt 11,28–30
Liedimpuls: GL 140,1

AUS DEM EVANGELIUM Kommt alle zu mir, die ihr euch plagt und schwere Lasten zu tragen habt. Ich werde euch Ruhe verschaffen. *Mt 11,28*

GEDANKEN ZUM TAG Ich lebe bewusster und intensiver, weil ich mein Leben als Geschenk ansehe. Und in Gott habe ich jemanden, der mir als ein „Du“ gegenüber und zugleich zur Seite steht – auch wenn ich ihn oft nicht begreifen kann. Dieser Gott bietet mir seine Freundschaft an. *Andrea Schwarz*

GEBET Schenke mir das Feuer deines Geistes, damit ich brenne und lebendig bin! *Franz-Josef Bode*

18 FREITAG *Answer OSB, Abt und Märtyrer; Thietmar, Bischof; Friedrich von Utrecht, Bischof*

Ex 11,10 – 12,14 / Ps 116,12–13.15–16b.17–18 / Mt 12,1–8
Liedimpuls: GL 382,1

AUS DEM EVANGELIUM Wenn ihr begriffen hättet, was das heißt: Barmherzigkeit will ich! *Mt 12,7*

GEDANKEN ZUM TAG Die Person Jesus ist mir besonders nah. Gerade auch weil er ein Freund der

Ausgegrenzten war, der Ängstlichen und Kleinen, der sich immer mit ihnen an einen Tisch setzte und nicht zuerst mit den arroganten Pharisäern. *Paul Maar*

GEBET Herr, lass mich sanftmütig und demütig sein. *Constantin Micheel*

19 SAMSTAG *Justina und Rufina, Märtyrinnen; Bernulf von Utrecht, Bischof*

Ex 12,37–42 / Ps 136,1.23–24.10–15 / Mt 12,14–21
Liedimpuls: GL 222,8

AUS DEM EVANGELIUM Und auf seinen Namen werden die Völker ihre Hoffnung setzen. *Mt 12,21*

GEDANKEN ZUM TAG Antoine de Saint-Exupéry sagt: „Um klar zu sehen, genügt meistens ein Wechsel der Blickrichtung." Wir richten unseren Blick auf Christus, den Friedensfürsten. *MM*

GEBET Gott, du, mein Heil, dir vertraue ich, denn du bist meine Stärke. *Nach Jes 12,2*

20 SONNTAG 16. So. im Jahreskreis

Margareta von Antiochia, Märtyrin; Bernhard von Hildesheim, Bischof; Apollinaris, Bischof

Gen 18,1–10a / Ps 15,2–5 / Kol 1,24–28 / Lk 10,38–42
Liedimpuls: GL 145,1

AUS DER LESUNG Ich ergänze in meinem irdischen Leben, was an den Bedrängnissen Christi noch fehlt an seinem Leib, der die Kirche ist. *Kol 1,24*

GEDANKEN ZUM TAG Unzählige Menschen auf dieser Welt durchleben Leid, körperlich und seelisch. Den Großteil dieser Menschen, die alle Geschöpfe Gottes sind, kennen wir nicht persönlich. Von ihrem Leid erfahren wir oft nur aus den Medien. Oder ihr Leiden bleibt für uns namenlos und stumm. Gerade deshalb gilt es, diese Menschen mit ins Gebet und damit in unser Herz zu nehmen. Ebenso wie wir es mit den Menschen tun, die uns nahestehen und die wir im Leiden, vor allem im Sterben, nicht allein lassen. Den dornigen Weg durch das Leiden muss jede und jeder letztlich selbst gehen – aber nicht ganz allein. Hier geht es nicht um bedauerndes Mitleid, sondern um tröstendes und betendes Mit-Leiden. *Maria Aßhauer (MA)*

GEBET Herr, es gibt kein Leben ganz ohne Leid. Lass uns gerade in den Tälern unseres Lebens nie vergessen, dass deine Hand uns trägt – am Ende unseres irdischen Daseins bis in deinen Arm. *MA*

21 MONTAG *Laurentius von Brindisi OFMCap, Ordensgeneral; Daniel, Prophet; Praxedis, Wohltäterin*

Ex 14,5–18 / Ex 15,1b–6.13 / Mt 12,38–42
Liedimpuls: GL 414,3

AUS DER LESUNG Fürchtet euch nicht! Bleibt stehen, und schaut zu, wie der Herr euch heute rettet. Der Herr kämpft für euch, ihr aber könnt ruhig abwarten. *Ex 14,13.14*

GEDANKEN ZUM TAG Ich habe in meinem Leben zwei wichtige Dinge gelernt: dass ich ein großer Sünder bin und dass Christus ein noch größerer Retter ist. *Isaac Newton*

GEBET Herr, lass uns gelassen bleiben, auch wenn uns nicht alles so gelingt, wie wir es geplant hatten. Denn wir wissen: Du kämpfst an unserer Seite. Was kann da schon wirklich schiefgehen. *Annegret Kokschal*

22 DIENSTAG Hl. Maria Magdalena

Verena, Märtyrin; Eberhard OCist
Hld 3,1–4a od. 2 Kor 5,14–17 / Ps 63,2–8 / Joh 20,1–2.11–18
Liedimpuls: GL 358,4–5

AUS DEM EVANGELIUM Jesus sagte zu ihr: Maria! Da wandte sie sich ihm zu und sagte auf Hebräisch zu ihm: Rabbuni!, das heißt: Meister. *Joh 20,16*

GEDANKEN ZUM TAG Maria Magdalena wendet sich im Garten Jesus zu – im wahrsten Sinne des Wortes ein Wendepunkt für ihr Leben und ihren Glauben: Jesus lebt, er hat den Tod besiegt! Dafür legt Maria Magdalena Zeugnis ab. Wo erlebe ich in der Begegnung mit Jesus Wendepunkte in meinem Leben? *Julian Heese (JH)*

GEBET Herr Jesus Christus, gib uns den Mut und die Kraft, wie Maria Magdalena die Botschaft deiner Auferstehung in die Welt zu tragen. *JH*

23 MITTWOCH Hl. Birgitta von Schweden

Ordensgründerin; Liborius von Le Mans, Bischof; Apollinaris, Bischof und Märtyrer
Gal 2,19–20 / Ps 34,2–11 / Joh 15,1–8
Liedimpuls: GL 300,1.4.5

AUS DEM EVANGELIUM Wenn ihr in mir bleibt und wenn meine Worte in euch bleiben, dann bittet um alles, was ihr wollt: Ihr werdet es erhalten. Mein Vater wird dadurch verherrlicht, dass ihr reiche Frucht bringt und meine Jünger werdet. *Joh 15, 7–8*

GEDANKEN ZUM TAG Weinstock und Reben sind eine lebensnotwendige Einheit. Nur wer diese Einheit wahrt, kann Frucht bringen. So wie Jesus wahrer Weinstock ist, ist er auch wahres Licht, guter Hirt und lebendiges Brot. *Manfred Becker-Huberti (MBH)*

GEBET Im 14. Jahrhundert hast du, Gott, der heiligen Birgitta Einblick in dein Tun und Wirken gewährt. Als Frau hat sie in deinem Auftrag in einer dominanten Männerwelt gewirkt. *MBH*

24

DONNERSTAG *Christophorus; Christine; Kinga (Kunigunde) von Polen; Scharbel Mahluf, Einsiedler*
Ex 19,1–2.9–11.16–20 / Dan 3,52–56 / Mt 13,10–17
Liedimpuls: GL 143

AUS DEM EVANGELIUM Ihr aber seid selig, denn eure Augen sehen und eure Ohren hören. *Mt 13,16*

GEDANKEN ZUM TAG Jesus verdeutlicht uns, ihn mit allen Sinnen zu verstehen. Er zeigt, dass ein oberflächliches Hinhören nicht reicht, denn seine Worte sollen bis zu unserem Herzen gelangen. *Anna Keusgen (AK)*

GEBET Herr, wir bitten dich, öffne unsere Augen, unsere Ohren und unsere Herzen für deine Worte. *AK*

25 FREITAG Hl. Apostel Jakobus d. Ä.

Thea, Märtyrin; Thomas von Kempen, Mystiker

2 Kor 4,7–15 / Ps 126,1–6 / Mt 20,20–28

Liedimpuls: GL 448,2

AUS DEM EVANGELIUM Bei euch soll es nicht so sein, sondern wer bei euch groß sein will, der soll euer Diener sein. *Mt 20,26*

GEDANKEN ZUM TAG Jesus ist „der" gute König schlechthin, er hat es nicht nötig, andere kleinzuhalten und sie zu unterdrücken. Menschen groß zu machen, sie wachsen und sich entwickeln zu lassen, darauf kommt es ihm an. Dafür steht dieser ganz andere König. Und dafür stehen auch wir als seine „Liebesboten". *MM*

GEBET Denn der Mächtige hat Großes an mir getan, und sein Name ist heilig. *Aus dem Magnifcat*

26 SAMSTAG *Joachim und Anna, Eltern der Gottesmutter; Gloriosa, Märtyrin; Titus Brandsma, Märtyrer*

Ex 24,3–8 / Ps 50,1–2.5–6.14–15 / Mt 13,24–30

Liedimpuls: GL 490,1

AUS DEM EVANGELIUM Lasst beides wachsen bis zur Ernte. Wenn dann die Zeit der Ernte da ist, werde ich den Arbeitern sagen: Sammelt zuerst das Unkraut und bindet es in Bündel, um es zu verbrennen; den Weizen aber bringt in meine Scheune. *Mt 13,30*

GEDANKEN ZUM TAG Anna und Joachim, Eltern – die Aufgabe ihres Lebens: der Mutter des Messias so viel für ihr Leben mitgeben, dass Maria ihre Aufgabe annehmen konnte. *Claudia Westermann (ClW)*

GEBET Stehe den Müttern und Vätern bei, ihre Kinder an die Hand zu nehmen, ihnen Boden zum Wachsen zu geben und Raum zur Entfaltung zu lassen. Sei du der Boden unter ihren Füßen. *ClW*

27 SONNTAG 17. So. im Jahreskreis

Berthold, Mönch; Natalie, Märtyrin; Magnerich, Bischof; Pantaleon, Arzt , Märtyrer
Gen 18,20–32 / Ps 138,1–3.6–8 / Kol 2,12–14 / Lk 11,1–13
Liedimpuls: GL 297

AUS DEM EVANGELIUM Als Jesus das Gebet beendet hatte, sagte einer seiner Jünger zu ihm: Herr, lehre uns beten, wie auch Johannes seine Jünger beten gelehrt hat! *Lk 11,1*

GEDANKEN ZUM TAG Pastor Michal wuchs in Polen auf. Sein Vater war ein breitschultriger Bauer, dem man die körperliche Arbeit ansah, und der kleine Michal sah zu ihm auf. Sein Vater konnte alles. Er war Michals Held. Doch eines Tages sah er, wie dieser große Mann sich auf den Boden kniete und betete. Das beeindruckte Michal sehr. Michal lernte von seinem Vater beten wie die Jünger von Jesus. Sie schauten es ihm ab. Sie sahen, wie vertraut Jesus mit seinem himmlischen Vater umging und spürten: Da ist etwas, das wollen wir auch haben.
Beten ist so einfach. Denn nicht nur wir sehnen uns nach dieser Vertrautheit. Johannes vom Kreuz sagt sogar, dass Gott sich noch viel mehr nach uns, seinen geliebten Kindern, sehnt. Wer hat dich beten gelernt? Und wenn es keinen Menschen gab – so

kannst du doch immer wieder auf Jesus schauen und ihn bitten: Nimm mich hinein in dieses Gespräch mit deinem Vater. Lehre mich beten. *Eva Maria Nielsen*

GEBET Mein Vater, ich überlasse mich dir, mach mit mir, was dir gefällt. Was du auch mit mir tun magst, ich danke dir. Zu allem bin ich bereit, alles nehme ich an. *Charles de Foucault*

28 MONTAG *Innozenz I., Papst; Benno von Osnabrück, Bischof; Beatus und Bantus, Einsiedler*

Ex 32,15–24.30–34 / Ps 106,19–24 / Mt 13,31–35
Liedimpuls: GL 221,3

AUS DEM EVANGELIUM Sobald das Senfkorn aber hoch gewachsen ist, ist es größer als die anderen Gewächse und wird zu einem Baum, so dass die Vögel des Himmels kommen und in seinen Zweigen nisten. *Mt 13,32*

GEDANKEN ZUM TAG Du bist wichtig! Und Gott rechnet mit dir aufgrund dessen, was du bist, nicht aufgrund dessen, was du hast. In seinen Augen bist du wertvoll, und dein Wert ist unschätzbar. *Papst Franziskus*

GEBET Zeige mir, Gott, deinen Weg der Höhe und der Weite, und lass meinen Lebensfaden nicht an der Oberfläche hängen bleiben. *MM*

29 DIENSTAG Hll. Marta, Maria und Lazarus

Ladislaus von Ungarn, König; Luzilla und Flora, Märtyerinnen

Ex 33,7–11; 34,4b.5–9.28 / Ps 103,6–13 / Joh 11,19–27 od. Lk 10,38–42
Liedimpuls: GL 455,1–2

AUS DEM EVANGELIUM Marta aber war ganz davon in Anspruch genommen, für ihn zu sorgen. *Lk 10,40*

GEDANKEN ZUM TAG Maria steht in der Tradition für die Kontemplation, für das geistliche Leben und das Gebet. Marta stellt mit ihrer Geschäftigkeit die Aktion dar, das aktive, arbeitende Tun. Wir wissen, dass für ein glückliches Leben beides wichtig ist: Aktion und Kontemplation. Maria erinnert uns an etwas Wichtiges: Wenn wir von unseren Aufgaben ganz in Anspruch genommen werden, sollten wir uns ganz bewusst auch Zeit für die Ruhe und das Zuhören nehmen. *Jessica Bohn (JB)*

GEBET Jesus, hilf mir, ganz bei dir zu sein, damit ich selbst für andere da sein kann. *JB*

30 MITTWOCH *Petrus Chrysologus, Kirchenlehrer; Braulius M. Corres, Friedrich Rubio u. 69 Gefährten (spanische Märtyrer), Religiose des Hospitalordens des hl. Johannes von Gott (OH)*

Ex 34,29–35 / Ps 99,2.5–9 / Mt 13,44–46
Liedimpuls: GL 339

AUS DEM EVANGELIUM Mit dem Himmelreich ist es wie mit einem Schatz, der in einem Acker vergraben war. *Mt 13,44*

GEDANKEN ZUM TAG Mein Glaube, meine Kinder, meine Frau, meine Familie vereinen sich für mich in den Bildern des Schatzes und der schönen Perlen. Wie kostbar das in meinem Leben ist, das erfahre ich jeden Tag aufs Neue. Gott zeigt sich schon hier, aber ich muss die Spuren auch lesen können und daran arbeiten, die Zeichen seiner Nähe wahrzunehmen. *Martin Papke (MPa)*

GEBET Guter Gott, schütze unsere Familien und den Glauben an dich! Ich bete für alle, die dich im Acker des Lebens entdecken oder nach dem Schatz noch suchen: Du bist da. *MPa*

31 DONNERSTAG *Ignatius von Loyola SJ, Ordensgründer; Germanus von Auxerre, Bischof*

Ex 40,16–21.34–38 / Ps 84,3–6a.8a.11 / Mt 13,47–52
Liedimpuls: GL 542,1.6

AUS DEM ANTWORTPSALM Wohl den Menschen, die Kraft finden in dir; sie schreiten dahin mit wachsender Kraft. *Ps 84,6.8*

GEDANKEN ZUM TAG Für Ignatius war es wichtig, mit „liebender Aufmerksamkeit“ Gott in allen Dingen zu entdecken. Durch diesen betenden Blick auf das eigene Leben kann Gott als der Freund erkannt werden, der jeden Weg mitgeht und durch den jeder Weg neu und besser verstanden werden kann. *Jessica Bohn (JB)*

GEBET Vater, begleite mich auf meinem Weg durch diese Welt und öffne mir die Augen, wenn ich die Spuren deiner Liebe auf meinem Weg nicht erkennen kann. *JB*

1 FREITAG CH: Bundesfeier

Alfons Maria von Liguori CSsR, Ordensgründer; Petrus Faber SJ

Lev 23,1.4–11.15–16.27.34b–37 / Ps 81,3–8b.10–11 / Mt 13,54–58

Liedimpuls: GL 389,6

AUS DEM EVANGELIUM Ist das nicht der Sohn des Zimmermanns? Heißt nicht seine Mutter Maria, und sind nicht Jakobus, Josef, Simon und Judas seine Brüder? Woher also hat er das alles? *Mt 13,55–56*

GEDANKEN ZUM TAG Jesus kann ganz viel. Gott hat ihm viele Vollmachten und Talente anvertraut. Und mir? Was kann ich gut? Versuchen wir doch heute, über unsere Talente und Begabungen, die Gott uns anvertraut hat, nachzudenken und vielleicht auch bewusst ihm dafür danken. *Marco Richtscheid (MR)*

GEBET Himmlischer Vater, so vieles hast du uns anvertraut. Keinem gabst du alles und niemandem gabst du nichts. Lass uns in Dankbarkeit auf die Besonderheiten und Begabungen in unserem Leben schauen. *MR*

2 SAMSTAG *Pierre Julien Eymard SSS, Ordensgründer; Eusebius von Vercelli, Bischof; Gundekar II.*

Lev 25,1.8–17 / Ps 67,2–3.5.7–8 / Mt 14,1–12

Liedimpuls: GL 463

AUS DER LESUNG Fürchte deinen Gott; denn ich bin der Herr, euer Gott. *Lev 25,17*

GEDANKEN ZUM TAG Im alttestamentlichen „Jubeljahr" geht es darum, ursprünglich gute Zustände wiederherzustellen, entstandenes Unrecht auszugleichen, gerechte Lebensmöglichkeiten für alle zu schaffen. Papst Franziskus wünscht für das Heilige Jahr 2025 eine „ethische, moralische, soziale und kulturelle Wiedergeburt". Dafür ist auch eine rechte „Furcht" Gott gegenüber notwendig: „Fürchten" und respektieren wir Gott. Lassen wir Gott wirklich Gott sein. Er ist der Herr! *Thomas Throenle (TT)*

GEBET Guter Gott, du hast die Welt gut geschaffen. Doch durch unser menschliches Wirken bedrohen und zerstören wir deine Schöpfung und deine Gerechtigkeit. Lass uns umkehren, heimkehren zu dir. Schenke du uns das ausgleichende, erneuernde „Jubeljahr", ein Jahr der Gerechtigkeit und Heiligkeit. *TT*

3 SONNTAG 18. So. im Jahreskreis

Lydia, Purpurhändlerin; Burchard OPraem, Propst
Koh 1,2; 2,21–23 / Ps 90,3–6.12–14.17 / Kol 3,1–5.9–11 / Lk 12,13–21
Liedimpuls: GL 348,4

AUS DEM EVANGELIUM Meister, sag meinem Bruder, er soll das Erbe mit mir teilen! Jesus erwiderte: Hütet euch vor jeder Art von Habgier! Denn das Leben eines Menschen besteht nicht darin, dass einer im Überfluss seines Besitzes lebt. *Lk 12,13.15*

GEDANKEN ZUM TAG „Beim Geld hört die Freundschaft auf!" – ein klassisches Sprichwort bei uns. Wie viele Familien zerbrechen bis heute, weil es um das Erbe geht?! Jeder möchte haben und haben und besitzen. Jesus sagt ja dann im Evangelium: Wozu? „Noch in dieser Nacht wird man dein Leben von dir zurückfordern." Leider nimmt der Gedanke immer mehr zu, man lebe ewig oder das Leben hier auf Erden zu genießen, bevor es vorbei ist. Kurz: alles ausnutzen, ausbeuten, was das Zeug hält! Jesu Sicht ist da eine andere: Gib, dann wird auch dir gegeben werden. Wie denke ich? *Mathias Laminski (ML)*

GEBET Herr, gib mir die aufrechte Fähigkeit zu teilen und lass mich gar nicht erst auf diese abenteuerliche Spur des „Immer-mehr-haben-Wollens" kommen. *ML*

4 MONTAG *Johannes Maria Vianney, Pfarrer von Ars; Rainer von Spalato, Bischof*

Num 11,4b–15 / Ps 81,12–17 / Mt 14,13–21
Liedimpuls: GL 470

AUS DER LESUNG Wenn bei Nacht der Tau auf das Lager fiel, fiel auch das Manna. *Num 11,9*

GEDANKEN ZUM TAG Brot ist eines der zentralen Elemente der Bibel. Brot ist Grundnahrungsmittel, wir brauchen es zum Leben. Deshalb beten wir im Vaterunser: „Unser tägliches Brot gib uns heute." Im Alten Testament lässt Gott sein Volk nicht im Stich. Bei Nacht gibt er ihnen Manna, mit dem sie den Weg zurück nach Israel schaffen. Im Neuen Testament macht Jesus sich selbst zum Brot des Lebens: „Dies ist mein Leib, der für euch hingegeben wird." *Mario Polzer*

GEBET Lieber Gott, viel zu oft sprechen wir die Worte „Unser tägliches Brot gib uns heute" allzu leichtfertig aus. Lass uns, wie das Volk Israel in der Wüste, für eine Scheibe Brot ebenso dankbar sein wie für ein großes Festmahl. *Sandra Obermeier*

5 DIENSTAG *Oswald, König, Märtyrer; Dominika, Mystikerin; Stanislaus, Kardinal*
Num 12,1–13 / Ps 51,3–7.12–13 / Mt 14,22–36 od. Mt 15,1–2.10–14
Liedimpuls: GL 524,1.4

AUS DEM EVANGELIUM Das Boot aber war schon viele Stadien vom Land entfernt und wurde von den Wellen hin und her geworfen; denn sie hatten Gegenwind. *Mt 14,24*

GEDANKEN ZUM TAG Der Seemann sah sich oft den Naturgewalten schicksalhaft ausgeliefert. Er war sich immer zu allen Zeiten bewusst, dass Not auf See, sein Überleben und die glückliche Heimkehr mehr in Gottes als des Menschen Händen lagen. *MM*

GEBET Herr, gib acht auf uns, denn das Meer ist groß, und unser Boot ist so klein. *Bretonisches Fischergebet*

6 MITTWOCH Verklärung des Herrn
Herrmann von Cappenberg OPraem; Gilbert OSB, Abt; Felizissimus und Agapitus
Dan 7,9–10.13–14 od. 2 Petr 1,16–19 / Ps 97,1–2.5–6.8–9 / Lk 9,28b–36
Liedimpuls: GL 372,3

AUS DEM EVANGELIUM Und während er betete, veränderte sich das Aussehen seines Gesichtes und sein Gewand wurde leuchtend weiß. *Lk 9,29*

GEDANKEN ZUM TAG Für einen kleinen Augenblick mit dem Licht vom Tabor im Herzen gehen und unterwegs sein! Und dann warten können darauf, dass Gott selbst die Wohnung für uns baut. In der Gewissheit: Alles wird dann gut, mein Leben gelingt. *MM*

GEBET Herr, wir vertrauen, dass für uns und die ganze Schöpfung das kommende Himmelreich schon leuchtet. *MM*

7

DONNERSTAG *Xystus II., Papst; Kajetan CR/ OTheat, Priester; Afra, Märtyrin; Donatus OSB, Bischof*

Num 20,1–13 / Ps 95,1–2.6–9 / Mt 16,13–23

Liedimpuls: GL 631,4

AUS DER LESUNG Dann hob Mose seine Hand hoch und schlug mit seinem Stab zweimal auf den Felsen. Da kam Wasser heraus, viel Wasser, und die Gemeinde und ihr Vieh konnten trinken. *Num 20,11*

GEDANKEN ZUM TAG Wer lebt, erlebt auch, dass die Seele verletzt wird. Heilt sie, bleiben doch Narben. Narben, die verhärten können. Dadurch wird's der Seele eng. Gott schafft der Seele neuen Raum. *Sebastian Schwertfeger (SeS)*

GEBET Herr, du bist es, der meine Seele Flügel verleiht. Hilf ihr zu fliegen. *SeS*

8

FREITAG *Dominikus OP, Ordensgründer; Cyriakus, Diakon, Märtyrer*

Dtn 4,32–40 / Ps 77,12–16.21 / Mt 16,24–28

Liedimpuls: GL 446

AUS DER LESUNG Heute sollst du erkennen und dir zu Herzen nehmen: Jahwe ist der Gott im Himmel droben und auf der Erde unten, keiner sonst. *Dtn 4,39*

GEDANKEN ZUM TAG Der hl. Dominikus sah seine Aufgabe darin, Gott unter die Leute zu bringen. Er lebte einfach, ging dahin, wo Menschen sich begegneten und sprach dort über die Frohe Botschaft. *Margret Keusgen (MK)*

GEBET Herr, steh deiner Kirche bei. Lass uns keine Angst vor dem Leben haben und heute mittendrin ohne Angst dein Wort weitersagen. *MK*

9 SAMSTAG Hl. Teresia Benedicta vom Kreuz (Edith Stein)

OCD, Märtyrin, Patronin Europas; Altmann, Bischof
Est 4,17k–m.17r–t / Ps 18,2–3.5.7a.17.20.29.50 / Joh 4,19–24
Liedimpuls: GL 439,1–2

AUS DEM EVANGELIUM Ihr betet an, was ihr nicht kennt, wir beten an, was wir kennen; denn das Heil kommt von den Juden. *Joh 4,22*

GEDANKEN ZUM TAG Als geborene Jüdin und entschiedene Christin überwand die hl. Edith Stein Grenzen. Auf der Suche nach der Wahrheit gab sie sich nicht mit einfachen Antworten zufrieden. Was ist die Wahrheit meines Lebens? *Julian Heese (JH)*

GEBET Barmherziger Herr, die heilige Edith Stein hat ihr Leben für die Wahrheit hingegeben. Schenke uns nach ihrem Vorbild die Ausdauer nach der Wahrheit, die uns trägt, zu suchen. *JH*

10 SONNTAG 19. So. im Jahreskreis

Laurentius, Märtyrer; Philomena; Asteria (Astrid)

Weish 18,6–9 / Ps 33,1.12.18–20.22 / Hebr 11,1–2.8–19 / Lk 12,32–48

Liedimpuls: GL 465

AUS DEM EVANGELIUM Wem viel gegeben wurde, von dem wird viel zurückgefordert werden, und wem man viel anvertraut hat, von dem wird man umso mehr verlangen. *Lk 12,48*

GEDANKEN ZUM TAG „Die wahre Macht ist der Dienst", das hat Papst Franziskus immer wieder gesagt. Das ist der Anspruch an uns, nicht weniger. Nur dadurch lassen sich Hass, Misstrauen und Machtmissbrauch in der Welt verwandeln: in dieser einen Liebe zu Gott, den Menschen und zur ganzen Schöpfung, im Dienst an den anderen. In dieser Liebe, die bis zur Feindesliebe und bis zur Stellvertretung gehen kann. Ohne diese Liebe bliebe unsere Welt dunkel und traurig, ewig wolkenverhangen. Wie viel Leid hat der Missbrauch von Macht bis heute gerade über die Kleinen und Schwachen gebracht: die Kinder, die Familien, die Alten. Wie viel Leid brachte der Völkerhass über Europa und die ganze Welt. Wir alle wissen das: Machtmissbrauch ist teuflisch und ein Grundübel zu aller Zeit. Er ist wie eine Krake, die das Leben erstickt. Das ist es, was von uns gefordert wird: uns in den Dienst zu stellen, das, was uns gegeben wurde an Gaben und Schätzen, für die anderen einzusetzen. *Hans-Josef Becker*

GEBET Herr, auf der Höhe des Jahres bitten wir dich: Sei du unser Licht und bleibe bei uns in Dunkelheit und Helle. *MM*

11

MONTAG *Klara von Assisi OSCl; Nikolaus von Kues, Kardinal; Susanna von Rom, Märtyrin*
Dtn 10,12–22 / Ps 147,12–15.19–20 / Mt 17,22–27
Liedimpuls: GL 254,4

AUS DEM EVANGELIUM Aber am dritten Tag wird er auferstehen. *Mt 17,23*

GEDANKEN ZUM TAG Die Freude in Gott ist immer neu, weil sie sich immer wiederholt, wie das Sonnenlicht, das Licht der Kerze, die rieselnde Quelle immer neu ist, weil sie sich beständig erneuert. *Nikolaus von Kues*

GEBET Zu Großem sind wir berufen: Spiegel des Lichtes zu sein. So lasst uns Gott lobpreisen und den Menschen Gutes tun. *Klara von Assisi*

12

DIENSTAG *Johanna Franziska von Chantal OVM, Ordensgründerin; Radegunde, Königin; Karl Leisner, Priester*
Dtn 31,1–8 / Dtn 32,3–4b.7–9.12 / Mt 18,1–5.10.12–14
Liedimpuls: GL 93,5

AUS DEM EVANGELIUM Wer so klein sein kann wie dieses Kind, der ist im Himmelreich der Größte. *Mt 18,4*

GEDANKEN ZUM TAG Jesus Christus ist mein bester Freund. Er ist Gott, er weiß, wer ich in meinem Innersten bin. *Maite Kelly*

GEBET Beschütze alle Menschen, besonders die Kinder, die Kleinen und Mutlosen. *Constantin Micheel*

13 MITTWOCH *Pontianus und Hippolyt, Märtyrer; Wigbert OSB; Gerold, Bischof; Jakob Gapp SM*

Dtn 34,1–12 / Ps 66,1–3a.5.16.17.20 / Mt 18,15–20
Liedimpuls: GL 457,3

AUS DEM EVANGELIUM Alles, was zwei von euch auf Erden gemeinsam erbitten, werden sie von meinem himmlischen Vater erhalten. *Mt 18,19*

GEDANKEN ZUM TAG Wer sind die Menschen, mit denen ich gemeinsam unterwegs bin? Empfinde ich ein „gleichzeitiges" Gebet zum Beispiel im Gottesdienst auch als geteiltes Anliegen? Mit wem werde ich heute beten? *Johannes Schäfers (JS)*

GEBET Vater, danke für die Kraft der Gemeinschaft. Hilf mir, die Menschen zu erkennen, die meinen Weg teilen. Möge unser Gebet deine Gegenwart spürbar werden lassen. *JS*

14 DONNERSTAG *Maximilian Maria Kolbe OFMConv, Märtyrer; Meinhard CanA, Bischof; Werenfried, Glaubensbote*

Jos 3,7–10a.11.13–17 / Ps 114,1–6 / Mt 18,21 – 19,1
Liedimpuls: GL 521,1.6

AUS DEM EVANGELIUM In jener Zeit trat Petrus zu Jesus und fragte: Herr, wie oft muss ich meinem Bruder vergeben, wenn er sich gegen mich versündigt? Sieben Mal? Jesus sagte zu ihm: Nicht sieben Mal, sondern siebenundsiebzig Mal. *Mt 18,21–22*

GEDANKEN ZUM TAG Das Vergeben von Schuld versteht sich als erbarmende Liebe. Das menschliche

Vergeben ist ungleich geringer als das, was Gott den Menschen vergibt. Die unbedingte und unbegrenzte Versöhnlichkeit ist das Grundmaß der Nächstenliebe. *Manfred Becker-Huberti (MBH)*

GEBET Herr und Gott, wer von dir die Vergebung seiner Schuld erhofft, muss auf Erden Versöhnung leben. Gib uns den Mut, miteinander in Frieden leben zu können. *MBH*

15 FREITAG Mariä Aufnahme in den Himmel

Assunta; Tarzisius, Märtyrer; Rupert OSB, Prior; Mechthild OCist, Mystikerin
Offb 11,19a; 12,1–6a.10ab / Ps 45,11–12.16.18 / 1 Kor 15,20–27a / Lk 1,39–56
Liedimpuls: GL 522,1

AUS DEM EVANGELIUM Und selig, die geglaubt hat, dass sich erfüllt, was der Herr ihr sagen ließ. *Lk 1,45*

GEDANKEN ZUM TAG Aufgehoben, wenn das Leben mal wieder Kapriolen schlägt. Wenn die Welt in Bewegung ist und ich einfach noch nicht mitkomme. Aufgehoben, wenn ich gefragt werde: Was willst du? *Claudia Westermann*

GEBET Gott, du hast Maria mit deinem Sohn Freude und Schmerz in den Schoß gelegt. Lass uns annehmen, was das Leben für uns bereithält, und darauf vertrauen, dass du uns trägst. *Claudia Westermann*

16 SAMSTAG *Stephan I. von Ungarn, König; Rochus, Pilger; Theodor, Bischof*

Jos 24,14–29 / Ps 16,1–2.5.7–9.11 / Mt 19,13–15
Liedimpuls: GL 421

AUS DEM EVANGELIUM Lasst die Kinder zu mir kommen; hindert sie nicht daran! Denn Menschen wie ihnen gehört das Himmelreich. *Mt 19,14*

GEDANKEN ZUM TAG Kind sein – wer sehnt sich nicht danach, unbeschwert und glücklich wie ein Kind zu sein. Wir können und dürfen vertrauensvoll zum Vaters kommen, denn er ruft uns täglich zu sich als seine Kinder, die wir durch die Taufe geworden sind. *Michaela Bendfeld (MB)*

GEBET Gott, du unser Vater! *MB*

17 SONNTAG 20. So. im Jahreskreis

Hyazinth OP, Glaubensbote; Karlmann OSB; Jutta OPraem; Beatrix da Silva Meneses, Ordensgründerin
Jer 38,4–6.8–10 / Ps 40,2–4b.18 / Hebr 12,1–4 / Lk 12,49–53
Liedimpuls: GL 461,1.4

AUS DEM EVANGELIUM Meint ihr, ich sei gekommen, um Frieden auf der Erde zu bringen? Nein, sage ich euch, sondern Spaltung. *Lk 12,51*

GEDANKEN ZUM TAG Jesus, Unruhestifter statt Friedensfürst? Tiefe Risse können durch Familien und Freundeskreise gehen, wenn es um Christus geht. Das ist heute nicht anders als in der Urkirche. Haben wir den Mut zur Auseinandersetzung in der Entscheidung für Christus? Bekennen wir ihn und seine Botschaft oder verleugnen wir ihn „um des lieben Friedens willen"? *Alexandra Völzke (AV)*

GEBET Herr, Christsein heißt Provokation und nicht Rückzug ins Private. Lass uns Auseinandersetzungen nicht scheuen, wo es um dich und dein Reich geht. *AV*

18 MONTAG *Helena, Kaisermutter; Klaudia, Äbtissin; Rainald von Ravenna, Bischof; Agapitus, Märtyrer*

Ri 2,11–19 / Ps 106,34–37.39–40.43–44 / Mt 19,16–22
Liedimpuls: GL 275,1.4

AUS DEM EVANGELIUM Wenn du vollkommen sein willst, geh, verkauf deinen Besitz und gib das Geld den Armen; so wirst du einen bleibenden Schatz im Himmel haben; dann komm und folge mir nach. *Mt 19,21*

GEDANKEN ZUM TAG Ich stelle mir das gerade vor: Ein Mensch, mit einem ansehnlichen Vermögen, verkauft wirklich alles und folgt Jesus nach. Das ist so unglaublich mutig! Wir wissen, dass Jesus seinen Jüngerinnen und Jüngern irgendwann nicht mehr körperlich beistand, sie aber dennoch weiter von ihm in der ganzen Welt erzählt haben. Aber was ging in dem jungen Mann vor, was hat er wohl gedacht, was „nach" Jesus mit ihm passiert. Ich kann verstehen, wenn er erst einmal gezögert hat und gründlich nachdenken musste. *Magdalena Vering (MV)*

GEBET Jesus Christus, schwere Entscheidungen zu treffen kennen wir alle sehr gut. Du hast in deinem Leben auch manche Entscheidung treffen oder hinnehmen müssen. Danke für all das, was du für uns, dein Volk, entschieden und angenommen hast. *MV*

19 DIENSTAG *Johannes Eudes, Ordensgründer; Sebald; Caritas Pirckheimer OSCl; Ezequiel Moreno, Bischof*

Ri 6,11–24a / Ps 85,9.11–14 / Mt 19,23–30
Liedimpuls: GL 370,1.2

AUS DEM EVANGELIUM Amen, das sage ich euch: Ein Reicher wird nur schwer in das Himmelreich kommen. Eher geht ein Kamel durch ein Nadelöhr, als dass ein Reicher in das Reich Gottes gelangt. *Mt 19,23–24*

GEDANKEN ZUM TAG Am Anfang steht nicht meine Leistung, am Anfang steht Gottes Güte. Er beschenkt uns zuerst, alles, was wir tun, ist Antwort darauf. Gott schenkt uns mehr, als wir zu hoffen wagen. Das letzte Wort hat Gott. Öffnen wir uns seinem Wort auch heute. *Wolfgang Winkelmann (WW)*

GEBET Herr, gib uns ein Herz, das dich in allem und über alles liebt, damit wir den Reichtum deiner Verheißungen erlangen, der alles übersteigt, was wir ersehnen. *WW*

20 MITTWOCH *Bernhard von Clairvaux OCist, Mystiker; Oswin, König; Hugo OCist; Burchard, Bischof*

Ri 9,6–15 / Ps 21,2–7 / Mt 20,1–16a
Liedimpuls: GL 362,1

AUS DEM EVANGELIUM So werden die Letzten die Ersten sein. *Mt 20,16*

GEDANKEN ZUM TAG Jesus lebt uns vor, dass wir alle Menschen gleichermaßen wertschätzen sollten, unabhängig von irgendwelchen Maßstäben. In Gottes Reich gibt es keine Rangordnungen, seine Liebe richtet sich nach keinem Status. *Anna Keusgen (AK)*

GEBET Gott, hilf uns, uns frei zu machen von Maßstäben oder Vorurteilen, sodass wir die Würde jedes Menschen gleichermaßen anerkennen. *AK*

21 DONNERSTAG *Pius X., Papst; Gratia OCist, Märtyrin; Balduin OCist, Abt*

Ri 11,29–39a / Ps 40,2.4ab.7–10 / Mt 22,1–14
Liedimpuls: GL 554,1

AUS DEM EVANGELIUM Geht also hinaus auf die Straßen und ladet alle, die ihr trefft, zur Hochzeit ein. *Mt 22,9*

GEDANKEN ZUM TAG Ein „Danke" an den lieben Gott! Mir geht's ziemlich gut im Leben, und da vergesse ich schon mal, ein „Danke" an den lieben Gott zu schicken. Aber es geht auch andersherum, und ich bin sehr dankbar für die Momente, in denen sich Gott bei mir meldet! *Willi Weitzel*

GEBET Jesus, du lädst uns ein. Lass uns nicht abweisend sein, sondern dankbar! *Constantin Micheel*

22 FREITAG *Maria Königin (Regina); Sigfrid OSB; Maurus, Märtyrer*

Rut 1,1.3–6.14b–16.22 / Ps 146,2.5–10 / Mt 22,34–40
Liedimpuls: GL 536,1.3.5

AUS DEM EVANGELIUM Du sollst den Herrn, deinen Gott, lieben mit ganzem Herzen, mit ganzer Seele und mit all deinen Gedanken. Das ist das wichtigste und erste Gebot. Ebenso wichtig ist das zweite: Du sollst deinen Nächsten lieben wie dich selbst. *Mt 22,37–39*

GEDANKEN ZUM TAG Einfacher gesagt als getan, seinen Nächsten zu lieben wie sich selbst. Die Latte dieser Forderung liegt hoch. Sie zu erreichen ist sehr schwierig, weil Jesus, so wie ich es verstehe, die konkrete und radikale Umsetzung fordert. Und damit vielleicht sogar überfordert. Wie wäre es denn, heute mal mit dem Satz zu starten: „Du sollst gegenüber deinem Nächsten achtsam sein!" Hilf ihm, wenn er Hilfe braucht. Tröste ihn, wenn er Trost braucht. Sei bei ihm, wenn er allein ist. Kleine Geste, große Wirkung! *Markus Ende (ME)*

GEBET Herr, lass uns unseren Nächsten, so oft wie wir können, würdigend, wohlwollend und wertschätzend begegnen. *ME*

23 SAMSTAG *Rosa von Lima OSD, Mystikerin; Richildis, Reklusin*

Rut 2,1–3.8–11; 4,13–17 / Ps 128,1–5 / Mt 23,1–12
Liedimpuls: GL 543

AUS DEM EVANGELIUM Der Größte von euch soll euer Diener sein. *Mt 23,11*

GEDANKEN ZUM TAG Rosa von Lima (†1617 mit 31 Jahren) zeigte, wie das geht, den unteren Weg zu gehen: Sie verzichtete auf eine Heirat und ging gegen den Willen der Eltern zu den Dominikanerinnen. Ihre tägliche Speise waren nur ein paar Körnchen des Granatapfels, sie lebte ganz vom Empfang des eucharistischen Brotes. Sie ging im Dienst an den Armen auf, missionierte die Indios und wurde so zur Patronin von ganz Südamerika. Das größte Denkmal in Peru steht in Lima und zeigt ihre Gestalt. *Willi Hoffsümmer (WH)*

GEBET Herr, die Heiligen haben gezeigt, was Glaube vermag. Hilf auch uns, das, was wir von der Botschaft deines Sohnes verstanden haben, in unserer Umgebung weiterzusagen. Und mehr noch: auszustrahlen. *WH*

24 SONNTAG 21. So. im Jahreskreis

Bartholomäus, Apostel; Isolde OSB; Jeanne-Antide Thouret, Ordensgründerin; Karl von Borango SJ

Jes 66,18–21 / Ps 117,1.2 / Hebr 12,5–7.11–13 / Lk 13,22–30

Liedimpuls: GL 435

AUS DEM EVANGELIUM Bemüht euch mit allen Kräften, durch die enge Tür zu gelangen. *Lk 13,24*

GEDANKEN ZUM TAG Ist das Himmelreich durch Casting zu erreichen? Die enge Tür ist kein Bild der Selektion. Der Schlüssel für das Öffnen der Tür liegt darin, das Leben, Reden und Handeln Jesu im eigenen Leben und Glauben zu entfalten. Da stoße ich an Grenzen. Und es ist tröstlich, dass Jesus keine Vorgaben einfordert oder das Gelingen von Aufgaben vorschreibt, sondern zum Bemühen mit allen Kräften ermutigt! Die Tür ist zwar eng, aber nicht verschlossen! Und es wird, Gott sei Dank, anders sein, als sich das eine kümmerliche, unzureichende Fantasie ausmalt. Gott castet keine Superstars, die für kurze Zeit glänzen. Er will das Heil und Glück der Menschen, die sich redlich und rechtschaffen einsetzen. Dabei geht er so weit, dass die letzten noch eine reelle Chance erhalten, zu den ersten zu gehören. *Reinhard Hentschel*

GEBET Ich lege mein Leben in deine beschützenden und segnenden Hände. Mache daraus, was dir gefällt. Ich vertraue dir. *Annegret Kokschal*

25 MONTAG *Josef von Calasanz SP; Ludwig IX. von Frankreich; Elvira von Périgord, Märtyrin*

1 Thess 1,1–5.8b–10 / Ps 149,1–6a.9b / Mt 23,13–22
Liedimpuls: GL 657,6

AUS DEM EVANGELIUM Weh euch, ihr Schriftgelehrten und Pharisäer, ihr Heuchler! Ihr verschließt den Menschen das Himmelreich. Ihr selbst geht nicht hinein; aber ihr lasst auch die nicht hinein, die hineingehen wollen. *Mt 23,13*

GEDANKEN ZUM TAG Die Mentalität, selbst überheblich moralische Standards gegen andere festzulegen und ihnen den richtigen Weg oder ihre sexuelle Orientierung abzusprechen ist immer noch weitverbreitet. Jesus hat nachweislich anders geurteilt und gehandelt. Er hat die „Ehebrecherin“ vor der Steinigung gerettet … *Albert Biesinger*

GEBET Gott, vergib uns, wenn wir anderen Menschen Wege zu dir erschweren oder verbauen. Gib uns Geisteskraft, uns zu ändern und die Weite deiner Liebe zu erschließen. *Albert Biesinger*

26 DIENSTAG *Gregor von Utrecht OSB, Abt; Teresa Jornet (Teresia von Jesus) OSCl*

1 Thess 2,1–8 / Ps 139,1–7 / Mt 23,23–26
Liedimpuls: GL 423

AUS DEM ANTWORTPSALM Ob ich gehe oder ruhe, es ist dir bekannt; du bist vertraut mit all meinen Wegen. *Ps 139,3*

GEDANKEN ZUM TAG Als Teresa Jornet im 19. Jh. die „Kongregation der kleinen Schwestern für die verlassenen Alten" ins Leben rief, wird sie vielen der ihr Anvertrauten genau das vermittelt haben: Liebe für das Leben in all seinen jederzeit von Gott begleiteten Facetten. Vermitteln wir das auch heute noch den älteren Menschen unserer Gesellschaft? Gehen wir so mit ihnen um, dass sie spüren dürfen, wie sehr all ihre Wege vom Herrn begleitet waren und sind? *Caroline v. Ketteler (CvK)*

GEBET Schöpfergott, schenke den alt und müde Gewordenen die Gewissheit deiner Gegenwart und lass sie so in tiefstem Vertrauen Ruhe finden am Ende ihres Weges in dir. *CvK*

27 MITTWOCH *Monika, Mutter des hl. Augustinus; Cäsarius von Arles, Bischof; Gebhard, Bischof*

1 Thess 2,9–13 / Ps 139,7–12 / Mt 23,27–32
Liedimpuls: GL 497,2

AUS DEM EVANGELIUM Ihr seid wie die Gräber, die außen weiß angestrichen sind und schön aussehen; innen aber sind sie voll Knochen, Schmutz und Verwesung. *Mt 23,27*

GEDANKEN ZUM TAG Jesus hat Freundschaft gerade mit Außenseitern gepflegt. Toleranz gegenüber denen zu üben, die anders sind als wir. Das hat Jesus vorgelebt, gerade denen zu helfen, die hilflos sind und am Rande stehen. *Jutta Richter*

GEBET Lass uns nicht nur strahlend und äußerlich sein, sondern wahrhaftig! *Constantin Micheel*

28 DONNERSTAG *Augustinus, Bischof von Hippo, Kirchenvater; Elmar von Lüttich, Bischof; Adelinde, Äbtissin*

1 Thess 3,7–13 / Ps 90,3–4.12–14.17 / Mt 24,42–51

Liedimpuls: GL 622

AUS DEM EVANGELIUM Selig der Knecht, den der Herr damit beschäftigt findet, wenn er kommt! *Mt 24,46*

GEDANKEN ZUM TAG Gott will, dass wir arbeiten. Die Bibel hat viele Hinweise dazu. So soll jemand, der nicht arbeitet, auch nicht essen. Eine rechte Lebensweise ist es zu arbeiten. Wer das nicht mehr kann, kann immer noch beten. Auch das kann Arbeit sein. Die Bibel sagt, man solle sich sogar von einem Bruder, der untätig ist, fernhalten. An Gott während der Arbeit zu denken, ist köstlich, ihn in jeden Handgriff mit einzubeziehen und um Hilfe zu bitten, macht die Arbeit süß. Arbeit verhindert schlechte Gedanken. Gott hat sich das ausgedacht, er selber hat uns mit seinen Händen geschaffen und er wirkt (arbeitet) auch heute noch. Deshalb sollen wir das auch tun. Wenn ich mir bei der Arbeit vorstelle, Gott schaut zu, verändert das meine Art zu arbeiten und es ist gesegnet. *Daisy v. Arnim (DvA)*

GEBET Gott sei heute bei meinem Tun. Ich befehle dir meine Werke an. Hilf mir, fleißig zu sein, und schenk mir einen guten Mut und Kraft! *DvA*

29 FREITAG Enthauptung Johannes' des Täufers

Sabina, Märtyrin; Verona, Nonne; Theodora von Thessaloniki, Nonne
1 Thess 4,1–8 / Ps 97,1–2.5–6.8.10–12 / Mk 6,17–29
Liedimpuls: GL 384,2

AUS DER LESUNG Denn Gott hat uns nicht dazu berufen, unrein zu leben, sondern heilig zu sein. *1 Thess 4,7*

GEDANKEN ZUM TAG Dienen heißt, nicht die eigenen Interessen in den Vordergrund zu stellen; sich von dem Gift der Habsucht und des Wettkampfs zu befreien; das Krebsgeschwür der Gleichgültigkeit und den Stachel der Selbstbezogenheit zu bekämpfen. Fragen wir uns konkret: „Was tue ich für andere?" Das heißt lieben. Leben wir die alltäglichen Dinge im Geiste des Dienens, mit Liebe und ohne Aufsehen, ohne etwas zu fordern. […] Heiligkeit besteht nicht aus ein paar heroischen Gesten, sondern aus viel täglicher Liebe, vielleicht ein wenig zuzuhören, ein wenig Zeit zu haben, einen Anruf zu tätigen. *Papst Franziskus*

GEBET Wenn Sorgen und Leid kommen, hilf mir, sie zu tragen. Lass mich dich erkennen, an dich glauben und dir dienen. *John Henry Newman*

30 SAMSTAG *Heribert von Köln, Bischof; Ingeborg, Königin; Felix, Märtyrer*
1 Thess 4,9–11 / Ps 98,1.7–9 / Mt 25,14–30
Liedimpuls: GL 457

AUS DEM EVANGELIUM Wer hat, dem wird gegeben, und er wird im Überfluss haben; wer aber nicht hat, dem wird auch noch weggenommen, was er hat. *Mt 25,29*

GEDANKEN ZUM TAG Wenn Gott unerwartet von uns Rechenschaft fordert, urteilt er danach, wer mit seinen Talenten gearbeitet und wer seine Talente bloß ängstlich „gebunkert" hatte. Der Lohn unserer Mühe aber ist Gott selbst. *Manfred Becker-Huberti (MBH)*

GEBET Vater im Himmel, du hast uns mit verschiedenen Fähigkeiten begabt. Lass uns erkennen, dass wir gefordert sind, an der Vollendung des Gottesreiches mitzuarbeiten. *MBH*

31 SONNTAG 22. So. im Jahreskreis
Paulinus von Trier, Bischof; Raimundus Nonnatus, Mercedarier; Wala OSB, Abt
Sir 3,17–18.20.28–29 / Ps 68,4–5b.6–7.10–11 / Hebr 12,18–19.22–24a / Lk 14,1.7–14
Liedimpuls: GL 292

AUS DER LESUNG Je größer du bist, umso mehr demütige dich und du wirst vor dem Herrn Gnade finden! *Sir 3,18*

GEDANKEN ZUM TAG Wenn ich diese Worte lese, denke ich an so viele Menschen aus der Geschichte der Christen, die dies gelebt haben. Zuerst Maria, die in ihrem Lobpreis singt: „Auf die Niedrigkeit deiner Magd hast du geschaut." Danach folgten ihr so viele andere. Fast könnte man meinen, der Weisheitslehrer Jesus Sirach, aber auch Jesus im Lukasevangelium ermuntern uns, bescheiden zu bleiben, damit man auf uns aufmerksam wird. Aber das ist gar nicht nötig. Ich denke, der Text geht tiefer. Wir sind schon gesehen von dem, dessen Aufmerksamkeit einzig zählt. Die liebenden Augen des Vaters ruhen auf uns. Deshalb können wir auch in dieser Liebe ruhen. Wir müssen nichts machen und tun und uns und anderen beweisen. Schon gar nicht vor Gott. Aber was oft nottut, ist, dass wir uns bewusst machen: Du bist da. Du willst mich. Du bist hier und ich bin in deiner Gegenwart. Dann bekommt unser Sprechen zu ihm eine ganz neue Qualität. Dann wird aus dem Reden oft ein Staunen und Stillwerden, das in Dankbarkeit mündet. Du umfasst mich mit deiner Liebe, du, der alle in seiner Hand hält, du siehst und liebst mich. Was für eine Freude. *Eva Maria Nielsen (EMN)*

GEBET Ich komme, um bei dir zu sein. Du umgibst mich von allen Seiten. Du hältst mich und jeden Menschen in deiner Hand. Ich danke dir. *EMN*

1 MONTAG *Rut, Ahnfrau Jesu; Ägidius, Abt; Verena, Einsiedlerin; Aloys Scholze, Pfarrer († im KZ)*

1 Thess 4,13–18 / Ps 96,1.3–5.11–13 / Lk 4,16–30
Liedimpuls: GL 437,1–2

AUS DEM EVANGELIUM Der Geist des Herrn ruht auf mir; denn der Herr hat mich gesalbt. Er hat mich gesandt, damit ich den Armen eine gute Nachricht bringe; damit ich den Gefangenen die Entlassung verkünde und den Blinden das Augenlicht. *Lk 4,18*

GEDANKEN ZUM TAG Viele Legenden ranken sich um das Leben der hl. Verena, die viel Gutes getan und Menschen geheilt haben soll. Blinden zum Sehen zu verhelfen, auch ihren Blick zu weiten, damit sie Gott erkennen können – was für eine wunderbare Gabe! *Ute Herrmann-Lange (UHL)*

GEBET Guter Gott, ich möchte wie Verena deine Botschaft weitergeben und Menschen den Blick für dich öffnen – damit sie frei werden und neue Perspektiven sehen. *UHL*

2 DIENSTAG *Ingrid OP, Priorin; Apollinaris Morel OFMCap, Märtyrer; Franz Urban, Märtyrer*

1 Thess 5,1–6.9–11 / Ps 27,1.4.13–14 / Lk 4,31–37
Liedimpuls: GL 387,8

AUS DER LESUNG Ihr alle seid Söhne des Lichts und Söhne des Tages. Wir gehören nicht der Nacht und nicht der Finsternis. *1 Thess 5,5*

GEDANKEN ZUM TAG Welch wunderbare Worte schenkt uns der Apostel Paulus im obigen Vers: Wir sind Kinder des Lichtes! Wer sich zu Gott bekennt und mit ihm lebt, braucht keine Angst zu haben. Er ist zwar nicht vor dunklen Momenten gefeit, aber genau in solchen Erfahrungen dürfen wir wissen, dass Gott uns seine Gegenwart zusichert! *Marco Richtscheid (MR)*

GEBET Allmächtiger Gott, danke, dass ich ein Kind des Lichtes sein darf und dass du mir immer wieder helle Momente in meinem Leben schenken willst. *MR*

3 MITTWOCH *Gregor der Große, Papst; Sophie von Minden, Märtyrin*

Kol 1,1–8 / Ps 52,10–11 / Lk 4,38–44
Liedimpuls: GL 359,1.4

AUS DEM EVANGELIUM Jesus beugte sich über sie und befahl dem Fieber zu weichen. Da wich es von ihr, und sie stand sofort auf. *Lk 4,39*

GEDANKEN ZUM TAG Der Glaube an Gott gibt einem Zuversicht, wenn man nicht mehr weiterweiß. Und er hilft ungemein bei der Frage: Wie kann ich ein guter Mensch sein – oder wie kann ich einer werden? *ChrisTine Urspruch*

GEBET Ich will jetzt ganz da sein, mit offenen Ohren und weitem Herzen. Ganz da sein – vor dir. *Ursula Schäfer*

4 DONNERSTAG *Suitbert, Bischof; Rosalia, Einsiedlerin; Ida von Herzfeld; Irmgard von Süchteln, Wohltäterin*

Kol 1,9–14 / Ps 98,2–6 / Lk 5,1–11
Liedimpuls: GL 140,3

AUS DEM EVANGELIUM Doch wenn du es sagst, werde ich die Netze auswerfen. *Lk 5,5*

GEDANKEN ZUM TAG Heute denken wir besonders an die hl. Ida von Herzfeld. Sie wird in Westfalen hochverehrt. Und sie gilt vor allem als Schutzpatronin der Schwangeren, Armen und Schwachen. Denken wir daher auch an alle Mütter und Väter, die sich auf die Geburt ihres Kindes vorbereiten! *MM*

GEBET Heilige Ida, bitte für uns! *Anrufung*

5

FREITAG *Roswitha von Gandersheim, Chorfrau; Maria Theresia von Wüllenweber, Ordensgründerin; Mutter Teresa MC*
Kol 1,15–20 / Ps 100,2–5 / Lk 5,33–39
Liedimpuls: GL 354

AUS DER LESUNG Denn Gott wollte mit seiner ganzen Fülle in ihm wohnen, um durch ihn alles zu versöhnen. *Kol 1,19–20*

GEDANKEN ZUM TAG Wie unbegreiflich ist das doch: Gott ist in Christus Mensch geworden, um uns zu versöhnen. Das kann unser Geist kaum fassen. Aber jedes Mal, wenn wir die Christmette und das österliche Triduum feiern, geht unser Herz auf für dieses unbegreifliche Geheimnis und es wird plötzlich ganz klar und spürbar. *Maria Aßhauer (MA)*

GEBET Herr, seinem Verstand zu trauen, ist meist ratsam. Aber lass uns mehr und mehr auch zu (Herzens-)Menschen werden. *MA*

6

SAMSTAG *Magnus OSB, Apostel des Allgäus; Theobald OFM; Gundolf von Metz, Bischof*
Kol 1,21–23 / Ps 54,3–4.6.8 / Lk 6,1–5
Liedimpuls: GL 103

AUS DEM EVANGELIUM Und Jesus fügte hinzu: Der Menschensohn ist Herr über den Sabbat. *Lk 6,5*

GEDANKEN ZUM TAG Um den Sabbat entsprechend der Weisung Gottes zu halten, wurden zahlreiche neue Gebote erlassen, wurde ein schützender „Zaun" um das (Sabbat-)Gesetz errichtet. Es wurde so viel geregelt, insbesondere verboten, dass der Mensch aus dem Blick geriet. Der Ruhetag (Gottes), ist für den Menschen da. Jesus, der Menschensohn, weiß das und handelt danach. Er hat das Wohlergehen und Heil der Menschen im Blick. *Thomas Throenle (TT)*

GEBET Guter und treuer Schöpfer-Gott, hilf uns, deine Gebote zu halten. Hilf uns zu erkennen: Der Sabbat/Sonntag ist für uns Menschen da. Wir danken dir: Du kommst uns entgegen – nicht nur am Sabbat/Sonntag. *TT*

7 SONNTAG 23. So. im Jahreskreis

Stephan Pongrácz, Märtyrer; Otto OCist, Abt; Dieterich, Bischof; Regina, Märtyrin
Weish 9,13–19 / Ps 90,3–6.12–14.17 / Phlm 9b–10.12–17 / Lk 14,25–33
Liedimpuls: GL 618

AUS DEM EVANGELIUM Wer nicht sein Kreuz trägt und hinter mir hergeht, der kann nicht mein Jünger sein. *Lk 14,27*

GEDANKEN ZUM TAG Jesus leidet und stirbt „mit ausgebreiteten Armen". Von Anfang an haben die Christen in diesen am Kreuz ausgebreiteten Armen die Geste einer „Umarmung" erkannt: Jesus stirbt nicht für sich, er leidet und stirbt mit uns und für uns [...]. Im Bewusstsein um die eigenen Fehler, Schwächen und das eigene Versagen stehen wir anders an der Seite der Entrechteten und Leidenden – das bewahrt vor Überheblichkeit, Selbstgerechtigkeit, Pharisäertum: Der Ton wird ein anderer, mit dem ich spreche. Die Haltung ist eine andere, in der ich mich solidarisiere. Die Geste ist eine andere, mit der ich den Finger in die Wunde lege. Im Wissen um meine Schwäche stelle ich mich an die Seite der Schwachen! […] In den ausgebreiteten Armen Jesu am Kreuz erkenne ich nicht nur meinen Platz an der Seite der Leidenden. Ich erkenne darin auch die ausgebreiteten Arme der Versöhnung, die Jesus mir in meiner Schuld entgegenstreckt: Für unsere Sünden ist Jesus gestorben, um uns mit Gott zu versöhnen! All das verdichtet sich um die neunte Stunde auf Golgota – das zu verinnerlichen, darum geht es, wenn wir das Kreuz in unsere Mitte tragen und verehren. *Udo Markus Bentz*

GEBET „Die Kreuze im Leben des Menschen sind wie die Kreuze in der Musik: Sie erhöhen." So hat es Ludwig van Beethoven gesagt. Lass uns immer tiefer erkennen, Herr, dass in deinem Kreuz und Leiden unsere Erhöhung längst begonnen hat. *MM*

8 MONTAG Mariä Geburt

Sergius I., Papst; Adrian, Märtyrer
Mi 5,1–4a od. Röm 8,28–30 / Ps 13,6 / Mt 1,1–16.18–23
Liedimpuls: GL 531,1

AUS DER LESUNG Sein Ursprung liegt in ferner Vorzeit, in längst vergangenen Tagen. Darum gibt der Herr sie preis, bis die Gebärende einen Sohn geboren hat. *Mi 5,1–2*

GEDANKEN ZUM TAG Als Auserwählte Gottes von Ewigkeit her konnte Maria Mutter aller Lebenden werden. Mit der Geburt Mariens begann eine neue Zeit. Denn aus ihr ging hervor die „Sonne der Gerechtigkeit", Jesus Christus. *Michael Machalke (MiM)*

GEBET Herr, erfülle uns mit Freude am Geburtsfest Mariens, denn sie ist die Morgenröte des Heiles und das Zeichen der Hoffnung für die ganze Welt. *MiM*

9 DIENSTAG *Petrus Claver SJ; Friedrich Ozanam, Gründer; Audomar (Otmar) OSB, Missionsbischof*

Kol 2,6–15 / Ps 145,1–2.8–11 / Lk 6,12–19
Liedimpuls: GL 481,5

AUS DEM EVANGELIUM Jesus verbrachte die ganze Nacht im Gebet zu Gott. Als es Tag wurde, rief er seine Jünger zu sich und wählte aus ihnen zwölf aus. *Lk 6,12–13*

GEDANKEN ZUM TAG Vermutlich bin ich kein Apostel, aber fühle ich Gottes Ruf und das Wirken von Christus in meinem Leben? Erkenne ich, dass Christus mich gebraucht und einen Zweck für mich hat? *Johannes Schäfers (JS)*

GEBET Gott, lass mich still sein. Einen erfüllten Moment der Stille und der Erkenntnis. Und des Mutes: Ich bin da für dich. Du bist da für mich. *JS*

10 MITTWOCH *Nikolaus von Tolentino OSA; Pulcheria, Kaiserin; Theodard, Bischof*

Kol 3,1–11 / Ps 145,2–3.10–13b / Lk 6,20–26
Liedimpuls: GL 651,8

AUS DEM EVANGELIUM Selig, ihr Armen, denn euch gehört das Reich Gottes. Selig, die ihr jetzt hungert, denn ihr werdet satt werden. *Lk 6,20–21*

GEDANKEN ZUM TAG Ich denke immer wieder gern an unsere Sozialprojekte in unserer Pfarrgemeinde im Berliner Südosten. Da geben die, die können, denen, die nicht können und oft nichts haben und nicht wissen, wie sie den nächsten Tag überstehen. Eigentlich Fälle, die jeder zum Sozialamt schickt. Geht aber nicht. Paragraphenschlamassel. Da müssen einfache Lösungen her, kein Beamtentisch. Und dann die Freude bei unkomplizierter Hilfe. Da ist schon etwas vom „Reich Gottes" in den Gesichtern der Bedürftigen. Denn das Reich Gottes, das ist nicht nur die Vertröstung irgendwann einmal, sondern hier und jetzt. Kann ich selbst was tun, das Reich Gottes hier aufzubauen? *Mathias Laminski (ML)*

GEBET Gott, du mich antreibender Gott, schenke mir immer die Unruhe, das Reich Gottes hier auf Erden mitaufzubauen. *ML*

11

DONNERSTAG *Ludwig IV. von Thüringen, Landgraf; Maternus, Bischof; Johann Gabriel Perboyre CM*
Kol 3,12–17 / Ps 150,1–6 / Lk 6,27–38
Liedimpuls: GL 464,1–2

AUS DER LESUNG Ihr seid von Gott geliebt. Darum bekleidet euch mit aufrichtigem Erbarmen, mit Güte, Demut, Milde, Geduld! *Kol 3,12*

GEDANKEN ZUM TAG Der Mensch, der es unternimmt, andere zu bessern, verschwendet Zeit, wenn er nicht bei sich selbst beginnt. *Ignatius v. Loyola*

GEBET Ich bin, weil du, Gott, mich liebst! Und weil das nicht nur für mich gilt, sondern für jeden, der mir begegnet, sollte mir nichts bleiben, als demütig zu werden: mich selbst zurückzunehmen, mich nicht über den anderen zu stellen, meine Schwächen und meine Vergänglichkeit anzuerkennen und mir und dem anderen zu erlauben, so zu sein, wie wir sind. – weil du uns genau so liebst! *Caroline v. Ketteler*

12

FREITAG *Mariä Namen (Marion); Guido, Küster; Degenhard, Einsiedler*
1 Tim 1,1–2.12–14 / Ps 16,1–2.5.7–9.11 / Lk 6,39–42
Liedimpuls: GL 521

AUS DEM EVANGELIUM In jener Zeit wurde der Engel Gabriel von Gott in eine Stadt in Galiläa namens Nazaret zu einer Jungfrau gesandt. Sie war mit einem Mann namens Josef verlobt, der aus dem Haus David stammte. Der Name der Jungfrau war Maria. *Lk 1,26–27*

GEDANKEN ZUM TAG Wir feiern das Fest Mariä Namen. Viele feiern heute noch ihren Namenstag, weil sie den Namen der Frau tragen, die sich Gott ausgewählt hat. Maria, die Frau aus Nazaret, deren Leben sich so verändert, nachdem Gott sich in ihrem Leben mit einer ganz besonderen Bitte, einem ganz besonderen Auftrag gezeigt hat: Maria, du wirst vom Heiligen Geist erfüllt, du wirst Gottes Sohn zur Welt bringen. Eine besondere Frau, die zur Muttergottes wird. Sie schafft eine Verbindung zwischen Himmel und Erde. Durch die Höhen und Tiefen in ihrem Leben ist sie uns Menschen nah. Und ihr Name, den so viele Frauen und auch Männer tragen, drückt diese Verbindung in besonderer Weise aus. *Ursula Altehenger (UA)*

GEBET Guter Gott, du hast dir Maria ausgesucht. Sie hat Ja gesagt und deinen Sohn zur Welt gebracht. Wir danken dir für Maria. Sie ist uns Schwester im Glauben und Vertraute in allem, was uns Menschen bewegt. *UA*

13 SAMSTAG *Johannes Chrysostomus, Kirchenvater; Notburga, Magd; Tobias u. Tobit*

1 Tim 1,15–17 / Ps 113,1–5a.6–7 / Lk 6,43–49
Liedimpuls: GL 450

AUS DEM EVANGELIUM Wer aber hört und nicht danach handelt, ist wie ein Mann, der sein Haus ohne Fundament auf die Erde baute. *Lk 6,49*

GEDANKEN ZUM TAG Jesu Worte geben uns Beständigkeit in unserem Leben. Der Glaube an ihn macht uns in den Stürmen unseres Lebens standhaft. *Anna Keusgen (AK)*

GEBET Herr, möge mein Glaube zu dir auch in den Stürmen des Lebens standhaft sein. *AK*

14 SONNTAG Kreuzerhöhung

Conan O'Rourke OCist, Märtyrer; Kreszenz, Märtyrer; Albert von Jerusalem, Bischof
Num 21,4–9 / Ps78,1–2.34–38b.39 / Phil 2,6–11 / Joh 3,13–17
Liedimpuls: GL 294

AUS DEM EVANGELIUM Denn Gott hat die Welt so sehr geliebt, dass er seinen einzigen Sohn hingab, damit jeder, der an ihn glaubt, nicht verloren geht, sondern ewiges Leben hat. *Joh 3,16*

GEDANKEN ZUM TAG Das Kreuz offenbart den tiefsten Abgrund menschlicher Gewalt. Auf eindringliche Weise mahnt uns das Kreuz, dass auch heute Menschen, in dieser Minute, an unzähligen Orten der Welt, das einander antun, das erleiden, was Jesus Christus am Holze des Kreuzes auf Golgota erlitten hat: in den Krisen- und Kriegsgebieten unserer Erde, in unseren Städten und Dörfern, in unseren Familien und Beziehungen. Und zugleich offenbart uns das Kreuz die ultimative Liebe Gottes zu den Menschen, die über den Tod hinausreicht. Im Kreuz erfahren wir die mitleidende Solidarität Gottes mit den Menschen, die keine Grenzen kennt. Der Schweizer Theologe Hans Urs von Balthasar bringt es auf den Punkt, wenn er formuliert: „Das Kreuz ist der Ernstfall der Liebe." Wer an die Botschaft des Kreuzes glaubt, der resigniert nicht am Zustand der Welt, an Sinnlosigkeit, Leid und Tod. Denn Jesus, der für uns am Kreuz die Qual der Gottverlassenheit durchlitt und starb, ist auferstanden. Das Leben hat gesiegt! *Julian Heese (JH)*

GEBET Gekreuzigter Christus, wir danken dir, dass du uns durch deinen Tod am Kreuz erlöst hast. Gib uns die Kraft, die Kreuze unseres Lebens zu tragen. *JH*

15 MONTAG Schmerzen Mariens

Dolores; Melitta, Märtyrin; Ludmilla, Herzogin; Roland, Einsiedler; Avia Marschner OSB
1 Tim 2,1–8 / Ps 28,1ab.2.7–9 / Joh 19,25–27 od. Lk 2,33–35
Liedimpuls: GL 532

AUS DEM EVANGELIUM Dir selbst aber wird ein Schwert durch die Seele dringen. *Lk 2,35*

GEDANKEN ZUM TAG Das Bild des „Schwertes in der Seele" ist mit dem sogenannten „Stich im Herzen" vergleichbar. Herz und Seele sind Zentrum der Liebe und des Lebens. Es ist ein Ort, in dem ich Wertvolles berge – gleich einem Schutzraum. Dort befinden sich Menschen, mit denen ich in Liebe verbunden bin. Um diese Menschen sorge ich mich im Sinne einer Fürsorge. Ich möchte, dass es ihnen gut geht. Um sie sorge ich mich im Sinne einer Angst. Es ist wie ein Stich mitten in das Herz, wenn jemand z. B. ernsthaft erkrankt oder sogar stirbt. Auch Maria bleibt in der Begleitung ihres Sohnes nicht verschont. Sinnbildlich dafür steht die Pietà in unseren Kirchen: Maria hält ihren toten Sohn in den Armen. An diesem Ort werden Kerzen entzündet mit der Bitte „O Maria, hilf". Es ist der Ort, an dem ich mich selbst getragen wissen darf. Maria stellt sich an meine Seite als verständnisvolle Weggefährtin und Trösterin. *Stephan Mockenhaupt*

GEBET Allmächtiger Gott, du hast der Mutter Jesu die Kraft verliehen, unter dem Kreuz zu stehen und das Leiden ihres Sohnes zu teilen. Hilf uns, täglich unser Kreuz anzunehmen, damit wir auch an der Auferstehung unseres Herrn Jesus Christus teilhaben, der in der Einheit des Heiligen Geistes mit dir lebt und herrscht in alle Ewigkeit. *Tagesgebet*

16

DIENSTAG *Kornelius, Papst; Cyprian von Karthago, Bischof, Märtyrer; Edith von Wilton, Äbtissin*

1 Tim 3,1–13 / Ps 101,1–6 / Lk 7,11–17

Liedimpuls: GL 380,6.7

AUS DER LESUNG Denn wer seinen Dienst gut versieht, erlangt einen hohen Rang und große Zuversicht im Glauben an Christus Jesus. *1 Tim 3,13*

GEDANKEN ZUM TAG Welche Fähigkeiten muss man besitzen, um einen Dienst für andere zu übernehmen? Welche Charaktereigenschaften sollte man haben? Leiten können und den Blick für die Menschen zu haben, die einem anvertraut sind, stehen sicher an erster Stelle. Die eigene Kraft, die man dazu benötigt, um selber nicht an der Aufgabe zu zerbrechen, ist ebenso wichtig. Wenn ich für jemanden etwas tun will, muss ich beide Aspekte im Blick behalten. *Alexia Rebbe (AR)*

GEBET Guter Gott, wir bitten um deinen Segen für diejenigen, die sich für deine Kirche engagieren. Wir beten um Mut, für dein Wort einzustehen. Wir beten um Klarheit, die richtigen Entscheidungen zu treffen. Und wir beten um Geduld, auch schwierige Situationen auszuhalten. *AR*

17 MITTWOCH *Hildegard von Bingen OSB, Mystikerin; Robert Bellarmin SJ; Anton Maria Schwartz COp*

1 Tim 3,14–16 / Ps 111,1–6 / Lk 7,31–35
Liedimpuls: GL 547

AUS DEM ANTWORTPSALM Groß sind die Werke des Herrn, kostbar allen, die sich an ihnen freuen. *Ps 111,2*

GEDANKEN ZUM TAG Die hl. Hildegard, die wohl bedeutendste Frau Deutschlands (†1179), erkannte die Werke des Herrn (Ps 111,2): Zu ihrem Kräutergärtlein kamen die Ärmsten, um sich Arzneien zu holen. Sie erkannte die Heilkraft der Natur bis in die

Mineralien hinein; erforschte in Fischteichen die Gesetze der Natur; sie schrieb Lieder, tanzte mit ihren Mitschwestern, zog durch ganz Deutschland und nahm Einfluss auf die Politik, ja diktierte ihre Visionen. *Willi Hoffsümmer (WH)*

GEBET Herr, vielen Männern wäre es auch heute noch recht, wenn sich die weibliche Hälfte des Landes an die paulinische Empfehlung hielte: „Die Frau soll schweigen." Hilf der Kirche, die letzte Chance noch zu ergreifen, die Frauen bis in die höchsten Berufe hinein als gleichberechtigt anzusehen. *WH*

18 DONNERSTAG *Richardis, Kaiserin; Lambert, Bischof*

1 Tim 4,12–16 / Ps 111,7–10 / Lk 7,36–50
Liedimpuls: GL 459

AUS DEM EVANGELIUM Du hast mir nicht das Haar mit Öl gesalbt; sie aber hat mir mit ihrem wohlriechenden Öl die Füße gesalbt. *Lk 7,46*

GEDANKEN ZUM TAG Wie pharisäerleicht ist es, den Stab zu brechen; sicherlich ist der andere noch schlimmer als ich, ein noch größerer Sünder. Jesus kehrt diese Logik um und hält uns den Spiegel hin: Sieh da, die Sünderin hat begriffen, was Reuemut und Umkehr heißt. *Christoph Westemeyer (ChW)*

GEBET Zeige du uns, guter Gott, den nahen Punkt, an dem wir anfangen können umzukehren. Schon den ersten Schritt zu gehen, sind wir oft allein nicht fähig. Öffne unser Herz und unsere Sinne für deine Weisung. *ChW*

19 FREITAG *Januarius, Bischof; Theodor von Canterbury, Erzbischof; Igor von Kiew, Großfürst*
1 Tim 6,3b–12 / Ps 49,6–9.17–20 / Lk 8,1–3
Liedimpuls: GL 142,2

AUS DEM EVANGELIUM In jener Zeit wanderte Jesus von Stadt zu Stadt und von Dorf zu Dorf und verkündete das Evangelium vom Reich Gottes. *Lk 8,1*

GEDANKEN ZUM TAG Einer geht treu mit. Wir nehmen Maß an seinem Schritt und können den Aufbruch und den Weg wagen. *Georg Austen*

GEBET Bleib bei uns, lass uns nicht allein. *Constantin Micheel*

20 SAMSTAG *Andreas Kim Taegon, Märtyrer; Warin OSB; Eustachius, Märtyrer*
1 Tim 6,13–16 / Ps 100,2–5 / Lk 8,4–15
Liedimpuls: GL 448,1

AUS DEM EVANGELIUM Wer Ohren hat zum Hören, der höre! *Lk 8,8*

GEDANKEN ZUM TAG Gott hat uns zwei Ohren und nur einen Mund gegeben. Wir sollten vielleicht weniger reden und mehr auf das hören, was uns zugesprochen wird, „Hörer des Wortes" sein. Das schützt vor Abstumpfung und auch vor Überheblichkeit. Also, hören wir genau hin! *MM*

GEBET Lass uns Hörende sein, Herr, ruhiger werden, aufmerksamer – und auf deine Stimme hören! *MM*

21

SONNTAG 25. So. im Jahreskreis
Matthäus, Apostel, Evangelist; Debora, Prophetin; Jona, Prophet
Am 8,4–7 / Ps 113,1–2.4–9 / 1 Tim 2,1–8 / Lk 16,1–13
Liedimpuls: GL 272

AUS DEM EVANGELIUM Ihr könnt nicht Gott dienen und dem Mammon. *Lk 16,13*

GEDANKEN ZUM TAG Die große Gefahr der Welt von heute mit ihrem vielfältigen und erdrückenden Konsumangebot ist eine individualistische Traurigkeit, die aus einem bequemen, begehrlichen Herzen hervorgeht, aus der krankhaften Suche nach oberflächlichen Vergnügungen, aus einer abgeschotteten Geisteshaltung. Wenn das innere Leben sich in den eigenen Interessen verschließt, gibt es keinen Raum mehr für die anderen, finden die Armen keinen Einlass mehr, hört man nicht mehr die Stimme Gottes, genießt man nicht mehr die innige Freude über seine Liebe, regt sich nicht die Begeisterung, das Gute zu tun. Auch die Gläubigen laufen nachweislich und fortwährend diese Gefahr. Viele erliegen ihr und werden zu gereizten, unzufriedenen, empfindungslosen Menschen. Das ist nicht die Wahl eines würdigen und erfüllten Lebens, das ist nicht Gottes Wille für uns, das ist nicht das Leben im Geist, das aus dem Herzen des auferstandenen Christus hervorsprudelt. *Papst Franziskus*

GEBET Herr, ich bitte dich, lass mich immer öfter und deutlicher genau im Moment, direkt in der Gegenwart spüren, dass du da bist und mich begleitest!
Ursula Schäfer

22 MONTAG Herbstanfang

Mauritius (Moritz), Märtyrer; Emmeran, Bischof; Landelin, Einsiedler
Esra 1,1–6 / Ps 126,1–6 / Lk 8,16–18
Liedimpuls: GL 452

AUS DEM EVANGELIUM Niemand zündet ein Licht an und deckt es mit einem Gefäß zu, sondern man stellt das Licht auf den Leuchter, damit alle es leuchten sehen. *Lk 8,16*

GEDANKEN ZUM TAG Der Glaube kommt vom Hören. Doch er ist keine Privatsache, die im Inneren verborgen bleiben soll. Er soll sichtbar sein, Licht und Wegweiser für alle. *Margret Keusgen (MK)*

GEBET Jesus, hilf mir, mitzubauen an deinem Reich. Lass meinen Glauben auf die Fürsprache des hl. Mauritius leuchtend und ansteckend sein. *MK*

23 DIENSTAG *Linus, Papst; Thekla, Märtyrin; Rotrud OSB; Pio da Pietrelcina (Padre Pio) OFMCap*

Esra 6,7–8.12b.14–20 / Ps 122,1–5 / Lk 8,19–21
Liedimpuls: GL 286

AUS DER LESUNG Lasst die Arbeit am Gotteshaus weitergehen! *Esra 6,7*

GEDANKEN ZUM TAG Die jüdische Gemeinde baut nach dem Exil den Tempel wieder auf. Manchmal bin ich auch im Exil, lebe mein Leben, ohne mich an die Nähe des himmlischen Vaters zu erinnern. Da weiß ich: Auch ich sollte mein inneres Gotteshaus wieder aufbauen. Denn er ist immer da, um mich zu umfangen. *Eva Maria Nielsen*

GEBET Von allen Seiten umgibst du mich, Herr, und hältst deine Hand über mir. Wohin könnte ich gehen, vor dir zu fliehen. *Nach Ps 139,5.7*

24 MITTWOCH *Rupert, Bischof; Virgil OSB, Bischof; Gerhard OSB, Bischof; Hermann der Lahme OSB*

Esra 9,5–9 / Tob 13,2–5.8 / Lk 9,1–6
Liedimpuls: GL 456,1

AUS DEM EVANGELIUM In jener Zeit rief Jesus die Zwölf zu sich und gab ihnen die Kraft und die Vollmacht, alle Dämonen auszutreiben und die Kranken gesund zu machen. Und er sandte sie aus mit dem Auftrag, das Reich Gottes zu verkünden und zu heilen. *Lk 9,1–2*

GEDANKEN ZUM TAG Entscheidender Wendepunkt für Israel war die Zeit Jesu. Gott hat den Sohn gesandt, aber Israel nahm ihn nicht an. So gründet Jesus das Neue Volk, sendet die Zwölf aus, den Menschen das Evangelium zu verkünden. *Wolfgang Winkelmann (WW)*

GEBET Herr, wer an dich glaubt, glaubt an die Liebe. Lass deinen Heiligen Geist in uns wirken und aus unseren Worten und Taten sprechen. Lass uns durch unsere Liebe der Welt deine Nähe verkünden. *WW*

25 DONNERSTAG *Nikolaus von Flüe, Einsiedler; Wigger OPraem, Bischof; Firmius von Amiens, Märtyrer*

Hag 1,1–8 / Ps 149,1–6a.9b / Lk 9,7–9
Liedimpuls: GL 357,1.2

AUS DEM EVANGELIUM Wer ist dann dieser Mann, von dem man mir solche Dinge erzählt? *Lk 9,9*

GEDANKEN ZUM TAG Muss uns nicht auch heute noch dieser Christus faszinieren, der aus dem „einfachen Volk stammend" für seine Zeitgenossen aus dem Nichts auftauchte und in wenigen Jahren durch seine Überzeugungskraft eine große Anhängerschaft erwarb? Anhänger, die sich auch durch dessen schmählichen Tod am Kreuz nicht haben irritieren lassen, mit ihrer Begeisterung viele angesteckt und den Grundstein dafür gelegt haben, dass Christi Botschaft heute das Leben Hunderter Millionen Menschen prägt. *Heinz Paus*

GEBET Mein Herr und mein Gott, nimm alles von mir, was mich hindert zu dir. Mein Herr und mein Gott, gib alles mir, was mich führet zu dir. *Nikolaus von Flüe*

26 FREITAG *Kosmas und Damian; Kaspar Stanggassinger CSsR; Thérèse Couderc, Ordensgründerin*

Hag 1,15b – 2,9 / Ps 43,1–2b.3–4 / Lk 9,18–22
Liedimpuls: GL 259,2

AUS DEM EVANGELIUM Ihr aber, für wen haltet ihr mich? *Lk 9,20*

GEDANKEN ZUM TAG Der Theologe Paul Tillich sprach von der „Macht des Neuen Seins", vom „Sieg der Neuen Wirklichkeit", die mit dem Tod und mit der Auferstehung Jesu in die Welt kam. Wer sich davon ergreifen lässt, verlässt sein Gefängnis der Angst. Und wer ist dieser Jesus Christus nun für dich? *MM*

GEBET Jesus, ich vertraue auf dich. *MM*

27 SAMSTAG *Vinzenz von Paul CM, Ordensgründer; Hiltrud, Reklusin; Dietrich von Naumburg*

Sach 2,5–9.14–15a / Jer 31,10–12b.13 / Lk 9,43b–45
Liedimpuls: GL 433,2

AUS DEM EVANGELIUM Doch die Jünger verstanden den Sinn seiner Worte nicht; er blieb ihnen verborgen, sodass sie ihn nicht begriffen. *Lk 9,45*

GEDANKEN ZUM TAG Oft verstehen wir den Anruf Gottes nicht, weil wir zu sehr mit unseren eigenen Gedanken, Versponnenheiten und Karrierefantasien beschäftigt sind. Aber Gott spricht zu uns: in der Stille, durch die Not der anderen, durch die Schönheit der Welt. Wir müssen nur genau hinhören. *MM*

GEBET Ich versuche nicht, Herr, deine Tiefe zu durchdringen, weil mein Geist dieser in gar keiner Weise gewachsen ist; aber ein wenig möchte ich deine Wahrheit verstehen, die mein Herz glaubt und liebt. *Anselm von Canterbury*

28 SONNTAG 26. So. im Jahreskreis

Lioba, Äbtissin; Wenzel, Herzog u. Märtyrer; Thekla, Äbtissin; Lorenzo Ruiz, Märtyrer

Am 6,1a.4–7 / Ps 146,6–10 / 1 Tim 6,11–16 / Lk 16,19–31
Liedimpuls: GL 273,3.4

AUS DEM EVANGELIUM Abraham erwiderte: Mein Kind, erinnere dich daran, dass du schon zu Lebzeiten deine Wohltaten erhalten hast, Lazarus dagegen nur Schlechtes. *Lk 16,25*

GEDANKEN ZUM TAG Jesus will hinweisen auf die Gefahren, die reiche Menschen eher in die Hölle bringen als arme. Welche sind das? Da ist z. B. die Gefahr der Illusion von Sicherheit und Selbstverständlichkeit. Man fragt nicht mehr: Woher kommt mein Reichtum? Auf wessen Kosten mag er gehen? Ist alles verdient? Wer nicht vergisst, wie viel Mühe und Arbeit in jedem noch so kleinen Vermögen stecken, der hat Respekt vor Arbeit und Lebensleistung. Der wird nicht so schnell blind und wird sich ein Gefühl bewahren für Menschen, denen das Schwerverdiente genommen wird oder die trotz schwerer Arbeit nichts verdienen. Aber Geld macht eben nicht nur glücklich. Es kann auch blind machen. Reichtum blendet nicht nur die Reichen – auch die Armen. Das Gefühl, das Vorurteil, lässt uns, die wir nicht reich sind, nicht los: Wer sein Geld mit vollen Händen ausgeben kann, sorgenfrei in der Sonne lebt, der sei glücklich, beneidenswert. Aber vielleicht ist dieser Mensch längst im Strudel von Abhängigkeit und Gier, im Sog des „immer mehr"! Oder im Kreislauf der Langeweile. Geld macht wohl glücklicher – aber paradoxerweise kann man Glück nicht kaufen. Es stellt sich ein bei Armen und bei Reichen, es fällt zu, man bekommt es geschenkt. *Joachim Göbel*

GEBET Herr, ich bringe dir die Bruchstücke des heutigen Tages und vertraue darauf, dass du zusammenfügen und vollenden wirst. *Annegret Kokschal*

29 MONTAG Hll. Erzengel Michael, Gabriel u. Rafael, Michaelistag
Johannes von Dukla OFM
Dan 7,9–10.13–14 od. Offb 12,7–12a / Ps 138,1–5 / Joh 1,47–51
Liedimpuls: GL 540

AUS DEM ANTWORTPSALM Ich will dir danken aus ganzem Herzen, dir vor den Engeln singen und spielen. *Ps 138,1*

GEDANKEN ZUM TAG Heute am Tag der heiligen drei Erzengel möchten wir an deren besonderen göttlichen Botendienst erinnern. Sind es doch diese drei, die mit der Übermittlung der jeweiligen göttlichen Beschlüsse die christliche Gemeinschaft erst erwachsen und somit unter dem Schutz Gottes nachhaltig miteinander verbunden haben. *Dennis Lewandowski*

GEBET Guter Gott, am Tag unserer Erzengel danken wir dir für deinen Schutz, den du uns Gläubige insbesondere durch deine Boten gesendet hast. *Dennis Lewandowski*

30 DIENSTAG *Hieronymus, Kirchenlehrer; Urs und Viktor, Märtyrer; Sophie, Märtyrin*
Sach 8,20–23 / Ps 87,2–5.7 / Lk 9,51–56
Liedimpuls: GL 554,1

AUS DEM ANTWORTPSALM Der Herr liebt Zion, seine Gründung auf heiligen Bergen; mehr als all seine Stätten in Jakob liebt er die Tore Zions. *Ps 87,2*

GEDANKEN ZUM TAG Wer schon einmal vor den Toren Jerusalems gestanden hat, hat eine Ahnung für die Erhabenheit des Wohnsitzes, den der Gott der Israeliten sich nach alttestamentlicher Überlieferung erwählt hat. Das Heilige Land und mit ihm Jerusalem waren schon so oft umkämpft. Hier zeigt sich, wie zerbrechlich und wertvoll Frieden ist. *Maria Aßhauer (MA)*

GEBET Jesus, du bist der Friedensfürst. Mach uns immer wieder auf Neue bereit und fähig, den Frieden untereinander zu suchen. *MA*

1 MITTWOCH *Thérèse von Lisieux OCD, Mystikerin; Remigius, Bischof; Giselbert; Werner OPraem*

Neh 2,1–8 / Ps 137,1–6 / Lk 9,57–62
Liedimpuls: GL 424,1

AUS DEM EVANGELIUM Die Füchse haben ihre Höhlen und die Vögel ihre Nester; der Menschensohn aber hat keinen Ort, wo er sein Haupt hinlegen kann. *Lk 9,58*

GEDANKEN ZUM TAG Nest hat der Vogel, der Fuchs seinen Bau, / Schnecke ihr Haus auf dem Rücken, / Jesus hat nichts als den Himmel so blau, / kann doch mit Leben beglücken. // Jedem, der glaubt, was sein Wort verheißt, / schenkt er sein Leben und seinen Geist. *Nikolai Frederik Severin Grundtvig*

GEBET Mein Leben ist wie ein Augenblick, der vergeht, wie ein Tag, der verfliegt. Mein Gott, du weißt, um dich auf der Erde zu lieben, habe ich nur das Heute. *Thérèse von Lisieux*

2 DONNERSTAG Hll. Schutzengel

Petrus, Hermann und Jakob OCist, Märtyrer; Ursicin OSB, Abtbischof; Beregis, Kanoniker
Neh 8,1–4a.5–6.7b–12 / Ps 19,8–10 / Mt 18,1–5.10
Liedimpuls: GL 439,6–7

AUS DEM EVANGELIUM Wer so klein sein kann wie dieses Kind, der ist im Himmelreich der Größte. *Mt 18,4*

GEDANKEN ZUM TAG Der Aufruf Jesu, so klein zu werden wie die Kinder, bedeutet, dass uns etwas erneut klar werden soll: Als Kinder Gottes sind wir unendlich geliebt. Keine Errungenschaften in dieser Welt lassen uns größer und wichtiger werden als wir es als Kinder Gottes sind. *Jessica Bohn*

GEBET Engel Gottes, du bist mein Schutz. Ich vertraue mich dir an, schütze und leite mich. Komm mir immer zu Hilfe und bringe vor Gott meine Bitten. *Franz Xaver*

3 FREITAG Tag der Deutschen Einheit

Ewald, Märtyrer; Utto (Udo) von Metten OSB, Abt; Irmgard OCist; Leodegar OSB, Abtbischof
Bar 1,15–22 / Ps 79,1–5.8–9 / Lk 10,13–16
Liedimpuls: GL 457,1.3

AUS DEM EVANGELIUM Wer euch ablehnt, der lehnt mich ab; wer aber mich ablehnt, der lehnt den ab, der mich gesandt hat. *Lk 10,16*

GEDANKEN ZUM TAG Neues kann verunsichern. Ob das Neue wirklich gelingt? Ob es gut ist? Hätte Gott in der Schöpfung gezögert, was wäre wohl daraus geworden? Wer Neues wagt, kann Wunder erleben. *Sebastian Schwertfeger (SeS)*

GEBET Herr, schenke mir den Mut, offen für Neues zu sein. *SeS*

4 SAMSTAG *Franziskus von Assisi, Ordensgründer; Aurea OSB, Äbtissin, Franz Xaver Seelos CSsR*

Bar 4,5–12.27–29 / Ps 69,33–37 / Lk 10,17–24
Liedimpuls: GL 559

AUS DEM ANTWORTPSALM Himmel und Erde sollen Gott rühmen, die Meere und was sich in ihnen regt. *Ps 69,35*

GEDANKEN ZUM TAG „Wie eine Sonne ging Franziskus in der Welt auf!“, schrieb der große Dichter Dante. Ja, sein großartiges Verhältnis zur Natur kann auch jetzt noch die Menschheit wachrütteln, den Ast nicht abzusägen, auf dem sie sitzt: die Umwelt. Im Sonnengesang, Weltliteratur, besingt Franziskus die göttliche Schöpfung. *Willi Hoffsümmer (WH)*

GEBET Herr, Franziskus baute auch zerfallene Kirchen auf und erneuerte die reiche Kirche durch seine Armutsbewegung von innen heraus. Gib auch den Christen im Westen Europas eine neue Chance. *WH*

5 SONNTAG 27. So. im Jahreskreis, Erntedank

Meinolf von Paderborn, Klostergründer; Anna Schäffer, Dulderin; Maria Faustina Kowalska, Mystikerin

Hab 1,2–3; 2,2–4 / Ps 95,1–2.6–9 / 2 Tim 1,6–8.13–14 / Lk 17,5–10

Liedimpuls: GL 468,3

AUS DEM EVANGELIUM Wenn ihr Glauben hättet wie ein Senfkorn, würdet ihr zu diesem Maulbeerbaum sagen: Entwurzle dich und verpflanz dich ins Meer! und er würde euch gehorchen. *Lk 17,6*

GEDANKEN ZUM TAG In Antoine de Saint-Exupérys Buch „Der kleine Prinz“ gibt es eine berühmte Stelle. Die Menschen, so der Kleine Prinz, suchten die Erfüllung ihres Lebens in aufwendigen Dingen und mit schwerem Gepäck, Autos, Sport und Reisen – im

Haben, nicht im Sein, aber sie fänden sie nicht. Und der Kleine Prinz fügt dann den legendären Satz hinzu: „Und doch kann man das, was man sucht, in einer einzigen Rose oder in einem Schluck Wasser finden. Die Augen aber sind blind. Man muss mit dem Herzen suchen." Dieser Satz kann ein guter Begleiter in unserem Leben sein: Was lässt mich überhaupt leben? Was ist mir wichtig, was geht mir zu Herzen? Aus welchen Quellen kann ich schöpfen? Glaube ich an die Kraft des kleinen Senfkorns, das dem Maulbeerbaum sagen kann: „Verpflanz dich ins Meer"? Kann ich selbst den Sprung in die Untiefen meines eigenen Meeres wagen, in die Tiefen meiner Seele? Oder laufe ich lieber der Meinung der Leute hinterher, dem berüchtigten „Man", von dem Martin Heidegger sprach? Und: Was ist eigentlich meine größte Sehnsucht? Was wünsche ich mir mehr als alles andere auf der Welt? Was gibt mir Lebenstiefe? Öffnet mein Glaube mir das Weite und die Tiefe des Meeres? *Matthias Micheel (MM)*

GEBET Gib mir, Herr, nicht Gold und Silber, sondern einen festen Glauben. *Martin Luther*

6 MONTAG Quatemberwoche

Bruno der Kartäuser, Ordensstifter; Adalbero, Bischof; Renatus, Bischof; Romanus, Bischof
Jona 1,1 – 2,1.11 / Jona 2,3–6.8.10 / Lk 10,25–37
Liedimpuls: GL 446

AUS DEM EVANGELIUM Und wer ist mein Nächster? *Lk 10,29*

GEDANKEN ZUM TAG Auf die Frage des Gesetzeslehrers antwortet Jesus mit dem Gleichnis vom barmherzigen Samariter. Welch eine Provokation, denn nicht der Priester oder der Levit (Tempeldiener), vielmehr der Samariter („Heide“) setzt das biblische Gebot der Nächstenliebe um. Es wird deutlich: Der Nächste ist jener Mensch, der deiner Hilfe bedarf. Ihm bist du der Nächste, auf dein Sehen und Handeln kommt es an. *Thomas Throenle (TT)*

GEBET Herr, öffne meine Augen, mache mich sehend und mitfühlend. Lass nicht zu, dass ich blind und herzlos an meinem Nächsten vorbeigehe. Lass mich im Nächsten dich erkennen. Schenke An-Sehen. *TT*

7 DIENSTAG *Unsere Liebe Frau vom Rosenkranz, Justina von Padua, Märtyrin; Georg OFMCap*

Jona 3,1–10 / Ps 130,1–7a.8 / Lk 10,38–42; Lesung zum Mariengedenktag: Apg 1,12–14
Liedimpuls: GL 521,5

AUS DER LESUNG Sie alle verharrten dort einmütig im Gebet. *Apg 1,14*

GEDANKEN ZUM TAG Sich zum Gebet versammeln. Das tun am heutigen Tage, im Monat Oktober und das ganze Jahr hindurch viele Menschen mit dem Rosenkranz. „Handfestes Beten“ ist das dann. Perlen zwischen den Fingern begleiten mich, wenn ich auf die Perlen unseres Glaubens schaue: die heilbringenden Geschehnisse im Leben Jesu und Mariens. Biblisches Betrachten und meditierendes Beten gehen ineinander über. Nicht eintönig muss das sein und langweilig, sondern immer neue Begegnung mit dem Lebensgeheimnis Jesu Christi. Wäre das nicht einen Versuch wert? *Gerhard Best (GB)*

GEBET Gegrüßet seist du, Maria, voll der Gnade, der Herr ist mit dir. Du bist gebenedeit unter den

Frauen und gebenedeit ist die Frucht deines Leibes, Jesus, der bei uns ist, wenn zwei oder drei in seinem Namen versammelt sind. *Ave Maria/GB*

8 MITTWOCH *Gunther OSB, Bischof; Demetrius von Saloniki, Märtyrer*

Jona 3,10b; 4,1–11 / Ps 86,3–6.9–10 / Lk 11,1–4
Liedimpuls: GL 280

AUS DEM EVANGELIUM Herr, lehre uns beten. *Lk 11,1*

GEDANKEN ZUM TAG Jeden Tag beten wir in der Familie vor dem Schlafengehen das Vaterunser. Unser kleiner Sohn spricht in Teilen schon mit. Wir schauen auf den Tag zurück und denken über Personen und Situationen nach. Da ist es gut, das Vaterunser als Halt und Mitte unseres gemeinsamen Gebets zur Seite zu haben. *Martin Papke (MPa)*

GEBET Guter Gott, ich glaube fest daran, dass ich meine eigenen Verfehlungen im Gebet zu betrachten habe. Gib mir ein wachsames Auge, meine Fehler zu sehen, um sie vor dich zu bringen. Vergib unsere Schuld! *MPa*

9 DONNERSTAG *Johannes Leonardi, Priester; Dionysius von Paris; José Sanz Tejedor FSC, Märtyrer*

Mal 3,13–20a / Ps 1,1–4.6 / Lk 11,5–13
Liedimpuls: GL 274

AUS DEM EVANGELIUM Bittet, dann wird euch gegeben; sucht, dann werdet ihr finden; klopft an, dann wird euch geöffnet. *Lk 11,9*

GEDANKEN ZUM TAG „Was erwarten wir, wenn wir verzweifeln und doch noch zu einem Menschen gehn? Wohl eine Gegenwärtigkeit, durch die uns gesagt wird, dass es ihn dennoch gibt, den Sinn", so hat es der große Martin Buber gesagt. Es liegt (mit) an uns, dass die Menschen nicht verzweifeln und den Sinn ihres Lebens entdecken. *MM*

GEBET Herr, dich suche ich. Mein Leben lang. *MM*

10

FREITAG *Viktor von Xanten, Märtyrer; Gereon, Märtyrer; Daniele Comboni MCCJ*
Joel 1,13–15; 2,1–2 / Ps 9,2–3.6.16.8–9 / Lk 11,14–26
Liedimpuls: GL 216,2

AUS DEM EVANGELIUM Als der Dämon den Stummen verlassen hatte, konnte der Mann reden. Alle Leute staunten. *Lk 11,14*

GEDANKEN ZUM TAG Täglich neu müssen wir gegen die „dämonischen" und chaotischen Kräfte in uns ankämpfen und sie vor Gott bringen, damit er sie verwandelt und unsere Krankheit heilt. *MM*

GEBET Bleibe bei uns, Herr, und verlass uns nicht. *MM*

11

SAMSTAG *Bruno I. von Köln, Erzbischof; Johannes XXIII., Papst; Maria Soledad, Ordensgründerin*
Joel 4,12–21 / Ps 97,1–2.5–6.11–12 / Lk 11,27–28
Liedimpuls: GL 458

AUS DEM EVANGELIUM Jesus aber erwiderte: Selig sind vielmehr die, die das Wort Gottes hören und es befolgen. *Lk 11,28*

GEDANKEN ZUM TAG Seligkeit ist keine formale Auszeichnung oder ein Privileg. Wer selig sein will, der lässt sich vom Wort Gottes inspirieren und durch das Leben leiten. Wer's glaubt, wird selig. Wer's tut, ist selig. *Julian Heese (JH)*

GEBET Menschenfreundlicher Gott, öffne unsere Ohren, damit wir achtsam für dein Wort in dieser Zeit werden und dir nachfolgen. *JH*

12 SONNTAG 28. So. im Jahreskreis

Bernhard von Kamenz, Bischof; Maximilian, Märtyrer; Edwin, König; Jakob Rem SJ
2 Kön 5,14–17 / Ps 98,1.2–4 / 2 Tim 2,8–13 / Lk 17,11–19
Liedimpuls: GL 382

AUS DEM EVANGELIUM Dein Glaube hat dich gerettet. *Lk 17,19*

GEDANKEN ZUM TAG Gott hat die Rettung der Welt an das gebunden, was er mit Abraham begonnen hat. Israel und die Kirche sind Gottes Werkzeug zum Heil aller Menschen. Und ich ahne, was das heißt: Wir selbst als Kirche brauchen die Zusage Jesu und seine mitfühlende Nähe. Von uns, den Glaubenden, verlangt die Jüngerschaft nämlich viel, ein Bekenntnis, das sich in unserem ganzen Leben buchstabiert. Als Minderheit werden wir zunehmend darauf angewiesen sein, dass man uns einlädt, unseren Argumenten zuhört, mit uns zu kooperieren bereit ist in den vielen herausfordernden gesellschaftlichen Fragen, die nach Lösungen rufen. Als Einzelne und als Kirche haben wir uns längst noch nicht an diese Situation gewöhnt und die nötige Bescheidenheit gelernt. Da ist es gut, Gesprächspartnern zu begegnen, die zuhörend, mitfühlend und Trost spendend unsere Anliegen aufnehmen und unterstützen. Es hilft zu wissen, dass sich der Menschensohn auch mit uns heute identifiziert – und anderen ihre Menschlichkeit lohnt. Ja: „Das Evangelium wird von denen ganz verstanden, die es wirklich brauchen" (Fulbert Steffensky). *Georg Bätzing*

GEBET Herr, mein Gott, ich will mich immer wieder an Momente erinnern, in denen ich deine Gegenwart besonders deutlich spüren durfte. *Ursula Schäfer*

13 MONTAG *Eduard der Bekenner, engl. König; Koloman, Pilger; Lubentius, Priester*

Röm 1,1–7 / Ps 98,1–4 / Lk 11,29–32
Liedimpuls: GL 455,1–2

AUS DER LESUNG Paulus, Knecht Christi Jesu, berufen zum Apostel, auserwählt, das Evangelium Gottes zu verkündigen. *Röm 1,1*

GEDANKEN ZUM TAG Wenn ich statt „Paulus" meinen Namen einsetzen würde: „XY, Knecht/Magd Christi Jesu" – verstehe ich mich so? Berufen – zu was? Auserwählt – wozu? Wie verstehe ich mein Christsein? In welcher Art und Weise verkündige ich das Evangelium Gottes? *Alexandra Völzke (AV)*

GEBET Herr, du hast mich berufen und auserwählt, dir nachzufolgen. Danke für diese Ehre. Lass mich immer mehr erkennen, wie du mich gedacht hast. Lass mich werden, wer ich bin. *AV*

14 DIENSTAG *Kallistus I., Papst; Burkhard OSB, Bischof; Alan, Bischof*

Röm 1,16–25 / Ps 19,2–5b / Lk 11,37–41
Liedimpuls: GL 615,1.4

AUS DEM EVANGELIUM Ihr haltet zwar Becher und Teller außen sauber, innen aber seid ihr voll Raubgier und Bosheit. *Lk 11,39*

GEDANKEN ZUM TAG Der Philosoph Karl Löwith (1897–1973), der vor den Nazis fliehen musste, hat davon gesprochen, dass es eigentlich keinen „christlichen Gentleman" geben könnte. Der smarte, „nach außen saubere", weltgewandte Christ sei ein Widerspruch in sich. Ein Christ ist für ihn ein Nachfolger. *MM*

GEBET Schenke uns Herr, ein Herz, das Großes will, wie Papst Franziskus sagt. *MM*

15 MITTWOCH *Teresa von Ávila OCD, Mystikerin, Kirchenlehrerin; Aurelia, Reklusin; Willa, Reklusin*

Röm 2,1–11 / Ps 62,2–3.6–9 / Lk 11,42–46
Liedimpuls: GL 416,1.2

AUS DER LESUNG Denn worin du den andern richtest, darin verurteilst du dich selber, da du, der Richtende, dasselbe tust. *Röm 2,1*

GEDANKEN ZUM TAG Wer kennt es nicht? Jemanden aufgrund der Kleidung, der Haare, des Verhaltens, der Figur etc. zu beurteilen, vielleicht sogar zu richten. Direkt entsteht im Kopf ein Bild des Menschen und dieser wird abgehakt, mit ihm wollen wir nur geringfügig zu tun haben. Jedes Mal, wenn ich darüber nachdenke, muss ich mir selbst an die eigene Nase packen – ich kann gut ein Urteil über andere fällen. Aber ich versuche dennoch offen zu bleiben und den Menschen nicht direkt für mich „abzuschreiben“. Denn jeder Mensch kann irgendwas besser als ich und davon kann ich etwas lernen. *Magdalena Vering (MV)*

GEBET Gott, du weißt, wie schwer es uns manchmal fällt, immer voll Liebe und Akzeptanz anderen gegenüber zu sein. Das geht einfach nicht immer. Schenke uns aber immer wieder kleine Erkenntnislichter, damit wir sehen, dass es doch geht. Amen. *MV*

16 DONNERSTAG *Hedwig von Schlesien, Herzogin; Gallus, Glaubensbote; Marguerite-Marie Alacoque OVM*

Röm 3,21–30a / Ps 130,1–6b / Lk 11,47–54
Liedimpuls: GL 389,4.5

AUS DEM EVANGELIUM Sie haben die Propheten umgebracht, ihr errichtet ihnen Bauten. *Lk 11,48*

GEDANKEN ZUM TAG Für die hl. Herzogin Hedwig galt: „Man muss Gegensätze durch Gegensätze heilen“, d. h. den Hass durch die Liebe. So diente sie besonders den Armen und Kranken. In allen Menschen und Dingen ehrte sie den anwesenden Schöpfer. Am 15. Oktober 1243 starb sie. *MM*

GEBET Guter Gott, du hast die hl. Hedwig zu einer Botin des Friedens gemacht. Lass auch uns Boten der Versöhnung und des guten Miteinanders sein. *MM*

17 FREITAG *Ignatius von Antiochia, Bischof, Märtyrer; Anselm von Wien OFM, Priester*

Röm 4,1–8 / Ps 32,1–2.5.10–11 / Lk 12,1–7
Liedimpuls: GL 282

AUS DER LESUNG Denn die Schrift sagt: Abraham glaubte Gott, und das wurde ihm als Gerechtigkeit angerechnet. *Röm 4,3*

GEDANKEN ZUM TAG Was für ein Text. Nicht das, was ich bin oder tue, wird mir als Gerechtigkeit angerechnet, sondern mein Glaube. Dass ich diesem liebenden Vatergott glaube und mich vertrauensvoll in seinen Armen berge wie ein Kind, das weiß: Du liebst mich, auch dann, wenn ich versagt habe. Denn du bist mein Vater. *Eva Maria Nielsen*

GEBET Gott, Vater, ich glaube, hilf meinem Unglauben. *Nach Mk 9,24*

18 SAMSTAG Hl. Evangelist Lukas

Petrus von Alcantara, Ordenspriester
2 Tim 4,10–17b / Ps 145,10–13b.17–18 / Lk 10,1–9
Liedimpuls: GL 425

AUS DEM EVANGELIUM Die Ernte ist groß, aber es gibt nur wenige Arbeiter. Bittet also den Herrn der Ernte, Arbeiter für seine Ernte auszusenden. Geht! Ich sende euch wie Schafe mitten unter die Wölfe. *Lk 10,2–3*

GEDANKEN ZUM TAG Manchmal denke ich tatsächlich, Jesus würde mich wie ein Schaf unter die Wölfe senden, hier in dieser lauten, oft aggressiven, so unerträglich lauten Stadt Berlin. Lohnt es sich eigentlich, hier von Gott zu erzählen?! Dumme Frage. Ja, es lohnt. Gerade hier. Fast täglich kann ich Erfahrungen sammeln, dass es sich lohnt, da zu sein, die Kirche weit aufzuhalten, empfangsbereit zu sein. Nicht immer einfach, aber es lohnt. „Das Reich Gottes ist nahe", sagt Jesus weiter im heutigen Evangelium. *Mathias Laminski (ML)*

GEBET Herr schenke mir die Freude, am Aufbau des Reiches Gottes mitzubauen. Wenn es sein muss, heute. Ja, bitte heute schon. *ML*

19 SONNTAG 29. So. im Jahreskreis

Isaak Jogues SJ, Märtyrer; Paul vom Kreuz CP, Ordensgründer; Jean de Brébeuf SJ, Märtyrer

Ex 17,8–13 / Ps 121,1–8 / 2 Tim 3,14 – 4,2 / Lk 18,1–8

Liedimpuls: GL 368,5

AUS DEM EVANGELIUM In jener Zeit sagte Jesus seinen Jüngern durch ein Gleichnis, dass sie allezeit beten und darin nicht nachlassen sollten. *Lk 18,1*

GEDANKEN ZUM TAG Beten Sie gern? Wie viel beten Sie am Tag? Ist Gott darüber „glücklich" oder könnte es mehr sein? Was hindert Sie daran, mehr zu beten? Stoßgebete, Psalmen, vorgefertigte Gebete und freie Gebet zeugen von einer Gottesbeziehung. Vieles um uns herum scheint wichtiger oder lenkt uns ab vom Gebet. Jesus ruft im heutigen Evangelium zu einem ständigen Gebet auf. Dies kann sich in unserem Alltag etablieren. Mitten im Tun und Ruhen den Herrgott hinzuholen und sich seiner Nähe bewusst werden, kann dadurch auch zu einem Gebet werden. Und wer im Gebet lebt, der erfährt ganz viele sichtbare und unsichtbare Gnaden, wie es schon viele große Beter erfahren haben. *Marco Richtscheid (MR)*

GEBET Barmherziger Gott, gib uns Mut und Freude, gern in deiner Gegenwart sein zu wollen. Lass das

Gebet zu einer Kraftquelle für uns werden, jeden Tag aufs Neue. *MR*

20 MONTAG *Wendelin, Abt; Vitalis OSB, Bischof; Maria Bertilla Boscardin; Jakob Franz OPraem*

Röm 4,20–25 / Lk 1,68–75 / Lk 12,13–21
Liedimpuls: GL 395,2

AUS DEM EVANGELIUM Denn der Sinn des Lebens besteht nicht darin, dass ein Mensch aufgrund seines großen Vermögens im Überfluss lebt. *Lk 12,15*

GEDANKEN ZUM TAG Was brauche ich denn wirklich zum Leben, und ab wann wird aus „Genug" – „Viel", aus „Viel" – „Zu viel" und aus „Zu viel" gar „Überfluss"? *Caroline v. Ketteler (CvK)*

GEBET Gott, schenke mir ein Gespür für maßvollen Besitz. Lass mich sehen, wo mein Leben im Überfluss einem anderen die Würde oder gar das Leben vorenthält oder nimmt. Spätestens dann gib mir den Mut und die Kraft zu handeln! *CvK*

21 DIENSTAG *Ursula, Verena, Clementine, Märtyrinnen; Himana von Looz OCist, Äbtissin*

Röm 5,12.15b.17–19.20b–21 / Ps 40,7–10.17 / Lk 12,35–38
Liedimpuls: GL 454

AUS DEM EVANGELIUM Seid wie Menschen, die auf die Rückkehr ihres Herrn warten, der auf einer Hochzeit ist, und die ihm öffnen, sobald er kommt und anklopft. *Lk 12,36*

GEDANKEN ZUM TAG Hellwach waren die hl. Ursula und ihre Freundinnen, als sie auf der Rückkehr ihrer Pilgerreise in Köln ankamen. Sie standen für ihren Glauben ein bis zum Tod, um das unzerstörbare Leben zu gewinnen. *Margret Keusgen (MK)*

GEBET Herr Jesus Christus, lass in uns die Sehnsucht nach deinem Kommen wachsen und mach uns bereit, mit dir das große Fest des Lebens zu feiern. *MK*

22 MITTWOCH *Contardo Ferrini, Jurist; Kordula, Märtyrin; Johannes Paul II., Papst*

Röm 6,12–18 / Ps 124,1–8 / Lk 12,39–48
Liedimpuls: GL 257,4.6

AUS DEM EVANGELIUM Haltet auch ihr euch bereit! Denn der Menschensohn kommt zu einer Stunde, in der ihr es nicht erwartet. *Lk 12,40*

GEDANKEN ZUM TAG Wie gehe ich mit meiner Zeit um? Was ist mir wirklich wichtig? Lernen, bereit zu sein, wenn es ernst wird, wenn das Unvorhergesehene sich ereignet, oft schmerzlich, wenn Unverfügbares in meinem Leben Raum gewinnt. *Christoph Westemeyer (ChW)*

GEBET Herr und Gott, der du unsere Zeit in deinen Händen hältst. Lehre uns, mitten im Trubel unseres Lebens wachsam zu bleiben für deinen Ruf, aufmerksam für das Wesentliche zu sein, auch wenn wir weder den Tag noch die Stunde kennen. *ChW*

23 DONNERSTAG *Johannes von Capestrano OFMObs, Prediger; Severin von Köln, Bischof; Oda von Amay*

Röm 6,19–23 / Ps 1,1–4.6 / Lk 12,49–53
Liedimpuls: GL 272,2

AUS DEM EVANGELIUM Meint ihr, ich sei gekommen, um Frieden auf die Erde zu bringen? Nein, sage ich euch, nicht Frieden, sondern Spaltung. *Lk 12,51*

GEDANKEN ZUM TAG Diese Bibelstelle ist verwirrend, denn eigentlich ist die Botschaft Jesu eine Botschaft des Friedens. Er wusste aber, dass er die Gesellschaft spalten würde: in die Menschen, die an ihn glaubten, und diejenigen, die ihn ablehnten. Jesus hat polarisiert – und damit die Menschen aufgefordert, Position zu beziehen und für ihre Entscheidung einzustehen. *Anna Polzer (AP)*

GEBET Lieber Gott, gib uns die Kraft, zusammen für ein friedvolles Miteinander einzutreten, so wie Jesus es getan hat. *AP*

24 FREITAG *Antonius Maria Claret, Ordensgründer; Evergislus, Bischof*

Röm 7,18–25a / Ps 119,66.68.76–77.93–94 / Lk 12,54–59
Liedimpuls: GL 457

AUS DEM EVANGELIUM Warum könnt ihr dann die Zeichen dieser Zeit nicht deuten? *Lk 12,56*

GEDANKEN ZUM TAG Jesus lädt uns zu Wachsamkeit ein, denn ein Zeichen des Herrn kann jederzeit kommen. Wachsam sein, um sein Wirken erkennen zu können. *Anna Keusgen (AK)*

GEBET Herr, hilf mir dabei, stets bereit zu sein, dein Wirken in meinem Umfeld und bei meinen Mitmenschen zu erkennen. *AK*

25 SAMSTAG *Chrysanthus und Daria, Märtyrer; Krispin und Krispinian, Märtyrer*

Röm 8,1–11 / Ps 24,1–6 / Lk 13,1–9
Liedimpuls: GL 481,5

AUS DEM EVANGELIUM Vielleicht trägt er doch noch Früchte. *Lk 13,9*

GEDANKEN ZUM TAG Gott ist kein Griesgram, der Freude daran hat, uns unnötige Lasten aufzuladen und uns zu piesacken oder uns gar auf ewig zu verdammen. Im Gegenteil: Gott ist geduldig und hilft uns, den richtigen Weg der Umkehr und ins Leben zu gehen. *MM*

GEBET Lass uns geduldig sein, Gott, mit den anderen und mit uns selbst – so wie du immer Geduld mit uns hast. *MM*

26 SONNTAG 30. So. im Jahreskreis, A: Nationalfeiertag, Ende der Sommerzeit

Amandus, Bischof; Witta von Buraburg
Sir 35,15b–17.20–22a / Ps 34,2–3.6–7.17–23 / 2 Tim 4,6–8.16–18 / Lk 18,9–14
Liedimpuls: GL 422,3

AUS DEM EVANGELIUM Der Zöllner aber blieb ganz hinten stehen und wollte nicht einmal seine Augen zum Himmel erheben. *Lk 18,13*

GEDANKEN ZUM TAG Was empfiehlt das Evangelium heute? Auf sich selber zu schauen. Haben wir

nicht fast alle im Verborgenen eine Gewaltbereitschaft in uns, die, wenn sie nur angestachelt wird, wie ein Vulkan brutal ausbrechen kann und oft auch ausbricht? Freuen wir uns nicht manchmal und genießen es sogar, wenn in bestimmten Situationen andere Menschen oder Institutionen heruntergemacht und lächerlich gemacht werden? Muss ich mich nicht fragen: Wie viel gehässige Gewalt, wie viel Neid und Missgunst oder auch nur Gedanken von selbstherrlicher Überheblichkeit habe ich in mir? Wer sich selber kennt, ehrlich auf das eigene Chaos und den Hang zur Selbstüberhöhung blickt, der oder die wird es schnell unterlassen zu sagen: Danke, dass ich nicht so bin wie diese Leute da. Menschen, die einen Krieg erlebt haben, erzählen manchmal, wie selbst ansonsten gute Männer und Frauen unter bestimmten Umständen zu wahren Raubtieren werden konnten.
Es ist immer gut, zuerst auf sich selber zu schauen und auch die Augen vor dem Chaos und vor dem Negativen in sich nicht zu verschließen. Wer ehrlich auf sich selbst schaut, der oder die wird vielleicht auch barmherziger mit den anderen umgehen und sanftmütiger werden. *Leo Langemeyer*

GEBET Guter Vater, mach unsere Herzen weit. Lass uns zuerst auf uns selber und unsere Fehler schauen, bevor wir über andere urteilen und uns vergleichen. Und lass uns einander mit Barmherzigkeit begegnen. *MM*

27 MONTAG *Wolfhard von Augsburg, Einsiedler; Sabina und Vinzent, Märtyrer*

Röm 8,12–17 / Ps 68,2.4.6–7b.20–21 / Lk 13,10–17
Liedimpuls: GL 140,1.2

AUS DEM EVANGELIUM Als Jesus sie sah, rief er sie zu sich und sagte: Frau, du bist von deinem Leiden erlöst. *Lk 13,12*

GEDANKEN ZUM TAG Jesus heilt die Frau am Sabbat und setzt sich der Kritik der Superfrommen aus. Jesus ist der wirkliche Arzt, der alle Wunden heilen kann. Er zeigt uns, worauf es ankommt. *Constantin Micheel (CM)*

GEBET Guter Jesus, heile alle Wunden der Menschen. Und lass uns selber gut sein zu allen, die unsere Hilfe heute brauchen. *CM*

28 DIENSTAG Hll. Apostel Simon und Judas Thaddäus

Alfred der Große, König; Ferrutius von Mainz, Märtyrer

Eph 2,19–22 / Ps 19,2–5b / Lk 6,12–19

Liedimpuls: GL 358,5

AUS DEM EVANGELIUM Denn es ging eine Kraft von ihm aus, die alle heilte. *Lk 6,19*

GEDANKEN ZUM TAG Wer sich selbst für gesund hält, dem kann auch der beste Arzt nicht helfen. Doch wenn ich ehrlich bin, dann weiß ich, wie bedürftig ich bin. Und ich weiß dann, Jesus kann mich gesund machen und heilen. *MM*

GEBET Du kennst mich und meinst es unendlich gut mit mir. Ich bitte dich, sprich ein Wort und mache meine Seele gesund. *Ursula Schäfer*

29 MITTWOCH *Ermelind, Reklusin; Narzissus, Bischof, Märtyrer; Helena Kafka, OP-Schwester*

Röm 8,26–30 / Ps 13,4–6 / Lk 13,22–30
Liedimpuls: GL 146,2

AUS DEM EVANGELIUM Bemüht euch mit allen Kräften, durch die enge Tür zu gelangen. *Lk 13,24*

GEDANKEN ZUM TAG In der Parabel „Vor dem Gesetz“ beschreibt Franz Kafka einen Mann, der vergeblich versucht, an einem Türhüter vorbei zum Licht des Gesetzes zu gelangen. Er scheitert daran, und am Ende sagt der Türhüter: „Hier konnte niemand sonst Einlass erhalten, denn dieser Eingang war nur für dich bestimmt.“ Es gibt Türeingänge, die nur für uns bestimmt sind. *MM*

GEBET Lass uns mutig sein und wagen, durch die Tür zum Leben zu gehen. *MM*

30 DONNERSTAG *Bernhard Schwendtner, Märtyrer; Emicho OSB; Maria Theresia Tauscher DCJ*

Röm 8,31b–39 / Ps 109,21–22.26–27.30–31 / Lk 13,31–35
Liedimpuls: GL 558

AUS DER LESUNG Was kann uns scheiden von der Liebe Christi? *Röm 8,35*

GEDANKEN ZUM TAG Zu wissen, dass man ein geliebtes Kind Gottes ist, sollte man sich immer wieder vergegenwärtigen. Täglich! Lesen Sie Römer 8,31–39 laut. Gott ist so sehr für uns, dass er seinen eingeborenen Sohn für uns gab. Welcher Mensch würde so etwas für einen anderen tun? Das ist Liebe! Was können Menschen uns tun? Wir können kühn sagen, dass wir siegen werden! Wir werden mit ihm die Ewigkeit verbringen. Was für eine Zukunft! Nichts kann uns, die wir an ihn glauben, trennen von der Liebe Gottes, die in Christus, unserem Herrn erschienen ist. Vergegenwärtigen wir uns das heute. Halten wir einen Moment inne angesichts dieser riesigen Wahrheit, angesichts aller Schwierigkeiten und allen Leides! Das ist alles nur kurz, die Ewigkeit ist die Ewigkeit und das ist unser Fokus. *Daisy v. Arnim (DvA)*

GEBET Ewiger großer, allmächtiger, gnädiger, treuer, unendlich liebender Gott: Ich bete dich an! *DvA*

31 FREITAG Reformationstag

Wolfgang von Regensburg, Bischof; Notburga von Köln; Jutta von Bedburg OPraem

Röm 9,1–5 / Ps 147,12–13.14–15.19–20 / Lk 14,1–6

Liedimpuls: GL 478,1.3

AUS DER LESUNG Ich sage in Christus die Wahrheit und lüge nicht, und mein Gewissen bezeugt es mir im Heiligen Geist. *Röm 9,1*

GEDANKEN ZUM TAG Dem hl. Wolfgang war kein Weg zu weit, weder zunächst als Mönch, noch später als Bischof, um überall das Evangelium zu verkünden und sich tatkräftig zu kümmern, wo Hilfe nötig war. *Margret Keusgen (MK)*

GEBET Jesus, gib mir Ausdauer darin, mich klug, gütig und liebevoll zu engagieren. Hilf mir, nicht nur zu reden, sondern deinen Willen zu tun. *MK*

1 SAMSTAG Allerheiligen

Arthur O'Nelly OSST/OSTDisc, Märtyrer; Luitpold, Einsiedler
Offb 7,2–4.9–14 / Ps 24,1–6 / 1 Joh 3,1–3 / Mt 5,1–12a
Liedimpuls: GL 458

AUS DEM EVANGELIUM Selig seid ihr, wenn man euch schmäht und verfolgt und alles Böse über euch redet um meinetwillen. *Mt 5,11*

GEDANKEN ZUM TAG Die acht Seligpreisungen beschreiben den neuen Menschen, der nach dem Bild Jesu gestaltet ist. In ihnen beschreibt Jesus, zu welcher Haltung der Mensch fähig ist, der sein Vertrauen auf Gott setzt und seine Sehnsucht auf ihn richtet. Es sind ethische Haltungen. Der Mensch muss sich bemühen. Die Seligpreisungen zeigen, dass sich diese acht Haltungen und Verhaltensweisen lohnen, dass sie den Menschen jetzt schon glücklich machen. Jesus spricht nicht einfach den Armen das Glück zu, sondern denen, die bereit sind, alles loszulassen und sich an nichts zu hängen. Er preist nicht einfach die Hungernden selig, sondern die, die nach Gerechtigkeit hungern. Wenn der Jünger Jesu sich um diese Haltungen müht und in sie hineinwächst, dann wird Gott darin verherrlicht. Zugleich wird der Christ dadurch glücklich, selig. *Anselm Grün*

GEBET Guter Gott, heute feiern wir das Fest Allerheiligen. Lass uns all der Menschen gedenken, die vor uns gelebt haben und schon bei dir sind. *MM*

2 SONNTAG Allerseelen
Tobias, Märtyrer; Wichmann OP; Angela
1. Messe: 2 Makk 12,43–45 / Ps 130,1–8 / 1 Thess 4,13–18 / Joh 11,17–27; 2. Messe: Ijob 19,1.23–27 / Ps 42,2–5bcd; 43,3–4 / Röm 8,14–23 / Joh 14,1–6; 3. Messe: Jes 25,6a.7–9 / Ps 23,1–6 / Phil 3,20–21 / Lk 7,11–17
Liedimpuls: GL 505

AUS DEM EVANGELIUM Marta sagte zu Jesus: Herr, wärst du hier gewesen, dann wäre mein Bruder nicht gestorben. *Joh 11,21*

GEDANKEN ZUM TAG Marta ist verzweifelt. Ihr Bruder Lazarus ist gestorben. Und Jesus, ein guter Freund der Familie, war nicht da. Ihre Worte „Herr, wärst du hier gewesen, dann wäre mein Bruder nicht gestorben" sind Klage und Anklage zugleich. Sicher kennen wir ähnliche Situationen. Wenn ein geliebter Mensch plötzlich stirbt, dann geht es uns ähnlich wie Marta. Wir klagen, wollen es nicht wahrhaben und fragen uns: Gott, wo warst du? Warum hast du nicht eingegriffen? Unser Glaube lässt uns hoffen, dass unsere lieben Verstorbenen eine Zukunft bei Gott haben. Wenn wir in diesen Tagen Kerzen auf den Gräbern unserer Verstorbenen entzünden, dann ist das ein sichtbares Zeichen für diese Hoffnung. Auch in der Finsternis des Todes lässt Gott uns nicht allein. Und so dürfen wir mit dem heiligen Johannes XXIII. vertrauensvoll glauben: „Der Tod ist eine zeitliche Trennung. Wir alle sollen wieder miteinander vereint sein, und zwar für immer, dort wo es besser ist als hier und wo ewige Freude sein wird."
Julian Heese (JH)

GEBET Herr Jesus Christus, du Sieger über den Tod, nimm unsere Verstorbenen auf und lass sie bei dir

Heimat und Frieden finden. Tröste alle, die trauernd zurückbleiben. *JH*

3 MONTAG *Hubert, Bischof; Silvia; Viktorin, Bischof; Martin von Porres OP; Rupert Mayer SJ*

Röm 11,29–36 / Ps 69,30–31.33–37 / Lk 14,12–14
Liedimpuls: GL 461,1.2

AUS DER LESUNG O Tiefe des Reichtums, der Weisheit und der Erkenntnis Gottes! Wie unergründlich sind seine Entscheidungen, wie unerforschlich seine Wege! *Röm 11,33*

GEDANKEN ZUM TAG Der Apostel Paulus jubelt über die Gnade und Berufung, die Gott gewährt: Die Tiefe des Reichtums, der Weisheit und der Erkenntnis Gottes lassen staunen. Zugleich sind und bleiben Gottes Entscheidungen unergründlich, seine Wege unerforschlich und fremd. Das Bekanntsein Gottes schließt sein Unbekanntsein ein: Vertrautsein und Fremdsein gehören (in Gott) untrennbar zusammen. Nur so ist Gott wirklich Gott. *Thomas Throenle (TT)*

GEBET Guter Gott, wende dich uns zu, schenke uns deine Gegenwart, schenke uns Gemeinschaft mit dir. Lass uns verstehen, dass du es bist, der sich uns offenbart, der auf uns zukommt und schenkt – um Gottes willen. Wir stehen vor dir mit leeren Händen, Herr. *TT*

4 DIENSTAG *Karl Borromäus, Kardinal; Gregor, Abt; Reginhard (Reinhard) OSB, Abt*

Röm 12,5–16a / Ps 131,1–3 / Lk 14,15–24
Liedimpuls: GL 477

AUS DER LESUNG Seid untereinander eines Sinnes, strebt nicht hoch hinaus, sondern bleibt demütig! *Röm 12,16*

GEDANKEN ZUM TAG Karl Borromäus, der aus einer sehr reichen Adelsfamilie stammte, baute als Kardinal sein Erzbistum Mailand wieder auf. Er nutzte seine Macht zum Wohl der ihm anvertrauten Menschen, vor allem in der Pestzeit. *Margret Keusgen (MK)*

GEBET Gott, gib den Verantwortlichen unserer Kirche die Bereitschaft zur Erneuerung, damit sie unsere Heimat mit dir in unserer Mitte ist. *MK*

5 MITTWOCH *Bernhard Lichtenberg, Dompropst; Berthild OSB, Äbtissin; Emmerich, Königssohn*

Röm 13,8–10 / Ps 112,1–2.4–5.8–9 / Lk 14,25–33
Liedimpuls: GL 283

AUS DEM EVANGELIUM Wer nicht sein Kreuz trägt und mir nachfolgt, der kann nicht mein Jünger sein. *Lk 14,27*

GEDANKEN ZUM TAG Heute gedenken wir des sel. Bernhard Lichtenberg (1875–1943), Berliner Dompropst, von den Nazis hingerichtet, weil er für die Verfolgten des NS-Diktatur eintrat. Die Amtskette des Weißenfelser Oberbürgermeisters stammt aus dem Jahr 1935 und war ursprünglich gezeichnet mit einem Hakenkreuz. 1945 wurde diese Kette von einem Soldaten aus dem Rathaus entwendet. Mit der Wiedervereinigung Deutschland und der freien Wahl des ersten Bürgermeisters kam dieser Soldat aus den USA und übergab die Kette. Das Hakenkreuz wurde verplombt. Die Kette wird seither zu besonderen Anlässen getragen, um gerade dadurch an die Gefahr des Vergessens und an die Opfer zu erinnern. *Martin Papke (MPa)*

GEBET Seliger Bernhard, bitte für uns: dass wir nicht vergessen; dass wir uns gegen neu entstehendes Unrecht stellen; dass wir jeden Menschen als Geschöpf Gottes in seiner Würde achten und respektieren. *MPa*

6 DONNERSTAG *Leonhard, Einsiedler; Christine, Begine; Rudolf OSB, Bischof; Modesta OSB, Äbtissin*

Röm 14,7–12 / Ps 27,1.4.13–14 / Lk 15,1–10
Liedimpuls: GL 421

AUS DEM EVANGELIUM Wenn einer von euch hundert Schafe hat und eins davon verliert, lässt er dann nicht die neunundneunzig in der Steppe zurück und geht dem verlorenen nach, bis er es findet? *Lk 15,4*

GEDANKEN ZUM TAG Es erfordert Mut, neunundneunzig Schafe in der Wüste zurückzulassen, um ein verlorenes Schaf zu suchen. Was, wenn wilde Tiere kommen und über die schutzlos zurückgelassenen Schafe herfallen? Aber solche Gedanken bestimmen nicht Jesu Denken und Handeln. Die Sorge und Liebe gegenüber jedem Menschen allein zählen für ihn. In unseren Tagen wird häufig davon gesprochen, dass die Würde des Menschen unantastbar ist. Wir Christen glauben, dass unsere Würde ihren Ursprung darin hat, dass Gott uns nach seinem Abbild gestaltet hat. Jesus weist uns in seinem Gleichnis vom wiedergefundenen Schaf darauf hin, dass jeder Mensch als Abbild Gottes etwas Ewiges in sich trägt, dass sich erst im Suchen und Finden Gottes ganz entfaltet und an sein Ziel kommt. *Markus Stadermann (MS)*

GEBET Herr, wie ein guter Hirte gehst du jedem von uns nach. Du bist immer bei uns, auch wenn der Weg durch Dunkelheit führt. Auf einmal wird es dann hell. *MM*

7 FREITAG *Willibrord OSB, Bischof; Engelbert, Erzbischof; Ernst von Zwiefalten OSB*

Röm 15,14–21 / Ps 98,1–4 / Lk 16,1–8
Liedimpuls: GL 222,2

AUS DEM EVANGELIUM Die Kinder dieser Welt sind im Umgang mit ihresgleichen klüger als die Kinder des Lichtes. *Lk 16,8*

GEDANKEN ZUM TAG Das Evangelium ist immer auch eine „Lebenslehre". Nie spricht Jesus abstrakt. Und weil wir leibhaftig in dieser Welt sind, müssen wir die Herausforderungen mit Klugheit, Gerechtigkeit, Tapferkeit und dem richtigen Maß annehmen und meistern. *MM*

GEBET Wachse, Jesus, wachse in mir, in meinem Geist, in meinem Herzen, in meiner Vorstellung, in meinen Sinnen. *Pierre Olivaint*

8 SAMSTAG *Willehad, Bischof; Gregor OSB, Abt; Gottfried OSB, Bischof; Johannes Duns Skotus OFM*

Röm 16,3–9.16.22–27 / Ps 145,2–5.10–11 / Lk 16,9–15
Liedimpuls: GL 382,5

AUS DEM EVANGELIUM Wer in den kleinsten Dingen zuverlässig ist, der ist es auch in den großen, und wer bei den kleinsten Dingen unrecht tut, der tut es auch bei den großen. *Lk 16,10*

GEDANKEN ZUM TAG Das Einfache verwahrt das Rätsel des Großen und Bleibenden. *Martin Heidegger*

GEBET Gib mir deine Liebe und Gnade, denn diese genügen mir. *Ignatius von Loyola*

9 SONNTAG Weihetag der Lateranbasilika

Theodor, Märtyrer; Roland OSB; Ragnulf, Märtyrer; Erpho, Bischof
Ez 47,1–2.8–9.12 / Ps 46,2–3.5–6.8–9 / 1 Kor 3,9c–11.16–17 / Joh 2,13–22
Liedimpuls: GL 479

AUS DEM EVANGELIUM Macht das Haus meines Vaters nicht zu einer Markthalle! *Joh 2,16*

GEDANKEN ZUM TAG Das Verhältnis von Jesus zu Gott, zu seinem Vater, baut sich auf Intimität, Liebe und Nähe auf und verträgt die Macht, den Machtmissbrauch und den Konsumrausch nicht. Deshalb kocht Jesus im Evangelium auch vor Wut, als er das Getöse im Vorhof des Tempels sieht. Und er entbrennt im heiligen Zorn. So kennen wir ihn ja sonst kaum. Der Vorhof des Tempels, zum Allerheiligsten, ist zu einem Ort geworden, wo Wucher und Betrug herrschen. Deswegen ruft er: „Macht das Haus meines Vaters nicht zur Markthalle!“
Wir haben eine Sehnsucht nach dem ganz Großen, aber wir ersticken sie durch materielle Güter, Besitz, Karriere, Herrschaftswissen und, subtiler, auch durch unseren Neid auf andere. Wir kämpfen täglich um

Besitz, Reichtum und Auskommen. Wenn die Markthalle aber zur „Räuberhöhle" wird, dann geht es nur noch darum, dass wir unseren eigenen kleinen oder großen Vorteil sichern wollen und andere betrügen und ausnutzen, kleinmachen, für dumm halten. *Michael Bredeck*

GEBET Ich will immer mehr darauf achten, wo mir deine Liebe begegnet, Gott. *Ursula Schäfer*

10 MONTAG *Leo der Große, Papst; Justus, Bischof; Johannes Skotus, Bischof*

Weish 1,1–7 / Ps 139,1–5.7–10 / Lk 17,1–6
Liedimpuls: GL 618

AUS DER LESUNG Liebt Gerechtigkeit, ihr Herrscher der Erde, denkt in Frömmigkeit an den Herrn, sucht ihn mit reinem Herzen! *Weish 1,1*

GEDANKEN ZUM TAG Ich frage euch: Seid ihr Etikettenchristen oder Christen in Wahrheit? Ein jeder soll sich in seinem Innern die Antwort geben! Niemals Etikettenchristen! Christen in Wahrheit, aus dem Herzen. Christsein heißt, den Glauben im Gebet, in den Werken der Nächstenliebe, in der Förderung der Gerechtigkeit, im Tun des Guten zu leben und zu bezeugen. *Papst Franziskus*

GEBET Gott, sei unser Leitstern auf den Wegen der Versöhnung, der Gerechtigkeit und des Friedens! *Benedikt XVI.*

11 DIENSTAG Martinstag

Martin von Tours, Bischof; Mennas, Einsiedler; Heinrich, Abt
Weish 2,23 – 3,9 / Ps 34,2–3.16–19 / Lk 17,7–10
Liedimpuls: GL 285

AUS DER LESUNG Gott hat den Menschen zur Unvergänglichkeit erschaffen und ihn zum Bild seines eigenen Wesens gemacht. *Weish 2,23*

GEDANKEN ZUM TAG Jeden Menschen zu sehen als Bild von Gottes Wesen – das müssen wir uns immer wieder bewusst machen. Dem hl. Martin ist es gelungen, diesem fremden armen Mann am Wegesrand wie Gott – als Bruder – in Liebe zu begegnen – ein echtes Vorbild für heute! *Ute Herrmann-Lange (UHL)*

GEBET Guter Gott, gib mir offene Augen und ein offenes Herz, dich liebevoll in meinen Mitmenschen zu erkennen. *UHL*

12 MITTWOCH *Ämilian, Einsiedler; Kunibert, Bischof; Josaphat, Bischof*

Weish 6,1–11 / Ps 82,3–4.6–7 / Lk 17,11–19
Liedimpuls: GL 484

AUS DEM EVANGELIUM Da sagte Jesus: Es sind doch alle zehn rein geworden. Wo sind die übrigen neun? Ist denn keiner umgekehrt, um Gott zu ehren, außer diesem Fremden? *Lk 17,17–18*

GEDANKEN ZUM TAG Auch Jesus schon hat selten Dankbarkeit erlebt, vor allem nicht von den Nahestehenden. Für so manches in meinem Leben gibt es

Grund genug, Gott zu loben und zu preisen. Viele Menschen stellen für sich die Frage; „Warum kommen wir überhaupt auf die Welt, wenn wir doch wieder sterben müssen?“ Ein Antwort ist: um sich Gott anzuvertrauen. Gott haut nicht ab, auch wenn es dunkel wird. *Albert Biesinger*

GEBET Jesus Christus, du bist der Heiland der Welt. Du kennst die Höhen und Tiefen unseres Lebens, auch den Tod am Kreuz. Wir vertrauen uns dir an. Öffne uns den Himmel. *Albert Biesinger*

13 DONNERSTAG *Stanislaus Kostka SJ, Novize; Carl Lampert, Priester*

Weish 7,22 – 8,1 / Ps 119,89–91.130.135.175 / Lk 17,20–25
Liedimpuls: GL 363

AUS DEM EVANGELIUM Denn: Das Reich Gottes ist schon mitten unter euch. *Lk 17,21*

GEDANKEN ZUM TAG Das Reich Gottes braucht keine äußeren Zeichen. Es ist unter uns, wenn wir in der Liebe leben – so wie es Jesus uns gezeigt hat. *Reinhard Horn (RHo)*

GEBET Guter Gott, öffne unser Herz und weite es, dass wir in der Liebe bleiben. *RHo*

14 FREITAG *Bernhard Letterhaus, Märtyrer; Alberich OSB, Bischof; Sidonius OSB, Abt; Nikolaus Tavelic OFM, Märtyrer*

Weish 13,1–9 / Ps 19,2–5b / Lk 17,26–37
Liedimpuls: GL 466

AUS DEM ANTWORTPSALM Die Himmel rühmen die Herrlichkeit Gottes. Vom Werk seiner Hände kündet das Firmament. *Ps 19,2*

GEDANKEN ZUM TAG Die Gesamtheit des Universums mit seinen vielfältigen Beziehungen zeigt am besten den unerschöpflichen Reichtum Gottes. *Papst Franziskus*

GEBET Gott, uns Geschöpfen hast du deine unfassbar wertvolle Schöpfung anvertraut. Zeig uns, wie wir in Freude und Dankbarkeit, aber auch mit Sorgfalt und Achtsamkeit diesem Geschenk und Anspruch gerecht werden können. *Christoph Westemeyer*

15 SAMSTAG *Albert der Große OP, Bischof; Leopold III., Markgraf; Findan OSB, Einsiedler*

Weish 18,14–16; 19,6–9 / Ps 105,2–3.36–37.42–43 / Lk 18,1–8
Liedimpuls: GL 273,2

AUS DEM EVANGELIUM Wird jedoch der Menschensohn, wenn er kommt, auf der Erde noch Glauben vorfinden? *Lk 18,8*

GEDANKEN ZUM TAG Will man fragen nach den tiefen Geheimnissen Gottes, so frage man nach dem ärmsten Menschen, der mit Freuden arm ist aus Liebe zu Gott. Der weiß von Gottes Geheimnissen mehr als der weiseste Gelehrte. *Albert der Große*

GEBET Gott im Himmel, weil du da bist und weil du mit uns bist sagen wir „Ja" zum Leben. *MM*

16 SONNTAG 33. So. im Jahreskreis, Volkstrauertag

Otmar von St. Gallen, Abt; Walter, Klostergründer; Margareta von Schottland, Königin

Mal 3,19–20b / Ps 98,5–9 / 2 Thess 3,7–12 / Lk 21,5–19

Liedimpuls: GL 471,1.5

AUS DER LESUNG Ihr werdet hinausgehen und Freudensprünge machen wie Kälber, die aus dem Stall kommen. *Mal 3,20*

GEDANKEN ZUM TAG Ohne Hoffnung stirbt das Leben. Als Christen leben wir nicht in einem blinden Optimismus, der verkündet, dass alles schon wieder gut wird, sondern unser Glaube sagt uns – mit allen Zweifeln und Fragen, die wir ja auch haben, mit allen Sorgen, mit all den Krankheiten, mit der Erfahrung auch des Sterbens und des Todes –, dass wir trotz allem in Gottes Händen liegen. Ich bin auf der Reeperbahn gewesen, und da sah ich, wie viele obdachlose und bedürftige Menschen von der „Alimaus", einer Einrichtung der katholischen Kirche dort, mit Essen versorgt werden oder mit einem Gesundheitsbus, wenn es um Krankheitssituationen geht. Oder wenn ich an Magdeburg denke: Dort gibt es von den Don-Bosco-Salesianern ein Haus für Kinder und Jugendliche, wo Benachteiligte einen Anknüpfungspunkt finden und nicht alleingelassen werden. Es gibt sehr viele Diaspora-Projekte, in denen Menschen erfahren, dass sie mit dem, was sie im Leben bewegt, in der Kirche Unterstützung finden können, eine Beheimatung. Sie wissen dann, dass Menschen da sind, die für sie beten und ihnen zur Seite stehen. *Georg Austen*

GEBET Herr, stehe den Christen bei, die um ihres Glaubens willen belächelt, benachteiligt oder sogar verfolgt werden. Sei du ihre Hoffnung. *MM*

17 MONTAG *Gertrud von Helfta OCist, Mystikerin; Hilda OSB, Äbtissin; Salome OSCl, Königin*

1 Makk 1,10–15.41–43.54–57.62–64 / Ps 119,53.61.134.150.155.158 / Lk 18,35–43
Liedimpuls: GL 233,1

AUS DEM EVANGELIUM Was soll ich dir tun? *Lk 18,41*

GEDANKEN ZUM TAG Das ist die Pädagogik und Zärtlichkeit Jesu: Er fragt uns, was er für uns tun soll. Er stärkt uns, lässt uns wachsen und groß werden. Er ist der gute Lehrer und Arzt schlechthin. *MM*

GEBET Was ich von Herzen ersehne: deine Gegenwart! *Gertrud von Helfta*

18 DIENSTAG *Odo von Cluny OSB, Abt; Philippine Rose Duchesne SC; Gerung OPraem*

2 Makk 6,18–31 / Ps 3,2–7 / Lk 19,1–10
Liedimpuls: GL 558

AUS DEM EVANGELIUM Er wollte gern sehen, wer dieser Jesus sei, doch die Menschenmenge versperrte ihm die Sicht; denn er war klein. *Lk 19,3*

GEDANKEN ZUM TAG Manchmal verstellen Menschen uns die Sicht auf den wahren Jesus, weil sie uns mit ihrem Kleinglauben und ihrer Angst niederdrücken. Und manchmal verstellen wir vielleicht auch anderen die Sicht zu Jesus durch unseren Kleinglauben und weil wir seiner Liebe und dem liebenden Vatergott, den er uns geschenkt hat, nicht ganz vertrauen. *Eva Maria Nielsen*

GEBET Jesus, ich will dich sehen. *Eva Maria Nielsen*

19 MITTWOCH Buß- und Bettag

Elisabeth von Thüringen, Landgräfin; Mechthild von Hackeborn, Mystikerin; Joseph Kalinowski OCarm
2 Makk 7,1.20–31 / Ps 17,1–2.5–6.8.15 / Lk 19,11–28
Liedimpuls: GL 470

AUS DEM ANTWORTPSALM Auf dem Weg deiner Gebote gehen meine Schritte, meine Füße wanken nicht auf deinen Pfaden. *Ps 17,5*

GEDANKEN ZUM TAG Die ungarische Königstochter Elisabeth ließ sich nicht vom Reichtum verführen, sie lebte ganz für die Armen: Sie stieg mit ihren Mägden immer wieder von der Wartburg hinab, um mit Brot und Wasser die Not zu lindern. Von der Verwandtschaft vertrieben, baute sie zuletzt von ihren Witwengütern vor den Toren Marburgs ein Hospital. Aber sie übertrieb: Mit 24 Jahren († 1231) starb sie entkräftet. *Willi Hoffsümmer (WH)*

GEBET Herr, „wenn das Brot, das wir teilen, zur Rose wird“, singen wir im Gottesdienst und dürfen uns dabei erinnern, dass wir in ihnen dich vor Augen haben. Wie es Mutter Teresa mit ihren Schwestern praktizierte: Wenn sie entkräftet von der Arbeit zurückkam, ergriff sie eine Hand, ging die Finger ab und sagte: „Jesus sagt: ‚Das hast du mir getan.‘“ *WH*

20 DONNERSTAG *Bernward von Hildesheim OSB, Bischof; Edmund, König, Märtyrer; Korbinian, Bischof*

1 Makk 2,15–29 / Ps 50,1–2.5–6.14–15 / Lk 19,41–44
Liedimpuls: GL 475

AUS DEM EVANGELIUM Als Jesus näher kam und die Stadt sah, weinte er über sie und sagte: Wenn doch auch du an diesem Tag erkannt hättest, was dir Frieden bringt. *Lk 19,41–42*

GEDANKEN ZUM TAG Jesus ist der Welt als Erlöser gesandt. Gesandt, aber nicht aufgezwungen. Sein Heilsangebot muss erkannt und angenommen werden, damit es wirksam werden kann. *Wolfgang Winkelmann (WW)*

GEBET Herr, wir wollen voreinander bekennen, dass wir oft mit unserem Verhalten nicht bestehen können. Unsere Schuld wollen wir bekennen, in der Kraft Christi menschlicher zu leben. *WW*

21 FREITAG *Unsere Liebe Frau in Jerusalem; Amalberg OSB, Äbtissin; Johannes von Meißen OFM*

1 Makk 4,36–37.52–59 / 1 Chr 29,10b–13 / Lk 19,45–48
Liedimpuls: GL 348,3

AUS DEM EVANGELIUM Mein Haus soll ein Haus des Gebetes sein. Ihr aber habt daraus eine Räuberhöhle gemacht. *Lk 19,46*

GEDANKEN ZUM TAG Man muss beten. Alles Übrige ist eitel. Man muss beten, um die Schrecken dieser Welt aushalten zu können. Man muss beten, um die Kraft zu erlangen, warten zu können. Es gibt keine Verzweiflung, keine traurige Bitterkeit für den Menschen, der viel betet. *Léon Bloy*

GEBET Herr, lehre uns beten! *Nach Lk 11,1*

22 SAMSTAG *Cäcilia, Märtyrin; Philemon, Märtyrer; Aleydis (Alice)*

1 Makk 6,1–13 / Ps 9,2–4.6.16.19 / Lk 20,27–40
Liedimpuls: GL 81,2

AUS DEM EVANGELIUM Er ist doch kein Gott von Toten, sondern von Lebenden; denn für ihn sind alle lebendig. *Lk 20,38*

GEDANKEN ZUM TAG Gott ist ein Gott des Lebens. Er ist lebendig. Er ist Ursprung alles Lebens. Und er lässt nichts, was einmal gelebt hat, ins Nichts zurückfallen. Niemals. *MM*

GEBET Guter Gott, ich rufe dich an: Zeige mir das Leben! *MM*

23 SONNTAG Christkönigssonntag

Klemens I., Papst; Kolumban, Abt; Felizitas, Märtyrin; Detlev von Parkentin OPraem

2 Sam 5,1–3 / Ps 122,1–5 / Kol 1,12–20 / Lk 23,35b–43
Liedimpuls: GL 370

AUS DEM EVANGELIUM Über ihm war eine Aufschrift angebracht: Das ist der König der Juden. *Lk 23,38*

GEDANKEN ZUM TAG Kuschelsocken, Kandis und Kerzen. Die Dänen haben es gerne „hyggelig“, so heißt es. Sie mögen es gemütlich, warm und herzlich. Das Hygge-Gefühl entspricht in unserer Sprache in etwa dem Glücklich- und Geborgensein oder, um es mit einer deutschen Suppenwerbung zu sagen: „Etwas Warmes braucht der Mensch". Wie gut, dass bald mit dem 1. Advent neues zaghaftes Licht aufleuchten will. Vielleicht mögen Sie es während des persönlichen Betens zu Hause einmal ganz real ausprobieren, wie es ist, sich mit einer Decke oder einem Schal um die Schultern einzuhüllen. Sie können sich dabei vorstellen, dass Gott Sie mit seiner Güte und seinem Heil umfängt. Auch der Körper und die Sinne beten ja mit. Als formuliertes Gebet empfehle ich Ihnen dabei zum Beispiel die Worte der heiligen Edith Stein, die da enden: „... deinen Händen bette ich mich ein" oder einfach eine Zeit lang wiederholend: „Gott, du bist da." Dabei wünsche ich Ihnen die Erfahrung oder zumindest die Sehnsucht der Menschen von damals in der Bibel, die spürten: „Es ging eine Kraft von ihm aus, die alle heilte" (Lk 6,19). In der Hoffnung, dass Sie's warm haben und gut ummantelt sind! *Marlies Fricke*

GEBET Du bist der wahre König, Herr. Wenn du mit mir bist, wird es warm um mein Herz, und ich weiß, dass du mich nicht verlässt. *MM*

24 MONTAG *Andreas Dung-Lac, Märtyrer; Augustin Schoeffler, Märtyrer; Johannes Leisentrit, Stiftsdekan; Flora, Märtyrin*

Dan 1,1–6.8–20 / Dan 3,52a–56 / Lk 21,1–4
Liedimpuls: GL 424,3.4

AUS DEM EVANGELIUM Diese Frau aber, die kaum das Nötigste zum Leben hat, sie hat ihren ganzen Lebensunterhalt hergegeben. *Lk 21,4*

GEDANKEN ZUM TAG Halten wir in all unserem Tun unseren Blick gerichtet auf Jesus, den Gekreuzigten. Er ist für uns da und umsorgt uns mit seiner Güte. Und verheißt auch uns ewiges Leben in seiner Herrlichkeit. *Michael Machalke (MiM)*

GEBET Allmächtiger Gott, mach uns bereit, stets das Gute zu tun. Führe uns durch diese Zeit in das Reich der Gerechtigkeit, der Liebe und des Friedens. *MiM*

25 DIENSTAG *Katharina von Alexandrien, Märtyrin; Niels Stensen, Bischof; Egbert OSB, Abt*

Dan 2,31–45 / Dan 3,57–61 / Lk 21,5–11
Liedimpuls: GL 365

AUS DEM EVANGELIUM Gebt Acht, dass man euch nicht irreführt! Denn viele werden unter meinem Namen auftreten und sagen: Ich bin es! *Lk 21,8*

GEDANKEN ZUM TAG Nicht irreführen von den fünfzig Philosophen und Gelehrten, die sie vom Christentum abbringen sollten, ließ sich der Legende nach die mutige Königstochter Katharina von Alexandrien. Im Gegenteil, diese starke Frau bekehrte die fünfzig Männer zum Glauben an Jesus Christus! *Ute Herrmann-Lange (UHL)*

GEBET Guter Gott, schenke mir den Mut und die Stärke der hl. Katharina, die dich erkannt hatte und sich nicht in die Irre führen ließ. *UHL*

26 MITTWOCH *Konrad und Gebhard, Bischöfe; Ida OSB, Äbtissin; Johannes Berchmans SJ*

Dan 5,1–6.13–14.16–17.23–28 / Dan 3,62–67 / Lk 21,12–19
Liedimpuls: GL 143,1

AUS DEM ANTWORTPSALM Preist den Herrn, Sonne und Mond. Lobt und rühmt ihn in Ewigkeit! *Dan 3,62*

GEDANKEN ZUM TAG Das Jahr geht langsam zu Ende. Zeit, um Gott zu loben. Zeit, um alles, was ER geschaffen hat, lobend und preisend anzuschauen. Dankbar sein für die Dinge, die uns Tag für Tag in ihrer Schönheit und Erhabenheit umgeben. Freude über die ganze Herrlichkeit der Schöpfung darf heute in unseren Herzen Platz finden. *Alexia Rebbe (AR)*

GEBET Allmächtiger Gott, wir danken dir für deine glorreiche Schöpfung, für alles, was uns glücklich macht, für alles Gutes, was uns in unserem Leben passiert ist. *AR*

27 DONNERSTAG *Bilhild von Altmünster; Oda von Brabant (Ute), Einsiedlerin*

Dan 6,12–28 / Dan 3,68–74 / Lk 21,20–28
Liedimpuls: GL 84,4

AUS DEM EVANGELIUM Wenn all das beginnt, dann richtet euch auf, und erhebt eure Häupter; denn eure Erlösung ist nahe. *Lk 21,28*

GEDANKEN ZUM TAG Einen wichtigen Satz angesichts des Endes und des Zieles haben wir im Evangelium gehört. Wie wäre es, wenn wir dann nicht einfach dächten, alles ist jetzt fast vergangen, sondern das Größte, Gott, habe ich noch vor mir. Erhebt eure Häupter! *Leo Langemeyer*

GEBET Herr, wir wissen weder Tag noch Stunde, wann du kommst. Lass uns wach und aufmerksam sein! *MM*

28 FREITAG *Gunther von Melk, Klostergründer; Hathumod OSB, Abt; Berta von Bingen*

Dan 7,2–14 / Dan 3,75–81 / Lk 21,29–33
Liedimpuls: GL 428,5

AUS DEM EVANGELIUM Seht euch den Feigenbaum und die anderen Bäume an: Sobald ihr merkt, dass sie Blätter treiben, wisst ihr, dass der Sommer nahe ist. *Lk 21,29–30*

GEDANKEN ZUM TAG Die „Zeichen der Zeit" zu deuten ist äußerst wichtig. Auffällig rasch treibt der Feigenbaum in wenigen Tagen große Blätter. Das ist ein eindeutiges Zeichen dafür, dass der Sommer nicht mehr aufzuhalten ist. *Konrad Schmidt (KS)*

GEBET Guter Gott, dein Wille ist es, alle uns geschenkten Fähigkeiten zur Entfaltung zu bringen. Bestärke uns, auf den richtigen Wegen zu bleiben. Keine Begabung möchten wir verkümmern lassen. *KS*

29 SAMSTAG *Friedrich von Regensburg OSA, Laienbruder; Jutta OCist, Äbtissin; Radbot, Bischof*

Dan 7,15–27 / Dan 3,82–87 / Lk 21,34–36
Liedimpuls: GL 286

AUS DEM EVANGELIUM Wacht und betet allezeit, damit ihr allem, was geschehen wird, entrinnen und vor den Menschensohn hintreten könnt! *Lk 21,36*

GEDANKEN ZUM TAG „Gehet nicht auf in den Sorgen dieser Welt" – heißt es in einem bekannten Kirchenlied. Aber tatsächlich ist es auch so: Je mehr ich mich den äußeren Dingen hingebe, je mehr ich inneren und äußeren Zwängen erliege, desto schläfriger und müder werde ich. Und ich verpasse das, was zählt. *MM*

GEBET Wo Furcht ist, Herr, da lass mich deine Hoffnung bringen – und von deiner Schönheit singen! *MM*

30 SONNTAG 1. Adventssonntag

Andreas, Apostel; Emming, Gerwald, Folkard, Märtyrer
Jes 2,1–5 / Ps 122,1–9 / Röm 13,11–14a / Mt 24,37–44 od. Mt 24,29–44
Liedimpuls: GL 223

AUS DEM EVANGELIUM Himmel und Erde werden vergehen, aber meine Worte werden nicht vergehen. *Mt 24,35*

GEDANKEN ZUM TAG Die Worte Jesu bleiben ewig bestehen. Er verspricht uns, dass wir auf ihn vertrauen können. Gerade in dieser Zeit, die mit dem heutigen Adventssonntag beginnt und in der wir uns auf Christi Geburt vorbereiten, verdeutlicht Jesus uns, dass seine Lehren zeitlos sind. In der Adventszeit haben wir einen festen Anker, auf den wir uns verlassen können. Anstatt in unserer Hektik des Alltags zu verkommen, sollten wir uns öffnen und achtsam sein für seine Zeichen und Worte. *Anna Keusgen (AK)*

GEBET Herr, deine Worte sind zeitlos und ewig. Auf dich möchte ich vertrauen, du bist meine Zuversicht. *AK*

1 MONTAG Quatemberwoche
Natalia, Wohltäterin; Blanka, Königin; Edmund Campion SJ; Charles de Foucauld, Missionar
Jes 2,1–5 od. Jes 4,2–6 / Ps 122,1–9 / Mt 8,5–11
Liedimpuls: GL 220,1

AUS DEM EVANGELIUM Jesus war erstaunt, als er das hörte. *Mt 8,10*

GEDANKEN ZUM TAG Manche Leute, so wie der Hauptmann im Evangelium, bringen sogar Jesus zum Staunen. Weil sie besonders gläubig sind oder sich besonders stark für andere einsetzen. Wäre doch etwas, wenn auch wir Jesus zum Staunen bringen könnten. *Constantin Micheel (CM)*

GEBET Lieber Gott, gib mir Lebensmut und lass mich auch heute nicht allein. Amen. *CM*

2 DIENSTAG *Luzius von Chur, Bischof, Märtyrer; Bibiana, Märtyrin; Jan van Ruysbroek, Mystiker*
Jes 11,1–10 / Ps 72,1–2.7–8.12–13.17 / Lk 10,21–24
Liedimpuls: GL 218,2.5

AUS DER LESUNG Er richtet nicht nach dem Augenschein, und nicht nur nach dem Hörensagen entscheidet er. *Jes 11,3*

GEDANKEN ZUM TAG Wie oft richte ich „nach dem Augenschein“, fälle mein Urteil und entscheide nach dem, was andere mir sagen? Es lohnt sich, tiefer hinzuschauen und geduldiger hinzuhören. Dann werde ich die Wahrheit hinter den Wahrheiten erkennen und das Geheimnis der Liebe Gottes erahnen. *Alexandra Völzke (AV)*

GEBET Herr, erfülle auch uns mit dem Geist der Gottesfurcht, die dein Sohn uns vorgelebt hat, damit wir immer mehr zu Menschen werden und deine Liebe leben. *AV*

3 MITTWOCH *Franz Xaver SJ, Missionar; Gerlinde, Herzogin; Emma, Gräfin*

Jes 25,6–10a / Ps 23,1–6 / Mt 15,29–37
Liedimpuls: GL 400

AUS DEM EVANGELIUM Ich habe Mitleid mit diesen Menschen. Ich will sie nicht hungrig wegschicken. *Mt 15,32*

GEDANKEN ZUM TAG Lahme, Krüppel, Blinde, Stumme und viele andere Kranke werden von Jesus geheilt. Auf einem Berg wirkt Jesus drei Tage lang Wunder, lässt das Reich Gottes sichtbar werden und unter den Menschen anbrechen. Und dann: „Ich habe Mitleid mit diesen Menschen“, Jesus sieht, dass die zahllosen Menschen Hunger haben, er fordert sie auf, sich zu setzen. – Jesus sieht weiter, er nimmt auch den Alltag und die Alltäglichkeit der Menschen in den Blick. Nahrung, alle werden satt, das ist Reich Gottes. Da, wo Jesus ist, ist Reich Gottes, geschehen Heilung und Leben in Fülle. *Thomas Throenle (TT)*

GEBET Jesus, in dir kommt Gott uns nahe, in dir beginnt das Reich Gottes – mitten unter uns. Durch dich werden wir geheilt, du gibst uns Nahrung, wir können uns ausruhen. Wandle du unseren Alltag und unser Leben. *TT*

4 DONNERSTAG *Barbara, Märtyrin; Johannes von Damaskus, Bischof; Adolph Kolping, Gesellenvater*

Jes 26,1–6 / Ps 118,1–2.8–9.19–20.25–27a / Mt 7,21.24–27
Liedimpuls: GL 382,5

AUS DER LESUNG Verlasst euch stets auf den Herrn; denn der Herr ist ein ewiger Fels. *Jes 26,4*

GEDANKEN ZUM TAG Was für eine Verheißung, der die hl. Barbara vertraut hat. Sie baute auf Gott und verließ sich auf ihn. Ein tot erscheinender Zweig, der am Tag ihrer Hinrichtung wunderbar aufblühte, war für sie der Legende nach ein Zeichen für ein neues Leben nach dem Tod. *Ute Herrmann-Lange (UHL)*

GEBET Guter Gott, lass mich dir vertrauen, wie es Barbara tat. Auf dich kann ich mich verlassen. Du bist der Fels, auf den ich baue. *UHL*

5 FREITAG *Anno von Köln, Erzbischof; Hartwig (Herwig), Erzbischof; Reginhard (Reinhard), Bischof*

Jes 29,17–24 / Ps 27,1.4.13–14 / Mt 9,27–31
Liedimpuls: GL 222,4

AUS DEM EVANGELIUM Jesus sagte zu ihnen: Glaubt ihr, dass ich dies tun kann? Sie antworteten: Ja, Herr. *Mt 9,28*

GEDANKEN ZUM TAG Ich bin Christ, weil ich immer wieder neu fasziniert bin von Jesus Christus, seiner Art, mit Menschen umzugehen und sie zu heilen. *Anselm Grün*

GEBET Jesus, dir ist alles möglich. Dir vertraue ich.
Constantin Micheel

6 SAMSTAG Nikolaus
Nikolaus von Myra, Bischof; Dionysia, Märtyrin; Henrika Faßbender OFM
Jes 30,19–21.23–26 / Ps 147,1–6 / Mt 9,35 – 10,1.6–8
Liedimpuls: GL 542

AUS DEM EVANGELIUM Umsonst habt ihr empfangen, umsonst sollt ihr geben. *Mt 10,8*

GEDANKEN ZUM TAG Die meisten von uns kennen den Nikolaus als einen, der uns in der Nacht vom 5. auf den 6. Dezember die Schuhe mit Süßigkeiten füllt. Nikolaus ist aber dazu auch der Schutzpatron der Fischer und Seefahrer, weil er der Legende nach Schiffe und Besatzungen aus Seenot rettete. Auf der Insel Helgoland gab und gibt es viele Menschen, die mit dem Boot auf dem Wasser unterwegs sind zum Fischen, aber auch um Gäste und Insulaner vom Festland auf den Felsen in der Nordsee zu transportieren, weshalb der Nikolaus hier eine besondere Bedeutung hat.
Es ist Tradition, dass am Vortag zu Nikolaus die Kinder über die Insel ziehen und in den Häusern und Geschäften ein paar Süßigkeiten bekommen, nachdem sie das Lied „Lasst uns froh und munter sein" auf Helgoländisch vorgesungen haben. Früher war am 6. Dezember sogar schulfrei.
Der Nikolaus war einer, der bedürftigen Menschen ganz viel geschenkt hat – seien es nun Kinder oder Seefahrer. Wir sind die Beschenkten, auch heute noch, und auch wenn wir keine Kinder mehr sind, auch wenn wir keine Seeleute sind. Wir können zu

Schenkenden werden, wenn wir die Liebe Gottes in uns aufgehen lassen und weiterverteilen – als Süßigkeit für die Seele. *Pamela Hansen (PH)*

GEBET Gütiger Gott, wir danken dir für alles, womit du uns beschenkst: Liebe und bedingungslose Annahme, Licht und Wärme, Geborgenheit und Frieden. Wir bitten dich: Verwandle uns in Schenkende, die dabei helfen, dass auch für andere die Welt ein bisschen liebevoller, offenherziger, heller, wärmer, schützender und friedlicher wird. *PH*

7 SONNTAG 2. Adventssonntag

Ambrosius, Bischof; Gerald (Gerhard) OSB
Jes 11,1–10 / Ps 72,1–2.7–8.12–13.17 / Röm 15,4–9 / Mt 3,1–12
Liedimpuls: GL 268,1.3.4

AUS DEM EVANGELIUM Kehrt um! Denn das Himmelreich ist nahe. *Mt 3,2*

GEDANKEN ZUM TAG Es kam wieder zum Streit. Es ist immer dasselbe. Es sind immer dieselben Themen. Warum ist das das einfach nicht vermeidbar?! Dabei soll Frieden sein, aber dennoch kommt alles wieder und wieder hoch. Und dann geschah es doch. Noch mal eine Aussprache und Versöhnung. Wenn auch erst am Grab der Mutter und beim Beisammensein danach, aber es war doch möglich und geschah auch. Welche Gelöstheit am Ende und alle gehen auseinander in alle Richtungen Deutschlands mit dem Versprechen: Wir fangen neu an und sehen uns wieder. Das „Himmelreich" ist nahe. Das fiel mir dabei ein. Nicht erst „da oben", nein, schon hier auf Erden sollte es im Sinne Jesu schon beginnen. *Mathias Laminski (ML)*

GEBET Barmherziger Gott, schenke auch mir die Bereitschaft zur Versöhnung, egal wann und egal wo! *ML*

8 MONTAG Mariä Unbefleckte Empfängnis

Immaculata; Konstantin, Abt; Alfrida (Elfrida), Edith und Sabina, Märtyrinnen

Gen 3,9–15.20 / Ps 98,1–4 / Eph 1,3–6.11–12 / Lk 1,26–38

Liedimpuls: GL 456,1

AUS DEM EVANGELIUM Da sagte der Engel zu ihr: Fürchte dich nicht, Maria; denn du hast bei Gott Gnade gefunden. *Lk 1,30*

GEDANKEN ZUM TAG Von Gott aus heilig gedacht. Besonders, vom ersten Moment an, vom ersten „Sein". Stark, alles zu tragen, was ihr in den Schoß gelegt wurde. Freude und Leid und Zuversicht und Hoffnung. *Claudia Westermann*

GEBET Guter Gott, Maria zum Vorbild – keine einfache Sache. Weder für die Frauen der damaligen Zeit noch für uns heute. *Claudia Westermann*

9 DIENSTAG *Juan Diego, Mystiker; Liborius Wagner; Eustachius, Bischof; Petrus Fourier CanReg*

Jes 40,1–11 / Ps 96,1–3.10ac.11–12.13 / Mt 18,12–14

Liedimpuls: GL 481

AUS DER LESUNG Das Gras verdorrt, die Blume verwelkt, doch das Wort unseres Gottes bleibt in Ewigkeit. *Jes 40,8*

GEDANKEN ZUM TAG Wir Christen gleichen allzu oft mehr kraftlosem, verdorrtem Gras und verwelkten, stinkenden Blumen als einer Gemeinschaft von Glaubenden, Hoffenden und Liebenden – obwohl uns Gott auf ewig sein Wort gegeben hat! *Caroline v. Ketteler*

GEBET Weck die tote Christenheit aus dem Schlaf der Sicherheit, dass sie deine Stimme hört, sich zu deinem Wort bekehrt. Erbarm dich, Herr. *Christian Gottlob Barth*

10 MITTWOCH *Angelina, Äbtissin; Diethard OCist, Abt; Brun(o) OPraem, Abt*

Jes 40,25–31 / Ps 103,1–4.8.10 / Mt 11,28–30
Liedimpuls: GL 233

AUS DER LESUNG Die aber, die dem Herrn vertrauen, schöpfen neue Kraft, sie bekommen Flügel wie Adler. Sie laufen und werden nicht müde, sie gehen und werden nicht matt. *Jes 40,31*

GEDANKEN ZUM TAG Im Endspurt auf Weihnachten? Wer wünscht sich nicht die zweite Luft oder den Auftrieb für mehr Leichtigkeit. Der Prophet Jesaja kennt den Kniff! *Michael Wrage (MW)*

GEBET Komm, o komm, Immanuel, verströme deinen göttlichen Sauerstoff. Der Weg ist weit, da Christus in mir lebendig wird. Komm, o komm, Immanuel. *MW*

11 DONNERSTAG *Damasus I., Papst; Arthur Bell OFM, Märtyrer; David von Himmerod OCist, Mystiker*
Jes 41,13–20 / Ps 145,1.9–13b / Mt 11,7b.11–15
Liedimpuls: GL 422

AUS DER LESUNG Fürchte dich nicht, ich werde dir helfen. *Jes 41,13*

GEDANKEN ZUM TAG Den Krieg verhindert Gott nicht, den Coronavirus auch nicht, das Leid vieler Menschen auch nicht – und den Tod auch nicht. Und wie hilft er aber dann? Gott haut nicht ab, wenn es dunkel wird – was wäre er für ein Gott! Im Leid als Notfallseelsorger habe ich mich schon oft Gott anvertrauen können. *Albert Biesinger*

GEBET Gott, du bleibst bei uns – gerade auch im Leid. Tröste uns und gib uns Kraft, wenn wir denken, es geht nicht mehr. Gib uns Ideen, wie wir uns gegenseitig helfen können. Denn du hast keine anderen Hände als unsere Hände. *Albert Biesinger*

12 FREITAG *Unsere Liebe Frau von Guadalupe; Vizelin, Missionar; Hartmann CRSA/OSA, Bischof*
Jes 48,17–19 / Ps 1,1–4.6 / Mt 11,16–19
Liedimpuls: GL 383

AUS DER LESUNG So spricht der Herr, dein Erlöser, der Heilige Israels: Ich bin der Herr, dein Gott, der dich lehrt, was Nutzen bringt, und der dich auf den Weg führt, den du gehen sollst. *Jes 48,17*

GEDANKEN ZUM TAG Mein Gedächtnis ist fast dahin, aber ich erinnere mich an zwei Dinge: dass ich ein großer Sünder bin und das Christus ein großer Erlöser ist! *John Newton*

GEBET Beim aufgehenden Morgenlicht preisen wir dich, Herr, denn du bist der Erlöser der ganzen Schöpfung. Schenk uns in deiner Barmherzigkeit einen guten Tag, erfüllt mit deinem Frieden. *Gebet der ostsyrischen Christen*

13 SAMSTAG *Luzia, Märtyrin; Odilia, Äbtissin; Jodok (Jobst), Einsiedler*

Sir 48,1–4.9–11 / Ps 80,2ac.3bc.15–16.18–19 / Mt 17,9a.10–13
Liedimpuls: GL 371,2

AUS DER LESUNG Wohl dem, der dich sieht und stirbt; denn auch er wird leben. *Sir 48,11*

GEDANKEN ZUM TAG Von der hl. Luzia wird erzählt, dass sie Licht in die Dunkelheit der Menschen brachte. Sie hatte keine Angst vor dem Sterben, vertraute sie doch darauf, durch den Tod in Gottes Licht und Liebe zu gelangen. *Ute Herrmann-Lange (UHL)*

GEBET Guter Gott, Luzia hat den Menschen Licht gebracht und von deiner Liebe erzählt, die uns im Leben und im Tod umfängt. Stärke uns in dieser Hoffnung! *UHL*

14 SONNTAG 3. Adventssonntag

Johannes vom Kreuz OCD, Kirchenlehrer; Franziska Schervier SPSF; Bertold OFM
Jes 35,1–6a.10 / Ps 146,6–10 / Jak 5,7–10 / Mt 11,2–11
Liedimpuls: GL 221

AUS DER LESUNG Sagt den Verzagten: Seid stark, fürchtet euch nicht! Seht, euer Gott! Er selbst kommt und wird euch retten. *Jes 35,4*

GEDANKEN ZUM TAG Worauf warten wir? Erwarten wir überhaupt noch, dass Gott handeln und die Welt retten wird? Für Jesaja ist sein Name Programm: Gott rettet. In Zeiten, in denen sein Volk von mächtigen Nachbarländern bedroht wird, verkündet der Prophet mit gewaltigen Bildern, dass Gott selbst eingreifen wird. Der Jakobusbrief spricht von der baldigen Ankunft Jesu und mahnt die Gemeindemitglieder zu geduldigem Durchhalten. Johannes will im Gefängnis wissen, ob Jesus wirklich der erwartete Messias ist. Mit seiner Antwort nimmt Jesus Bezug auf die Worte Jesajas. Paulus ruft uns heute zu: Freut euch, denn der Herr ist nahe! *Margret Keusgen (MK)*

GEBET Rettender Gott, hilf uns, auf deine Nähe zu vertrauen. Segne unseren Advent, in dem wir uns auf deine Ankunft vorbereiten. *MK*

15 MONTAG *Carlo Steeb, Priester; Wunibald OSB, Klostergründer; Christiane (Nina), Jungfrau*

Num 24,2–7.15–17a / Ps 25,4–9 / Mt 21,23–27
Liedimpuls: GL 114

AUS DER LESUNG Da kam der Geist Gottes über ihn. *Num 24,2*

GEDANKEN ZUM TAG Paulus sagt, dass der Geist unablässig in uns seufzt. Der Geist Gottes wohnt in uns, in unserem Innersten und ist nie länger als ein Atemzug von uns. Welche Würde jeder Mensch hat als Gottes geliebter Mensch! *Eva Maria Nielsen*

GEBET Atme in mir, du Heiliger Geist, dass ich Heiliges denke. Treibe mich, du Heiliger Geist, dass ich Heiliges tue. *Augustinus zugeschrieben*

16 DIENSTAG *Adelheid, dt. Kaiserin; Ado OSB, Erzbischof; Tanko OSB, Bischof*

Zef 3,1–2.9–13 / Ps 34,2–3.6–7.17–23 / Mt 21,28–32
Liedimpuls: GL 408

AUS DEM ANTWORTPSALM Ich will den Herrn allezeit preisen; immer sei sein Lob in meinem Mund. *Ps 34,2*

GEDANKEN ZUM TAG Das Kalenderjahr neigt sich dem Ende, das Weihnachtsfest mit der Ankunft unseres Christuskindes steht bald an. Wollen wir heute einmal kurz innehalten, unsere Dankbarkeit für das uns geschenkte Leben zum Ausdruck bringen und Gott, den Schöpfer und Herrn dieser Welt, allezeit preisen. *Dennis Lewandowski (DL)*

GEBET Guter Gott, heute möchten wir dir Danke sagen für die Schöpfung und das Leben, das du uns Menschen auf dieser Welt geschenkt hast. Stärke uns in deinem Geist, dass wir die Geburt des Lebens immer wieder zu schätzen und lieben wissen. *DL*

17 MITTWOCH *Jolanda von Marienthal OP, Priorin; Sturmius OSB, Abt; Wiwina von Brüssel*

Gen 49,1a.2.8–10 / Ps 72,1–4b.7–8.17 / Mt 1,1–17
Liedimpuls: GL 230

AUS DEM EVANGELIUM Stammbaum Jesu Christi, des Sohnes David, des Sohnes Abrahams. Im Ganzen sind es von Abraham bis David vierzehn Generationen, von David bis zur Babylonischen Gefangenschaft vierzehn Generationen und von der Babylonischen Gefangenschaft bis Christus vierzehn Generationen. *Mt 1,1.17*

GEDANKEN ZUM TAG Der Stammbaum Jesu will zeigen: Gott erfüllt seine Verheißungen, die er Abraham, Jakob und Juda, die er dem König David, die er dem Volk Israel gegeben hat. Jesus von Nazaret ist der verheißene Messias. *Wolfgang Winkelmann (WW)*

GEBET Herr, lass uns immer wieder erkennen, dass du unser Herr und Messias bist. Du, der wahre Friedensstifter. WW

18 DONNERSTAG *Philipp von Ratzeburg OPraem, Bischof*

Jer 23,5–8 / Ps 72,1–2.12–13.18–19 / Mt 1,18–24
Liedimpuls: GL 226

AUS DER LESUNG Seht, es kommen Tage – Spruch des Herrn –, da werde ich für David einen gerechten Spross erwecken. Er wird als König herrschen und weise handeln, für Recht und Gerechtigkeit wird er sorgen im Land. Man wird ihm den Namen geben: Der Herr ist unsere Gerechtigkeit. *Jer 23,5.6*

GEDANKEN ZUM TAG Jedem Menschen tut es gut, wenn er zwar nicht in aller Öffentlichkeit bloßgestellt, jedoch konkret vertrauensvoll auf einen Fehler, auf Fehlverhalten angesprochen wird. Und wenn dieses einladend, bittend geschieht, können wir nur dankbar sein. Wenige Menschen haben solch ein pädagogisches Feingespür: Kehrt doch um! Von Gott her werden wir vertrauensvoll korrigiert. *Konrad Schmidt (KS)*

GEBET Wir danken dir, einfühlsamer Gott. Nie geht es dir darum, uns zu demütigen. Vielmehr bittest du geradezu darum umzukehren und den Wegen abzuschwören, die uns nicht zur Entfaltung kommen lassen. Du schenkst uns das Versprechen, dort zu Hause zu bleiben, wo du uns und schon unseren Vätern Heimat geschenkt hast. *KS*

19 FREITAG *Petrus von Arolsen CanReg, Priester; Konrad von Lichtenau OPraem, Propst*

Ri 13,2–7.24–25a / Ps 71,3abd.4a.5–6b.16–17 / Lk 1,5–25
Liedimpuls: GL 384

AUS DEM EVANGELIUM Zacharias sagte zu dem Engel: Ich bin ein alter Mann und auch meine Frau ist in vorgerücktem Alter. Der Engel erwiderte ihm: Ich bin Gabriel, der vor Gott steht, und ich bin gesandt worden, um mit dir zu reden und dir diese frohe Botschaft zu bringen. *Lk 1,18–19*

GEDANKEN ZUM TAG Sie haben ihr Leben gelebt. Zacharias und seine Frau Elisabet sind alt geworden und kinderlos geblieben. Was soll sich da noch ereignen? „Ich bin Gabriel, der vor Gott steht ...." Gott ereignet sich und verheißt einen Sohn. Für Zacharias unglaublich. Er wird die Sprache erst wiederfinden, wenn sich das Unglaubliche, wenn Gottes Verheißung sich ereignet hat. – Es geht nicht darum, Gott zu beweisen. Gott lässt sich nicht in ein Lehrgebäude von Glaubenssätzen fassen oder einsperren. Die Hl.

Schrift bezeugt Gott, der sich in Beziehungen begibt. Für Zacharias ereignet sich Gott in der Botschaft Gabriels, die in seinem Sohn Johannes „Hand und Fuß" bekommt. Sei wachsam für Gott, der sich auf Lebenswegen ereignet und Beziehung ist. Das ist der Kern der Botschaft von Weihnachten, die wir in wenigen Tagen feiern: „Das Wort ist Fleisch geworden" (Joh 1,14). *Reinhard Hentschel*

GEBET Gepriesen sei der Herr, der Gott Israels! Denn er hat sein Volk besucht und ihm Erlösung geschaffen; er hat uns einen starken Retter erweckt im Hause seines Knechtes David. *Aus dem Benedictus*

20 SAMSTAG *Hoger OSB; Regina Hueter, Mystikerin; Eido, Bischof*

Jes 7,10–14 / Ps 24,1–6 / Lk 1,26–38
Liedimpuls: GL 536,1.3.5

AUS DEM EVANGELIUM Der Engel trat bei ihr ein und sagte: Sei gegrüßt, du Begnadete, der Herr ist mit dir. *Lk 1,28*

GEDANKEN ZUM TAG Auf einmal steht ein Engel vor Maria und sagt ihr, dass sie von Gott auserwählt ist: „Der Herr ist mit dir." Diese gute Zusage können wir in unserem Leben gut gebrauchen. Gott ist mit uns. Es ist eine persönliche Zuwendung zu uns Menschen. Gleichzeitig brauchen wir diese auch von Mensch zu Mensch. „Ich bin mit dir." In der Einsamkeit, in der Trauer, aber auch in der Freude und im Glück. *Markus Ende (ME)*

GEBET Gott, sei bei uns, wenn uns Schicksale, Ungeplantes und Unberechenbares in unserer Lebensplanung aus der Bahn werfen. Schenke uns in diesen Momenten Kraft, Stärke und Begleitung. *ME*

21 SONNTAG 4. Adventssonntag, Winteranfang
Richard OCist, Priester; Hagar, Micha
Jes 7,10–14 / Ps 24,1–6 / Röm 1,1–7 / Mt 1,18–24
Liedimpuls: GL 227,1.4

AUS DEM EVANGELIUM Siehe: Die Jungfrau wird empfangen und einen Sohn gebären. *Mt 1,23*

GEDANKEN ZUM TAG Heute sind wir mit dem vierten Adventssonntag ganz nah an der Weihnachtsfreude und an den adventlichen Verheißungen. Die heutigen Texte sprechen davon: „Siehe: Die Jungfrau wird empfangen und einen Sohn gebären" (Mt 1,23a, vgl. Jes 7,14). Ganz konkret wird so von dem Zeichen gesprochen, welches wir schon sehr bald zu erwarten haben. Und was ist jetzt wichtig? Was zählt so kurz vor Weihnachten? – Dass wir voller Vertrauen unser Herz öffnen, auch wenn wir dieses Liebeswunder der Menschwerdung Gottes gar nicht recht verstehen können. Josef macht es uns vor: Er vertraut auf Gott und trotz aller Fragen und Zweifel öffnet er sein Herz für Jesus und seine Ankunft in dieser Welt (vgl. Mt 1,18–24). *Jessica Bohn (JB)*

GEBET Jesus, was wirklich wichtig ist, erkenne ich, wenn ich dich in meinem Herzen wohnen lasse. Wenn du, Herr Jesus, in meinem Herzen ankommst, kann die Welt im rechten Licht erscheinen. *JB*

22 MONTAG *Jutta von Sponheim OSB; Franziska Xaviera Cabrini, Ordensgründerin*
1 Sam 1,24–28 / 1 Sam 2,1bcde.4–5b.6–7.8abcd / Lk 1,46–56
Liedimpuls: GL 395

AUS DEM EVANGELIUM Da sagte Maria: Meine Seele preist die Größe des Herrn. *Lk 1,46*

GEDANKEN ZUM TAG Fürchtet euch nicht vor dem, was Gott von euch verlangt! Es lohnt sich, Gott mit Ja zu antworten. In ihm ist die Freude! *Papst Franziskus*

GEBET Lass mich Ja sagen zu dir, Herr, und zum Leben! *MM*

23 DIENSTAG *Johannes von Krakau, Kanoniker; Viktoria, Märtyrin; Dagobert*

Mal 3,1–4.23–24 / Ps 25,4–5.8–10.14 / Lk 1,57–66
Liedimpuls: GL 222,8

AUS DEM EVANGELIUM Zacharias verlangte ein Schreibtäfelchen und schrieb zum Erstaunen aller darauf: Sein Name ist Johannes. *Lk 1,63*

GEDANKEN ZUM TAG Zacharias bezeugt: Der Name meines Sohnes ist Johannes! Dieser Name bedeutet: Gott ist gnädig, Gott ist gütig. Er wird dem Herrn vorangehen, dem Immanuel – Gott ist mit uns! *Michael Machalke (MiM)*

GEBET Du, Immanuel, unser König und Lehrer: Komm, eile und schaffe uns Hilfe; du unser Herr und unser Gott! *MiM*

24 MITTWOCH Heiliger Abend

Adam u. Eva; Hanno von Worms, Bischof
am Vormittag: 2 Sam 7,1–5.8b–12.14a.16 / Ps 89,2–5.20a.27.29 / Lk 1,67–79
Liedimpuls: GL 242

AUS DEM EVANGELIUM Durch die barmherzige Liebe unseres Gottes wird uns besuchen das aufstrahlende Licht aus der Höhe, um allen zu leuchten, die in Finsternis sitzen und im Schatten des Todes. *Lk 1,78–79*

GEDANKEN ZUM TAG In der Heiligen Nacht geschieht eine radikale Wende: Im Dunkel erscheint das Licht der Hoffnung. Dem Tod wird sein Stachel genommen. Ein Grund zu Freude und Jubelliedern. *Holger Zaborowski (HZ)*

GEBET Barmherziger Gott, du schenkst das Licht in der Dunkelheit in dieser und in jeder Nacht. Verlass uns nicht in den Nächten unseres Lebens. *HZ*

25 DONNERSTAG Weihnachten, Geburt des Herrn

Eugenia, Märtyrin; Anastasia, Märtyrin
in der Hl. Nacht: Jes 9,1–6 / Ps 96,1–3.11–13a/ Tit 2,11–14 / Lk 2,1–14
Liedimpuls: GL 245

AUS DEM EVANGELIUM Und das Wort ist Fleisch geworden und hat unter uns gewohnt. *Joh 1,14*

GEDANKEN ZUM TAG Weihnachten ist das große Trostpflaster Gottes für uns Menschen. Gott wird Mensch, um an unserer Seite zu sein. Nicht als Erwachsener, sondern als Kind greift er nach unseren Herzen mit der Bitte „Gib mir, was dir zu schwer ist". Der anstrahlende Blick eines Babys geht zu Herzen. Das erfahren viele Menschen nicht nur als Eltern oder Großeltern. Ein solches Strahlen verändert, ja, wandelt einen Menschen. Es vertreibt so manche Sorge oder manchen Ärger. Das Strahlen eines Kindes ist für mich eine Form der Ersten Hilfe an meinem Herzen und meiner Seele und kann als wesentliches Trostpflaster gelten. An Weihnachten feiern wir die Menschwerdung Gottes, weil sie SEINE Erste Hilfe an uns Menschen ist; Gott kommt zur Welt, um unsere Wunden zu versorgen. Wir dürfen IHM unsere inneren Wunden hinhalten und zeigen. *Stephan Mockenhaupt (SM)*

GEBET Allmächtiger Gott, du hast den Menschen – in seiner Würde wunderbar erschaffen und noch wunderbarer wiederhergestellt. Lass uns teilhaben an der Gottheit deines Sohnes, der unsere Menschennatur angenommen hat. Er, der in der Einheit des Heiligen Geistes mit dir lebt und herrscht in alle Ewigkeit. *SM*

26

FREITAG 2. Weihnachtstag, Erzmärtyrer Stephanus, A: Stefanitag
Richlind, Stiftsgründerin
Apg 6,8–10; 7,54–60 / Ps 31,3b–4.6.8.16–17 / Mt 10,17–22
Liedimpuls: GL 417,1.3.

AUS DEM EVANGELIUM Wer aber bis zum Ende standhaft bleibt, der wird gerettet. *Mt 10,22*

GEDANKEN ZUM TAG Der hl. Stephanus, der erste Märtyrer, zeigt uns vorbildlich, was Standhaftigkeit bedeutet. Er hält zu Jesus Christus, steht zu seinem Glauben an ihn bis zum Tod und über den Tod hinaus, Er steht quasi über den Dingen und, unfassbar, betet im Sterben für die, die ihn steinigen, dass Gott ihnen ihre Sünden nicht anrechnen solle. Dass Gott ihn begleitet, errettet und in sein Reich aufnimmt, steht wohl außer Frage! *Ute Herrmann-Lange (UHL)*

GEBET Guter Gott, lass mich standhaft zu dir halten und mich zu dir bekennen, auch, wenn mir Steine in den Weg gelegt werden. *UHL*

27 SAMSTAG Hl. Apostel und Evang. Johannes

Fabiola von Rom, Wohltäterin
1 Joh 1,1–4 / Ps 97,1–2.5–6.11–12 / Joh 20,2–8
Liedimpuls: GL 328,2

AUS DEM EVANGELIUM Da ging auch der andere Jünger, der als Erster an das Grab gekommen war, hinein; er sah und glaubte. *Joh 20,8*

GEDANKEN ZUM TAG Das Grab ist leer. Jesus ist auferstanden und hat über den Tod gesiegt. Das ist der Kern unseres Glauben. Das feiern wir jeden Sonntag. Das ist unser Leben. *Constantin Micheel*

GEBET Nun singt dem Herrn das neue Lied, in aller Welt ist Freud und Fried. Es freu sich, was sich freuen kann, denn Wunder hat der Herr getan. *Heinrich Bone*

28 SONNTAG Heilige Familie, Familienso.

Hermann und Otto OSB, Einsiedler; Julius von Rom, Märtyrer
Sir 3,2–6.12–14 / Ps 128,1–5 / Kol 3,12–21 / Mt 2,13–15.19–23
Liedimpuls: GL 243

AUS DEM EVANGELIUM Da stand Josef auf und floh in der Nacht mit dem Kind und dessen Mutter nach Ägypten. *Mt 2,14*

GEDANKEN ZUM TAG Die Wahrheit, der wir glauben, die ist an Weihnachten für uns in eine Familie hineingeboren worden. Und ja, auch um unsere Familien zu heiligen und zu stärken. Damit Familien Orte der heilen Beziehungen werden, in denen Paare die Liebe lernen und Kinder in einer liebevollen Umgebung heranwachsen und leben und glauben lernen. Aber dieser Jesus, der ist zugleich aus seiner Heiligen Familie ganz, ganz weit hinausgegangen. Sein Ort war immer wieder draußen, draußen bei denen am Rand, den Ausgestoßenen, den Zöllnern, den Huren, den Leprakranken – eigentlich bei uns allen, uns Sündern, die wir so oft lieblos sind. Er hat mit Sündern Feste gefeiert, er ist am Ende zwischen zwei Verbrechern gestorben. Sein Platz war bei den Sündern! Warum? Damit sie durch die Begegnung mit ihm von Gottes Liebe berührt werden und von Gottes Vergebung und Gottes Heil. Er hat sie eingeladen in das Reich des Vaters. Er hat sie hineingeliebt, ist selbst für sie hineingestorben, damit sie durch ihn hindurchgehen können in dieses Reich. *Stefan Oster*

GEBET Herr, beschütze alle, die wir lieb haben. *Constantin Micheel*

29 MONTAG *Thomas Becket, Erzbischof, Märtyrer; Lothar, Kaiser, Mönch; David, König*

1 Joh 2,3–11 / Ps 96,1–6 / Lk 2,22–35
Liedimpuls: GL 374

AUS DEM EVANGELIUM Denn meine Augen haben das Heil gesehen, das du vor allen Völkern bereitet hast, ein Licht, das die Heiden erleuchtet, und Herrlichkeit für dein Volk Israel. *Lk 2,30–32*

GEDANKEN ZUM TAG Es tut den alten Menschen gut, den jungen die Weisheit weiterzugeben; und den jungen Menschen tut es gut, diesen Schatz an Erfahrung und Weisheit aufzunehmen und weiterzutragen, nicht um ihn wie in einem Museum zu hüten, sondern um ihn voranzutragen. *Papst Franziskus*

GEBET Herr, schenke uns die Weisheit des alten Simeon. Und die Leidenschaft und Lebendigkeit der Jungen! *MM*

30 DIENSTAG *Felix I., Papst; Sabinus, Märtyrer; Germar OSB, Abt; Vincenza Maria López y Vicuna*

1 Joh 2,12–17 / Ps 96,7–10 / Lk 2,36–40
Liedimpuls: GL 357

AUS DEM EVANGELIUM Das Kind wuchs heran und wurde kräftig, Gott erfüllte es mit Weisheit, und seine Gnade ruhte auf ihm. *Lk 2,40*

GEDANKEN ZUM TAG Das, was hier vom Kind Jesus gesagt wird, das will Gott auch für alle Kinder dieser Welt: dass sie gut heranwachsen und stark werden. „Man kann in Kinder nichts hineinprügeln, aber vieles herausstreicheln", hat Astrid Lindgren gesagt. Denn Gottes Bauplan für sie ist ja immer schon da. *MM*

GEBET Lieber Gott, lass unsere Kinder auf ihre Lebensreise gehen. Lass sie wachsen und behütet sein, und lass sie die Türen weit öffnen in das Abenteuer und die Schönheit deiner Welt. Amen. *MM*

31 MITTWOCH Silvester

Silvester I., Papst; Apollonia Radermecher STFE; Katharina Labouré FdC
1 Joh 2,18–21 / Ps 96,1–2.11–13 / Joh 1,1–18
Liedimpuls: GL 257,1–2

AUS DEM EVANGELIUM In ihm war Leben und das Leben war das Licht der Menschen. Und das Licht leuchtet in der Finsternis und die Finsternis hat es nicht erfasst. *Joh 1,4–5*

GEDANKEN ZUM TAG Am Ende dieses Jahres ist es an der Zeit zurückzuschauen: Was war gut im Jahr 2025? Welche Tage waren schwer für mich? Wofür bin ich dankbar? Voll Vertrauen dürfen wir alles Vollendete, aber auch das, was bruchstückhaft im zu Ende gehenden Jahr geblieben ist, in die Hände Gottes legen. Er, der Anfang und Ende ist, wird uns mit seinem Segen durch das Jahr 2026 begleiten. *Julian Heese (JH)*

GEBET Barmherziger Gott, du bist mit uns durch das Jahr 2025 gegangen. Wir wissen nicht, was das kommende Jahr für uns bereithält. Und doch vertrauen wir darauf, dass du für uns sorgen wirst wie ein guter Vater und eine liebende Mutter. Segne jeden Tag, jede Stunde, jede Minute und jede Sekunde des neuen Jahres 2026. *JH*

Autorenverzeichnis

Albert der Große OP (Albertus Magnus), Hl., Bischof von Regensburg, Kirchenlehrer, †1280

Altehenger, Ursula (UA), Religionspädagogin, Wallfahrtsseelsorgerin in Werl

Arnim, Daisy v. (DvA), Unternehmerin („Apfelgräfin"), Buchautorin, Haus Lichtenhain, Boitzenburg

Aßhauer, Maria (MA), Presse-Redakteurin Erzbistum Paderborn

Augustinus, Hl., Bischof von Hippo, Kirchenlehrer, †430

Austen, Msgr. Georg, Generalsekretär Bonifatiuswerk der deutschen Katholiken, Paderborn

Barth, Christian Gottlob, ev. Pfarrer, Pietist, Schriftsteller, Kirchenlieddichter, †1862

Bätzing, Dr. Georg, Bischof von Limburg, Vorsitzender der Dt. Bischofskonferenz

Becker, Hans-Josef (HJB), Erzbischof em. von Paderborn

Becker-Huberti, Dr. Manfred (MBH), Theologe, ehem. Pressesprecher Erzbistum Köln, Brauchtumsexperte

Bendfeld, Michaela (MB), Hebamme, Leiterin von Wort-Gottes-Feiern, Altenbeken-Buke

Benedikt XVI., Papst 2005–2013, †2022

Bentz, Dr. Udo Markus (UMB), Erzbischof von Paderborn

Best, Dr. Gerhard (GB), Domkapitular, Wallfahrtsseelsorger in Werl

Biesinger, Prof. Albert (AB), Prof. em. für Religionspädagogik, Buchautor

Bode, Dr. Franz-Josef, Bischof em. von Osnabrück

Bohn, Jessica (JB), Theologin, Referentin Theologische Fakultät, Paderborn

Bonaventura, Hl., Franziskaner, Theologe, Philosoph, †1274

Bone, Heinrich, Lehrer, Kirchenlieddichter, †1893

Bonhoeffer, Dietrich, ev. Theologe, Vertreter der Bekennenden Kirche, 1945 hingerichtet

Bonifatius, Missionar, „Apostel der Deutschen", Märtyrer, †754/755

Bredeck, Msgr. Dr. Michael, Generalvikar Erzbistum Paderborn

Brice, Pierre, franz. Schauspieler („Winnetou"), †2015

Brodersen-Schäfers, Julia, Religionspäd., Kompetenz-

einheit Kindertageseinrichtungen, Paderborn
Bröder, Lena, Miss Germany 2016, Religionslehrerin
Ende, Markus (ME), Religionspädagoge, Wallfahrtsseelsorger in Werl
Erbrich, Guido (GE), Theologe, Senderbeauftragter der kath. Kirche beim MDR
Franziskus, seit 2013 Papst
Fricke, Marlies, Gemeinschaft Christlichen Lebens, Exerzitienleiterin, Paderborn
Gaarder, Jostein, norweg. Schriftsteller, Bestsellerautor
Gertrud v. Helfta, Hl., Zisterzienserin in Helfta, Mystikerin, †1302
Göbel, Msgr. Joachim, Dompropst, Leiter Hauptabt. Schule u. Hochschule Erzbistum Paderborn
Goethe, Johann Wolfgang v., Dichter, Politiker, †1832
Grosche, Erwin (EG), Künstler, Buchautor, Paderborn
Grün OSB, Dr. Anselm, Benediktiner, Autor
Grundtvig, Nikolai Frederik Severin, dän. Autor, †1872
Hammarskjöld, Dag, schwed. Politiker, UN-Generalsekretär, †1961
Hansen, Pamela (PH), ev. Inselpastorin auf Helgoland
Heese, Julian (JH), Theologe, Leiter des Bereichs Mission.-diakon. Pastoral, Bonifatiuswerk
Heidegger, Martin, Philosoph, †1976
Hentschel, Reinhard (RHe), ehem. Propst von Halle/Saale
Herrmann-Lange, Ute (UHL), Krankenhausseelsorgerin, Autorin, Paderborn
Hoffsümmer, Willi (WH), Pfarrer i. R., Bestsellerautor, Erftstadt
Horn, Reinhard (RHo), Kinderliederkünstler, Lippstadt
Idzik, Ann Kathrin (AKI), Referentin für spirituelle Angebote am Pauluskolleg Paderborn
Ignatius v. Loyola, Hl., Ordensgründer (Jesuiten), Mystiker, †1556
Kelly, Maite, Sängerin, Unterstützerin der „weihnachtsmannfreien Zone" des Bonifatiuswerkes
Ketteler, Caroline v. (CvK), Theologin, Münster
Keusgen, Anna (AK), Religionspädagogin, Sozialarbeiterin, Social-Media-Redakteurin, Köln
Keusgen, Margret (MK), Religionspäd., Gemeindere-

ferentin, Grevenbroich/ Rommerskirchen

Kokschal, Annegret, Lektorin im St. Benno Verlag

Laminski, Mathias (ML), Leitender Pfarrer der Pfarrei St. Josef in Berlin–Treptow-Köpenick

Langemeyer, Prof. Leo, Prof. em. für Philosophie und Theol. Propädeutik, †2021

Lewandowski, Dr. Dennis (DL), Leiter Religionspäd., Bereich Schule u. Hochschule, Erzbistum Paderborn

Maar, Paul, Kinderbuchautor („Das Sams")

Machalke, Michael (MiM), Sozialarbeiter, Leiter von Wort-Gottes-Feiern, Altenbeken-Buke

Mai, Jordan, Franziskaner-Laienbruder, †1922

Mayer SJ, P. Rupert, dt. Jesuit, im Widerstand gegen die NS-Diktatur, †1945

Micheel, Constantin (CM), Schüler, Gymnasium Theodorianum, Paderborn

Micheel, Matthias (MM), Theologe, Sozialarbeiter, Persönl. Referent des Erzbischofs von Paderborn, Sekretär des Diözesan-Bonifatiuswerkes

Mockenhaupt, Stephan (SM), Wallfahrtsseelsorger in Werl

Niedernolte, Tim (TN), ZDF-Moderator, Bestsellerautor

Nielsen, Eva Maria (EMN), Theologin, Buchautorin, Kopenhagen

Nikolaus v. Flüe, Einsiedler, Asket, Mystiker, †1487

Obermeier, Sandra (SO), Autorin, Winterberg

Olivaint, Pierre, franz. Jesuit, 1871 hingerichtet

Oster SDB, Dr. Stefan, Bischof von Passau

Papke, Martin (MPa), Oberbürgermeister von Weißenfels

Paus, Heinz (HP), ehem. Bürgermeister von Paderborn, ehem. Präsident des Bonifatiuswerkes

Philipp Neri, Hl., Ordensgründer, Reformer, †1595

Pierre OFMCap (Abbé Pierre), eigtl. Henri Grouès, franz. Kapuziner, „Vater der Armen", †2007

Polzer, Anna (AP), Schülerin, Olsberg

Polzer, Mario (MPo), Journalist, Öffentlichkeitsreferent des Diözesan-Kolpingwerkes Paderborn

Rahner, Karl, Konzilstheologe Vatikanum II, †1984

Rebbe, Alexia (AR), Religionslehrerin am Gymnasium Theodorianum, Paderborn

AUTORENVERZEICHNIS

Richter, Jutta, Kinder- und Jugendbuchautorin (Kath. Kinder- und Jugendbuchpreis)

Richtscheid, Marco (MR), Leitender Pfarrer, Pfarrei Mariä Heimsuchung, Rheinzabern

Schäfer, Ursula, Religionspädagogin, Gemeindereferentin, Mellrichstadt

Schäfers, Johannes (JS), Religionspäd., Berufscoach, Referent Berufungspastoral, Paderborn

Schlummer, Siegfried (SiS), Pastor iR, Werl

Schmidt OP, Sr. Jordana, Dominikanerin von Bethanien, Kinderkrankenschwester, Heilpädagogin

Schmidt, Msgr. Dr. Konrad (KS), eh. Prof. für Religionspädagogik, Sundern

Schwarz, Andrea, Bestsellerautorin, Referentin

Schwertfeger, Sebastian (SeS), Theologe, Stellvertr. Leiter des Bereichs Pastoral, Erzbistum Berlin

Stadermann, Markus (MS), Domvikar, Vizeoffizial, Paderborn

Stein OCD, Edith (Teresia Benedicta vom Kreuz), Hl., Unbeschuhte Karmelitin, Märtyrin, †1942

Teresa v. Ávila OCD, Hl., Karmelitin, Mystikerin, †1582

Tetzlaff, Juri (JT), TV-Moderator, Kika-Star, Freund des Bonifatiuswerkes

Thérèse v. Lisieux OCD, Hl., franz. Unbeschuhte Karmelitin, Mystikerin, Kirchenlehrerin, †1897

Thomas v. Aquin OP, Hl., Dominikaner, Kirchenlehrer, †1274

Throenle, Thomas (TT), Theologe, Pressereferent Erzbistum Paderborn

Urspruch, ChrisTine, Schauspielerin („Sams", „Tatort")

Vering, Magdalena (MV), Religionspädagogin, Gemeindereferentin, Paderborn

Völzke FCJM, Sr. Dr. M. Alexandra (AV), Franziskanerin, Ärztin, Referentin, Geistl. Begleitung, Berufungspastoral, Salzkotten/Paderborn

Weitzel, Willi, TV-Moderator, Unterstützer der Sternsingeraktion

Westemeyer, Christoph (ChW), Fachbereichsleiter Schule & Hochschule, Erzbistum Köln

Westermann, Claudia (ClW), Pädagogin, Kirchenführerin, Geistl. Zentrum Franziskus